JN232164

行動経済学

伝統的経済学との統合による新しい経済学を目指して

〔新版〕

Behavioral Economics

大垣昌夫・田中沙織　著

有斐閣

新版　はじめに

　本書の初版の出版後 2017 年にリチャード・セイラー教授がノーベル経済学賞を受賞し，行動経済学と特に彼がキャス・サンスティーン教授とともに推進してきたナッジの政策手法がますます注目を集めている。新版では，初版の第 11 章で規範行動経済学の理論とナッジを含む応用・政策をまとめていたものを，第 12 章の理論と，第 13 章の応用・政策とに分けている。また，初版の第 8 章での社会的選好の神経経済学以外の研究の解説が 2000 年ごろまでの不平等回避モデルで終わっていたのに対し，それ以降の社会的選好の研究の発展を中心に解説する章を追加し，新たに第 9 章とした。第 9 章には，利己的な経済人（ホモ・エコノミカス）なら選択しない利他的な行動について，社会的選好だけでは説明できない実験結果を多く含んでおり，第 10 章での規範や倫理観・価値観などの世界観による説明への橋渡しとしての役割がある。そこで，第 9 章では応報性の規範や倫理観で説明することが多い贈与交換の実験結果も解説した。その他の初版からの大きな改訂は，第 4 章でプロスペクト理論と累積プロスペクト理論の違いについて解説し，これに伴い「確率ウェイト関数」の用語を累積プロスペクト理論に限定して用いたことである。

　神経経済学の分野でもここ数年で大きな動きがあった。神経経済学のアプローチから，意思決定の機能障害として，疾患や問題行動のメカニズムを調べる "Computational Psychiatry" という新たな研究分野が注目されてきている。この新しいアプローチをより深く学びたい読者らに情報を与えることを目的とし，第 2 章ではその概要とレビュー論文を紹介し，第 6 章では筆者（田中）らが行った疾患患者を対象とした具体的な研究結果を紹介した。

　大垣はすべての根源と信ずる創造主に新版の完成を感謝する。初版の出版後，また初版とその英訳をもとに執筆し，2017 年に Springer 社から出版した英語版の *Behavioral Economics: Toward a New Economics by Integration with Traditional Economics* とその執筆過程で，多くの研究者やゼミ生や履修生からコメ

ントや示唆をいただき，それらは新版に反映されている。初版に書評を書いていただいた池田新介教授，川越敏司教授，福田慎一教授と，講義で用いたうえでコメントをいただいた大竹文雄教授，英訳を手伝っていただく過程でコメントをくださった才木あや子准教授に特に感謝したい。初版から引き続き新版も編集を担当してくださり，新版の企画時から多くのご意見とコメントをいただいた有斐閣書籍編集第2部の渡部一樹氏に感謝したい。新版の執筆活動も支えてくれた妻の利恵子に感謝をこめて本書を捧げたい。

　田中は，新しい手法やアプローチの研究が行われ続けている脳研究の分野において，それらを紹介する機会を与えていただいた大垣昌夫教授と渡部一樹氏に感謝したい。そして，いつもサポートしてくれる家族に心から感謝したい。

　　2018 年 10 月

大 垣 昌 夫

田 中 沙 織

初版　はじめに

　行動経済学を紹介する一般書の中には，行動経済学は伝統的経済学を完全に否定するという立場で書かれているものが見受けられる。本書は行動経済学も伝統的経済学もそれぞれの有用性と限界を持つ道具であるという立場を取ることを第 1 章で説明するが，さらに全体を通して行動経済学を十分に理解するには伝統的経済学の知見を基礎にする必要があることを明らかにする。

　現時点では，まだ行動経済学と伝統的経済学が統合されて新しい経済学が誕生したとはいえないが，本書はその方向性を目指して書かれている。この観点から，2002 年と 2013 年のノーベル経済学賞を考えると，2002 年受賞のダニエル・カーネマン教授の貢献は，伝統的経済学の仮定に対する反証の発見で終わったのではなく，プロスペクト理論（本書の第 4 章を参照）という新しい意思決定理論とヒューリスティックスという新しい限定合理性へのアプローチを提唱したことが意義深い。2002 年に同時受賞のヴァーノン・スミス教授の貢献は，実験経済学という伝統的経済学にも行動経済学にも重要な実証研究の手法を確立した。2013 年の同賞がラース・ピーター・ハンセン教授とユージン・ファーマ教授，ロバート・シラー教授の 3 人に対して授与されたことにもこの観点で大きな意味がある。ファイナンスの分野で，ファーマ教授は伝統的経済学の立場から，シラー教授は行動ファイナンスの立場から大きな貢献をした。ハンセン教授は新しい統計学的手法を開発し，伝統的経済学の資産価格モデルに対して重要な反証を発見して，ナイト流不確実性を含む新しい経済モデルを構築した[1]。

　本書はミクロ経済学の基礎と最小二乗法などの計量経済学の基礎をすでに学

---

1)　行動ファイナンスについては本書は特に紹介しないが，例えば角田康夫『行動ファイナンス（新版）』（金融財政事情研究会，2011 年）を参照。ナイト流不確実性を含むハンセン教授の研究プロジェクトは 2011 年ノーベル経済学賞受賞のトマス・サージェント米ニューヨーク大学教授らとの多くの共著論文として発表されており，初期のひとつの論文に本書の第 3 章第 5.2 節で言及している。

んだ経済学部3, 4年生の講義やゼミに用いられることを想定している。また大学院生や研究者の読者にとって行動経済学の入門書としての役割を果たせると期待している。ひとつの講義で全章を順番にカバーする必要はなく，例えば慶應義塾大学では学部3, 4年生を対象に第1章第1～2.2節，第3章（不確実性下の経済行動），第4章（プロスペクト理論），第5章（限定合理性），第6章（時間を通じた行動）の内容を中心とした講義と，第1章第1～2.1節，2.3～2.4節，第8章（社会的選好），第9章（文化とアイデンティティ）の内容を中心としたもうひとつ別の講義を1学期に同時に提供し，両方の講義を取った方が内容の理解が深まるが，片方だけの講義を取ることも可としている。

　ゼミや卒業論文のための研究では，本書の内容をもとに，学生が個人やグループでアンケート調査や社会学などで広く行われている質的研究法としてインタビュー調査などを用いての研究が可能である。伝統的経済学の研究では一国などの大きなグループでの無作為抽出による調査には意味があるが，身近な学生のみを対象とするアンケート調査などの研究にはほとんど意味がないと考えられる場合が多かった。しかし実験研究では例えば第8章と第9章で紹介する「懲罰ルール付き公共財ゲーム」実験で，チューリッヒ大学の学生を対象にした実験で重要な結果が得られたことから15カ国での実験が行われ，もともとのチューリッヒ大学の実験結果のうち，さまざまな文化で普遍的な結果と文化によって異なる結果が明らかになった。アンケート調査でも，同様に，まず身近なグループを対象にして重要な結果が得られるかどうかを調べることには大きな意味がある。非常に重要な研究結果が得られれば，よりコストの高い日本全体での無作為抽出のアンケート調査などで同様な質問が使われることもありえよう。

　本書は，日本語の行動経済学の入門書としては，ほぼ初めて神経経済学の章を設けた書であろう。経済学において，神経経済学は行動経済学の新しい流れとして注目されているが，いわゆる「文系」である経済学部の学生にはなかなかハードルが高いのも事実である。本書は，その初めの一歩を助けるために，神経科学の基礎的な知識から始まり，代表的な研究の概要をいくつか挙げている。より深く学びたい者には，英語の専門書や論文を読むことをお勧めする。

なお，本書の神経経済学に関わる部分（第 2 章，第 4 章補論 1，第 6 章第 4 〜 6 節，第 8 章第 5 節）と神経経済学と関連の深い第 7 章は田中が執筆を分担し，それ以外の部分は大垣が執筆を分担した。

　大垣はわれわれが「偶然」と呼ぶものを支配されていると信ずる創造主に本書の完成を感謝する。慶應義塾大学で 2010 年度にボランティアで行動経済学のゼミの立ち上げに協力してくれた大垣ゼミ第 0 期生の小柴太郎，高野昌也，仲田真の各氏，研究と議論で刺激を与えてくれたゼミ生たち，本書の内容と練習問題について示唆をくれた行動経済学の履修生たち，本書の内容や関係の深い研究について意見交換や質問に対する回答をいただいた経済学のプロフェッションの同僚や共同研究者の赤林英夫，Ali Akkemik，安藤寿康，飯星博邦，石野卓也，大竹文雄，奥野正寛，金子守，亀坂安紀子，窪田康平，グレーヴァ香子，Simon Gächter，坂井豊貴，齊藤誠，敷島千鶴，田村輝之，中村亮介，Vipul Bhatt，平田憲司郎，船木由喜彦，Robert Veszteg，Colin Mckenzie，矢口裕一，Sun Youn Lee の各氏，本書執筆中や校正の段階でサポートページやメールなどでコメントをいただいた池田新介，市村英彦，今藤俊，大蔵洋子，大薗陽子，川西諭，高野紗織里，田中美幸の各氏，本書の共著者の田中沙織氏，本書の企画時から多くのご意見とコメントをいただいた有斐閣書籍編集第 2 部の渡部一樹氏に感謝したい。本書の執筆活動を支えてくれた妻の利恵子に感謝をこめて本書を捧げたい。

　田中は，まずこのような機会を与えていただいた共著者である大垣昌夫先生と渡部一樹氏に感謝したい。また，そもそも田中が経済学の世界に入るきっかけを作ってくださった大阪大学社会経済研究所の大竹文雄先生，大学院時代に辛抱強くご指導くださった沖縄科学技術大学院大学の銅谷賢治先生，そして日ごろからサポートしてくれる家族に感謝したい。

　2014 年 2 月

大 垣 昌 夫

田 中 沙 織

著者紹介

大垣　昌夫（おおがき まさお）
慶應義塾大学経済学部教授
シカゴ大学経済学部博士課程修了（Ph. D.）。2015 年 11 月〜17 年 12 月，行動経済学会会長
専攻：行動経済学，マクロ経済学，国際金融，計量経済学
主な著作：
"Measuring Intertemporal Substitution: The Role of Durable Goods"（with C. M. Reinhart），
Journal of Political Economy 106（5），1078-1098, 1998.
"Decreasing Relative Risk Aversion and Tests of Risk Sharing"（with Q. Zhang），*Econometrica*
69（2），515-526, 2001.
"Tough Love and Intergenerational Altruism"（with V. Bhatt），*International Economic Review*
53（3），791-814, 2012.
"Normative Behavioural Economics Based on Unconditional Love and Moral Virtue"（with V.
Bhatt and Y. Yaguchi），*Japanese Economic Review* 66（2），226-246, 2015.

田中　沙織（たなか さおり）
（株）国際電気通信基礎技術研究所（ATR）脳情報通信総合研究所数理知能研究室室長
奈良先端科学技術大学院大学情報科学科博士課程修了，博士（理学）
専攻：システム神経科学，神経経済学
主な著作：
"Prediction of Immediate and Future Rewards Differentially Recruits Cortico-basal Ganglia
Loops"（with K. Doya, G. Okada, K. Ueda, Y. Okamoto, and S. Yamawaki），*Nature
Neuroscience* 7（8），887-893, 2004.
"Serotonin Differentially Regulates Short- and Long-Term Prediction of Rewards in the Ventral
and Dorsal Striatum"（with N. Schweighofer, S. Asahi, K. Shishida, Y. Okamoto, S.
Yamawaki, and K. Doya），*PLoS ONE* 2（12），e1333, 2007.
"Calculating Consequences: Brain Systems That Encode the Causal Effects of Actions"（with B.
W. Balleine and J. P. O'Doherty），*The Journal of Neuroscience* 28（26），6750-6755, 2008.
"Neural Mechanisms of Gain–Loss Asymmetry in Temporal Discounting"（with K. Yamada, H.
Yoneda, and F. Ohtake），*The Journal of Neuroscience* 34（16），5595-5602, 2014（第 1 回行動
経済学会ヤフー株式会社コマースカンパニー金融統括本部優秀論文賞受賞）.

目　次

第I部
行動経済学と神経経済学

第 1 章　行動経済学とは何か？

第 2 章　神経経済学とは何か？

第 **1** 章

行動経済学とは何か？

❈ は じ め に

　本章では行動経済学とは何かを説明する。行動経済学と伝統的経済学[1] の境界には，どちらにも分類できるような研究が多くあるため，実は行動経済学を定義することは簡単ではない。本章では本書で用いる行動経済学の定義を述べるとともに，行動経済学の実験研究[2] などの具体例を示すことで読者が実践的な意味で「行動経済学とは何か？」ということを把握できるようにしたい。後の章で，これらの例の背後にある理論をより深く説明していく。

1 経済学とは

　一般的には，経済学はお金儲けの方法や損をしないようにする方法についての学問と思われている場合がある。経済学の一分野としての行動経済学には，そのような興味に応える面もある。そこで，行動経済学を扱う一般書の中には，行動経済学のそのような面を特に説明するものも見受けられる。誤解を避けるため，本書はそのような興味に応える目的で書かれたものではないことをここ

---

1) 本書で伝統的経済学と呼ぶのは現在の新古典派経済学，新ケインズ派経済学，伝統的ゲーム理論などである。

2) 行動経済学でも伝統的経済学でも用いられている実験の原理と手法の詳細は川越（2007）を参照。

で明記しておく。そこで行動経済学を紹介する前に，まず経済学とは何かという説明から本章を始めることにする。

　経済学は限られた資源がどのように人々に分配されているか，またされるべきかを探究する学問である。ここで「限られた資源」とは，土地，原油，動植物，環境や，人々の時間や労働力などであり，「どのように分配」とは財・サービスの生産方法や，それらがどのようして誰に分配されて消費されるか，などのことである。経済学の中心テーマは個人の人間行動とその相互作用を学ぶことである。これらが，経済全体の資源の配分に影響を与える基礎を形作るからである。この基礎が理解できれば，政府の経済政策が，資源配分にどのような効果を及ぼすかを知ることができる。経済学の研究のひとつの目的は，政府の経済政策の効果を調べ，どのような政策が望ましいか評価することである。実際に政策を策定することがなくとも，大学教育を受けた民主主義国の有権者なら，ある程度の経済政策評価ができるように学ぶことは義務といってよい。

2　行動経済学とは

2.1　経済人の仮定と行動経済学

　伝統的経済学では，経済学の探究のために**経済人**（ホモ・エコノミカス）という経済主体を考える。経済人は利己的，合理的に自分の効用を最大化する。現実の人間，ホモ・サピエンスは，経済人のように完全に利己的ではないだろうし，感情に支配されて合理的ではない経済行動をすることもあるということは明らかである。しかし，伝統的経済学ではそのような現実の人間の経済人からの乖離は経済学の探究を進めていくうえでは，重要ではない，と考えられてきた。

　行動経済学を，「利己的で合理的な経済人の仮定を置かない経済学」と定義することができ，本書ではこの定義を採用する。行動経済学は，心理学，社会学，文化人類学，脳神経科学などの成果を取り入れ，実験や実証研究から，経済人の仮定が重要と思える現実の経済行動と矛盾する場合があることを示し，それらを説明する理論を提供してきた。利己的で合理的な経済人の仮定を置い

た概念や枠組みでは捉えられていない重要な問題もあるので，この仮定を置かない新たなアプローチを考えていこうとしているのだ。

　行動経済学も経済学の一分野として，そのひとつの目的はさまざまな政策を評価することである。もうひとつの，ある意味でより根源的な目的は，個人の人間行動とその相互作用をより深く理解することから，人間とその集まり（組織など）をより深く理解することである。ある人が大切に思っている所得や資産や時間の使い方をどのように選択するかを観察していくと，その行動からその人について，より深く理解することができる。行動経済学は心理学や文化人類学や脳科学などの分野での知見も応用して，この観察のための理論を提供する。もし本書を読んで読者が自分や周りの人間や企業などについて，より深い理解を得ることができればわれわれ筆者にとって幸いである。人間をより深く愛するためには，まず人間をより深く理解する必要があるからである。

　ここで「利己的で合理的な経済人の仮定」について，重要な点が3つある。第1に，経済人の財・サービスの配分に対する選好は外生的で安定的であるということである。ここで選好が「外生的」とは，経済システムの外で，例えば遺伝によって，決定されている，という意味である[3]。第2に，経済人は利己的であるが，伝統的経済学でも，経済人たる親が子に対して利他的な選好を持つことは通常許容されている。この場合は個人である自分と，自分の子孫も含めて集合的な「自分」に対して利己的と考える。第3に，経済人の「合理性」は，普通の意味での合理性とかなり違う意味がある。そこで，本書では経済人の合理性を「**経済人的合理性**」と呼ぶことにする。本章で第2.3節以下でこれらの3点をもう少し詳しく見ていく。

　あとひとつ，微妙な点であるが，経済人の仮定は，選好が，財・サービスの消費という最終的な結果だけに基づいているという仮定を含んでいる。選好が，財・サービスの集合に基づいている（例えば，サラダとハンバーガーに対する選好ではなく，サラダだけのメニューとサラダとハンバーガーのメニューに対する選好）という変更を加えるだけで，誘惑を受けて自制している経済主体をモデル

---

　3)　選好が安定的であるとは，選好が不変であるか，あるいは選好が変動する場合は，選好を表現する効用関数に対する攪乱項が定常過程である，という意味である。定常過程であるとは，攪乱項の確率分布が時間によって変化しない，ということである。

化することができる。この誘惑下の自制モデルについては第3章で説明する。

2.2　選好は外生的で安定的か？

　伝統的経済学では選好の順序は**効用関数**という関数で表され，他の経済主体の行動や予算制約などの条件のもとで，経済人は効用を最大化しようとすると仮定されている。また，どのように資源が配分されるべきか，という問題を考えるとき，伝統的経済学では，**パレート効率**（Pareto efficiency）という概念を用いる。この概念を定義するために，まず非効率な資源配分を改善していく過程を考察する。ある経済の有限な資源のもとで可能な資源配分を考える。もし，その資源配分を，別の可能な資源配分に変えることで，他のすべての経済主体の効用を低くせずに，1人の経済主体の効用が高くなるとき，そのような変更を**パレート改善**（Pareto improvement）と呼ぶ。ある資源配分が非効率であれば，パレート改善することが可能である。経済を効率化し，パレート改善を重ねていくと，もうそれ以上改善が不可能な資源配分に到達する。もしある資源配分をパレート改善することが不可能であるなら，その資源配分はパレート効率的である，と定義する。パレート効率な資源配分には，無駄な資源の使用がないのである。

　例えば，もしある資源配分の結果，現在も将来も誰も決して使わない高速道路を建設するとする。その道路を作るための労働時間を少なくとも誰か1人は使う道路を建設することに分配するなら，他の誰の効用も下げずに道路を使う人の効用を高くするパレート改善が可能なはずである。そこで誰も使わない高速道路を建設するという公共政策によって得られる資源配分は，パレート効率ではないことがわかる。

　パレート効率の概念は，哲学的には政策を含むいろいろな行動の帰結である厚生（welfare）によって倫理的な判断を下す**厚生主義**（welfarism）に基づいている。厚生主義のひとつが「最大多数の最大幸福」を目標とする功利主義である。功利主義でもパレート効率の概念でも，厚生として用いる幸福概念は効用であり，効用を大きくすることを善いこととしている。しかし，功利主義では，異なる人々の効用を比較したり足し合わせたりするのに対し，パレート効率の概念は効用の個人間の比較を避けて資源分配の効率性を考えることができる。

伝統的経済学はパレート効率という概念を用いて大きな発展をしてきた。

　しかし，ここでもし選好が内生的で不安定であれば，パレート効率という概念の有用性には重要な限界が生じる。例えば，もし，ある人があるマグカップを目の前に置いてしばらく眺めているだけでそのマグカップに愛着心を持つようになり選好が変化するなら，どの時点の選好を重視してパレート効率を考えるのがよいであろうか。また，そもそも選好がふらふらと変わるのなら，そのような選好に基づいているパレート効率な資産配分がどのようにして達成されるか探究することに意味があるのだろうか。実際，多くの実験によって，実験者が参加者の選好を大きく変える操作をすることができることが示されてきた。

　このように行動経済学が選好の内生性と不安定性があることを示していくことは，伝統的経済学の有用性に対する大きな挑戦を含んでいる。しかし，経済学の知識は人間がよりよく生きるための道具であり，道具はよくその限界と用途を知って用いる必要がある。道具には必ず限界があるので，限界が見えたからといって，その道具の有用性を完全に否定するのは愚かなことである。例えば，マグカップに対する選好が大きく変化しても，より大きな範疇で見て，耐久財への選好はそれほど変わらないと考えられる。そうであれば，伝統的経済学のパレート効率に基づいた分析が無意味というわけではない。しかし，現実には選好が内生的で不安定であるなら，伝統的経済学の分析結果が，そのような要素によってどのように，そしてどの程度影響されるかを考察してからでないと政策提言をすることができない。このように，伝統的経済学の限界を示していくことは行動経済学のひとつの役割である。

　ここで上記に例として使った選好の変化に関する実験についての 2, 3 の代表的研究を概観しておく。この概観を通して，行動経済学の道具としての有用性と発展の可能性と同時に，特に最近になって発展しつつある学問としての限界も具体的に明らかにしておきたい。

　Kahneman, Knetsch, and Thaler（1990）は，この分野の重要な実験を報告している。この論文での典型的な実験では，大学のロゴ入りのマグカップが用いられた。伝統的経済学では，ある個人がマグカップを所有していないときに，マグカップを買うかどうかの意思決定を分析するために，マグカップを「買うために最大限いくら支払う意思があるか」という額を考える。この額を

willingness to pay の頭文字を取って WTP と呼ぶ。このマグカップを市場で取引する場合，ある個人の WTP が，マグカップの価格よりも上回るならば，この個人はマグカップをこの価格で買う。したがって，もし 1 人の人が 1 個のマグカップを買うならば，ある価格で WTP がその価格を上回る人の人数を足したものが，その価格での市場需要となる。もし所得が同じなら，そのマグカップがとても好きな人は WTP が高く，それほど好きでない人の WTP は低い。所得が増えると消費が増える財を正常財と呼び，ほとんどの財は正常財と考えられる。もし選好が同じなら，マグカップが正常財であるかぎり，所得が高い人は WTP が高く，低い人は WTP が低い。

　ある個人がマグカップを所有しているときに，そのマグカップを売るかどうかの意思決定を分析するために，「最低限，いくらお金をもらったらマグカップを売ってほしいというオファーを受諾するか」という額を考える。この額を，willingness to accept の頭文字を取って WTA と呼ぶ。このマグカップを市場で取引する場合，ある個人の WTA が，マグカップの価格より低いならば，この個人はマグカップをこの価格で売る。したがって，もし 1 人の人が 1 個のマグカップを売るならば，ある価格で WTA がその価格より低い人の人数を足したものが，その価格での市場供給となる。もし所得が同じなら，そのマグカップがとても好きな人の WTA は高く，それほど好きでない人の WTA は低い。

　ここで伝統的経済学が仮定するように選好が外生的で安定的であるならば，選好はマグカップを所有するかどうかによって変化しない。もしマグカップを所有しているかどうかだけは違うが，所得と選好がまったく同じ 2 人がいれば，マグカップを所有しない方の人のマグカップに対する WTP と，所有する方の人のマグカップに対する WTA はまったく同じはずである。同様に，ある人にマグカップをプレゼントした場合，その人がプレゼントを受ける直前の WTP と受けた直後の WTA はほぼ同じであるはずである。

　しかし，WTA は WTP とまったく同じではなく，少し高いと理論的に予測できる。この予測を理解するには，経済学で予算制約を考えるときの所得は，労働所得だけではないことに注意する必要がある。個人が市場に参加する前に保有する財や時間を初期保有（endowment）と呼ぶ。もしある個人がいろいろな財を初期保有していれば，まず初期保有をすべて市場に売りに出したと考え，

財を消費する場合には，市場価格で買い戻していると考えることができる。このように考えると，所得は財の初期保有を市場に売りに出したときの売上額も含むことになる。ある人に市場価格 3 ドルのマグカップをプレゼントすると，その人のこの意味での所得は 3 ドルだけ上昇する。そこでこの人が，この所得上昇をマグカップにいくらか回そうと望むだろうから，WTA は WTP よりも高いはずである。しかし，この所得上昇をマグカップを買うためにだけではなく，他の多くの財を買うためにも使えることを考えると，WTA が WTP よりもあまり高くなるとは考えられない。「あまり」ということをもっと具体的に考えると，例えば 3 ドルの所得上昇から WTA が WTP より 3 ドルも上昇することはありえないだろうといえる。多くの他の消費財所得を使えるときに，所得上昇の全部をマグカップに使いたいと思う人はいないだろう，という理由からである。ある人の WTP と WTA は，その人のその財に対する価値付け（valuation）を測るのだが，所得が増えることによる価値付けの変化を**所得効果**と呼ぶ。

　カーネマン（D. Kahneman）らは，選好が所与で安定的であるとは考えなかった。彼らは第 4 章で説明するプロスペクト理論に基づいて，人はいったん保有した財を失うことを嫌う傾向があるだろうと予測した。そうであれば，マグカップのプレゼントを受けた人の WTA は，受ける直前のその人の WTP を大きく上回るであろうと予測できる。カーネマンたちはこのように初期保有がある財に対する個人の価値付けに与える効果を**初期保有効果**（endowment effect）と呼んだ。

　初期保有効果が存在するかどうかを見るために，カーネマンたちは，米国やカナダの大学で学生を参加者として集めていくつかの実験を行ったが，ここでは彼らの論文の実験 6, 7 を見ておく。参加者たちは無作為に 3 つのグループに分けられた。3 つのグループは，それぞれ「売り手」，「買い手」，「選択者」の役割を果たした。「売り手」は実験者からマグカップのプレゼントを受け取り，0 ドルから 9.25 ドルの範囲のそれぞれの価格で，そのマグカップを売る気になるかどうかを聞かれた。これは WTA のアンケート調査である。「買い手」たちは，この範囲のそれぞれの価格で，マグカップを買う気になるかどうかを聞かれた。これは WTP のアンケート調査である。「選択者」たちは，この範囲

のそれぞれの価格で，マグカップが欲しいか，現金が欲しいかを聞かれた。「選択者」はお金の代わりにマグカップを得るという意味では，マグカップを「買って」いるということができる。そこで，これは一種のWTPのアンケート調査であるといえる。

「売り手」と「選択者」は，マグカップを売ることができるので，その分「買い手」に選ばれた場合よりも所得が増加している。しかし，「売り手」に選ばれても「選択者」に選ばれても，所得は同じだけ増加している。「売り手」と「選択者」は，マグカップか現金か，という同じ選択について聞かれていて，所得の条件は同じになっている。「売り手」と「選択者」の違いは，「売り手」はマグカップをすでに初期保有として持っているが，「選択者」は持っていないということである。

実験6では77人のサイモン・フレーザー大学の学生が参加者で，実験7では117人のブリティッシュ・コロンビア大学の学生が参加者であった。実験6と実験7のただひとつの実験手順の違いは，実験7ではマグカップの値札を付けたままにしてあったのに対し，実験6では値札をはずしてあった，ということである。

実験でのアンケート調査の結果，「売り手」たちのWTA，「買い手」と「選択者」たちのWTPの実験データが得られる。この実験データを統計分析するのだが，そのためには，統計分析では，まずデータをヒストグラム（度数分布図，柱状グラフ）というグラフにすることが有用であることが多い。まず売り手のWTAのデータ数値を，1以下，$1.25 \sim 2$，……，$8.25 \sim 9$，9.25以上というように，範囲を持った「階級」に分け，何人がそれぞれの「階級」に入ったかを「度数」とする。ヒストグラムは階級を横軸に取り度数を縦軸に取り，小さい数字から順にそれぞれの階級の度数を表す。このようにヒストグラムはデータの度数の分布を示す。ある分布を代表するひとつの数値として代表値を計算するのが，分布の性質を調べるためのひとつの有力な方法である。代表値には，**平均値**（mean average），**中央値**（median），**最頻値**（mode）などがある。中央値とは，データの数値を小さい順から並べたときに，中央にある数値（データが偶数個なら，中央の2つの数値の平均を取る）である。分布が対称的ならば，平均値と中央値は一致する。分布で数値が極端に大きい人が多いと，

平均値は中央値よりも大きくなる。そこでデータに極端な値が多い場合には，中央値がよい。最頻値はヒストグラムで最も度数の多い値である。最頻値は平均値や中央値と異なり，データが数値化されない質的なもの（例えば，アンケート回答者の性別）であっても意味を持つ。

　実験 6 の結果は，「売り手」の WTA の中央値が 7.12 ドル，「選択者」の WTP の中央値が 3.12 ドル，「買い手」の WTP の中央値が 2.87 ドルであった。実験 7 の結果は「売り手」の WTA の中央値が 7.00 ドル，「選択者」の WTP の中央値が 3.50 ドル，「買い手」の WTP の中央値は 2.00 ドルであった。これらの 2 つの実験で，「選択者」と「買い手」の WTP の違いは，所得効果として説明することができる。所得効果は実験 6 では 0.25 ドル，実験 7 では 1.50 ドルと推定される。3 つのグループ分けは無作為に行われたので，もし選好が外生的で安定的であるという仮説が真であるなら，「売り手」の WTA と「選択者」の WTP の中央値は同じになるはずである。ところが実験結果では，「売り手」の WTA は「選択者」の WTP の 2 倍以上も高い。この違いは，所得効果では説明できない。したがって，カーネマンらは，この違いは初期保有効果によるものと解釈した。

　これらの実験結果は長い間，初期保有効果の存在をはっきり示すものと行動経済学者たちの間で解釈されてきた。ところが Plott and Zeiler（2005）はこの解釈が誤っていることを強く示唆する実験結果を発表した。Plott and Zeiler は初期保有を示すと解釈されてきた実験の実験手順を少し変えるだけで実験結果が大きく変わることを示した。Plott and Zeiler の実験手順については第 4 章で説明するが，例えば実際にお金を支払う練習ラウンドを実施して，参加者たちが実験内容をよく理解するようにすることである。彼らの実験手順を用いると，カーネマンらの実験結果と違ってマグカップを保有してもその財の価値付けが高くならなかった。Plott and Zeiler の結果を受けて，Knetsch and Wong（2009）らが新しい実験研究を進めているのが現状であり，現時点では行動経済学者の間でどのようにこれらの実験を解釈するのか，まだ合意ができていない。しかし Isoni, Loomes, and Sugden（2011）らは，マグカップの代わりにお金を賞品とするくじを用いると，そのようなくじに対しては，Plott and Zeiler と同じ実験手順を用いても，保有することによって，統計的に有意な WTA と WTP の

差が得られることを示した。しかも，平均で見ると，その WTA と WTP の比率は約2倍に及ぶこともある[4]。

このようにカーネマンらの実験のようにはっきりした結果が得られ，初期保有効果のように，説得的な理論で結果を解釈することができ，多くの学者たちが10年以上の長い間解釈に合意して常識となっていても，その理論が現実の人間行動に妥当性を持っているとはかぎらない。多くの研究者たちによる常識にとらわれない実験を通して，われわれの人間行動に対する理解は少しずつ深まっていく。しかしカーネマンらと，その後の Plott and Zeiler の実験，特に Isoni らの実験から確実にいえることは，選好が常に外生的で安定的であるという仮説は真ではなく，しかも財や資産（くじは経済学的には資産のひとつである）の価値付けという経済学の本質に関わるところで，この仮説からの乖離が数量的にも重要であるということである。選好が実験者の操作によって変化することにより，資産の価値付けが2倍近くにもなりうる。選好が外生的で固定的であるという仮説が真でなく，かつ仮説からの乖離が経済現象を理解する際に重要であることがわかったのは大きな進歩である。ではどのように選好が変化していくか，ということになると，行動経済学は，まだ発展途上である。初期保有効果のように行動経済学で常識となった理論が存在するが，財とくじでなぜ初期保有効果が異なるのか，などを探究していく必要がある。この時点ではそれらの理論に固執するより，それらの理論の限界をよく探り，それらを基礎として，さらなる発展を探っていく必要がある。

2.3 経済人的合理性

合理的であるとは道理や論理にかなっていることで，非合理的に行動するより，合理的に行動する方がよい。ここで「合理的」という言葉にはいろいろな意味があるので注意する必要がある。まず，大きく2つに分けると，(1)目的を達成するために理にかなった行動をする，という意味と，(2)目的が理にかなっている，という意味がある。このような言葉の本来の意味の「合理性」と，経済人的合理性とは，意味が違うことを強調しておきたい。というのは，行動

---

4) Plott and Zeiler の実験とそれらを受けたその後の実験，また，それらを統一的に説明する可能性のある有力な理論仮説については第4章で説明する。

経済学では，現実の人間の行動は，経済人的合理性を満たさないことを示してきた。それらの結果の解釈として，短絡的に，現実の人間の行動は非合理的でよくない，という結論を下さないことが重要である。経済人的合理性に即して行動する方がよいかどうかは，それぞれの場合について慎重な検討を要するからである。

　まず経済人的合理性と本来の意味の合理性が一致する例としては，重大な商取引の際に，交渉相手が嫌いなタイプの人間だった場合に一時的な感情に支配されて取引をやめてしまうよりも，感情は抑えてお互いにとって経済的に得になる取引をする方が理にかなっていることが多いであろう。感情に支配されるより経済人的合理性を発揮して冷静に損得を計算した方が優れている場合は多いと思われる。

　次に経済人的合理性と本来の意味での合理性の違いを見るために，まずひとつの例として，次のサイコパス（性格異常者）の診断のためのテストを考えてみよう。

　　サイコパステスト：あなたが妹と一緒に，おばあさんの葬式に行った。そこで黒の髪に黒の洋服を着て黒の靴を履いた男に魅力を感じた。その男はあなたとあなたの妹さんの理想のタイプだ。そしてその翌日，あなたは妹を殺した。どうしてそうしたと思うか[5]。

　あなたならどう答えるだろうか。一般の人は，「妹がその男と交際することになるのではないか不安になって」などと答えるのに対し，サイコパスは「妹を殺せばその男が葬式にまた来るはずだから。もう一度会えると思って」などと答える傾向があるという。

　ここで，サイコパスは，理想のタイプの人と交際して自分の効用を上げるという目的のために，肉親の葬式も含めてあらゆることを利用しようとして，経済人的合理性を持って論理的に考えを進めている。一般の人は，普通は肉親の葬式の利己的な利用という道理にかなわない部分はもともと無意識的に排除し

5）　このサイコパステストとその答えは http://japanese.joins.com/article/article.php?aid=110879&servcode=400（2018 年 9 月 10 日閲覧）より。

て論理を進める。経済人的合理性では，論理にかなっていることだけを問題にしていて，道理や倫理にかなっているかは問題にしない。したがって経済人的合理性が必ずしも本来の意味での合理性ではない，ということは，この例で明らかであろう。

ここで経済人的合理性についてさらに理解を深めるために，ゲーム理論を紹介する。ゲーム理論は利害の異なる複数の主体が，他の主体の取る行動を考慮しながら自分の行動を戦略的に決定するときの個々の主体の行動とその相互作用を研究する理論である。ゲーム理論は von Neumann and Morgenstern（1944）が理論の枠組みを提唱した。その後 Nash（1951）の均衡の概念などの貢献により大きく発展し，現在ではミクロ理論経済学の主流となっている。本書では，ゲーム理論で主体が利己的で合理的な経済人であると仮定している場合を，伝統的ゲーム理論という。ゲーム理論に対して，もうひとつの経済理論の柱は，市場での需給の均衡を分析する市場均衡理論である。個々の主体が市場価格に影響を与えることのできない完全競争の場合，市場均衡理論では各経済主体は，市場価格さえ知っていれば，各財の自分の WTP と価格を比べてその財への需要を決定し，初期保有する財の自分の WTA と価格を比べてその財の供給を決定することができる。他の経済主体が，どのように行動しているかを知る必要はない。これに対して，伝統的ゲーム理論での主体は，他の主体の行動を知る必要がある。

ゲーム理論での経済人的合理性の意味を見ていくために，ゲームの代表的な例である**囚人のジレンマ**（Prisoners' Dilemma）を取り上げる。このゲームでは2人組の犯罪者が捕まり，別々の部屋で取り調べを受けている。警官が囚人の自白を引き出すために，次のような司法取引を持ちかける。もし2人とも黙秘するなら2人とも懲役2年。もし1人が黙秘し，1人が自白するなら，黙秘した囚人は懲役15年で自白した囚人は懲役1年。もし2人とも自白するなら，それぞれ懲役10年。ここでそれぞれの囚人は，共犯者と協調して黙秘するか，裏切って自白するかを意思決定する。このゲームのルールは，2人の囚人を A，Bとして表1-1のように**利得表**で表現できる。利得表はゲームの各プレイヤーの行動（戦略と呼ぶ）によって，どのように各プレイヤーの利得が決まるかを示す表である。ここで囚人Bが協調する戦略を取るとき，囚人Aが裏切る戦略

表1-1 囚人のジレンマ

	囚人B 協調（黙秘）	囚人B 裏切り（自白）
囚人A 協調（黙秘）	−2, −2	−15, −1
囚人A 裏切り（自白）	−1, −15	−10, −10

を取るなら囚人Aの利得は懲役1年であり，囚人Bの利得が懲役15年であるのを，（−1，−15）と表している。他の戦略の組合せも，同様に表に表されている。

ナッシュ均衡とは，「各プレイヤーが，他のプレイヤーの戦略に対して利得を最大にするという意味で最適な反応をしているような戦略の組合せ」である（数学的な定義は章末の補論を参照）。囚人のジレンマのナッシュ均衡はそれぞれの囚人が共犯者を裏切って自白することを選ぶことである。これがナッシュ均衡になっていることを確認するために，まず囚人Aの最適な反応を調べる。もし囚人Bが裏切るなら，囚人Aは協調すれば自分の利得は−15であり，裏切れば−10である。囚人Aの最適な反応は裏切ることである。囚人Bも同じように，囚人Aが裏切るなら，自分も裏切ることが最適な反応である。したがって，両方の囚人が裏切ることはナッシュ均衡になっている。このゲームでは，他にはナッシュ均衡がない。例えば，もし囚人Bが協調することを選んでいるなら，囚人Aは協調すれば自分の利得は−2であり，裏切れば−1である。利得を最大化する最適な反応は裏切ることである。ところが，囚人Aが裏切るなら，囚人Bの最適な反応は裏切ることである。

このように2人とも協調するなら懲役2年ですむところが，2人とも利己的に相手を裏切って行動するために，懲役10年になってしまう。利己的で合理的な経済人が，自分の利得を最大化するように行動するために，2人のチームとしては愚かな選択をしてしまう。

囚人のジレンマのゲームでは，各囚人は，自分の懲役期間をできるだけ短くしようとする目的を持っている。ナッシュ均衡では，囚人は互いに協調すれば2人とも2年の懲役ですむのに，2人とも10年の懲役になってしまうという意

味では，この目的を達成しているとはいえない。実際に囚人のジレンマの実験をしてみると，多くの参加者が互いに協調することを選ぶことが観察される。これは経済人的合理性を満たす行動とはいえないが，目的を達成するという本来の「合理性」の意味では合理的でありうる。経済人的合理性の背後には，意思決定する自分も，ゲームの相手も経済人である，という仮定が潜在的に置かれている。相手が経済人であれば，協調を選ぶことはありえないので，自分も裏切ることが「合理的」である。しかし，実際の実験でのゲームの相手が経済人でなければ，協調することが利己的な参加者にとっても合理的な行動でありうるし，裏切ることが利己的な目的さえ達成しないという意味で非合理的な行動でありうる。第5章第1節で，さらにこのことを詳しく説明する。

　次に囚人のジレンマのゲームでの囚人の利己的な目的が理にかなっているかどうかを考えてみよう。この目的のためには，囚人のジレンマのゲームを，環境問題に応用した方がわかりやすい。今，A国とB国からなる世界を考える。A国とB国の，国としての総生産高を測る国内総生産（Gross Domestic Product：GDP）は，環境に対しての取り組みに協調するか，しないかによって違っているとする。両国が協調して環境問題に取り組むことを選べば，それぞれ5兆ドルのGDPが得られる。両国が環境を無視することを選べば，それぞれ2兆ドルのGDPしか得られない。他国が環境問題に取り組み，世界の環境が改善するときに自国が裏切ることを選べば，他国の努力にただ乗りして7兆ドルのGDPが得られるが，他国のGDPは1兆ドルに落ち込む。この状況を各国が自国のGDPの最大化を目的とすると仮定して利得表として書くと表1-2のようになる。理論的には，この環境ゲームも「囚人のジレンマ」と同じ構造を持っている。したがって，ナッシュ均衡は（裏切り，裏切り）だけである。環境問題での国際協調が難しいという現実の一側面は，このゲームとナッシュ均衡でよく捉えられている。

　しかし，このような状況で，自国のGDPの最大化のみを目的とすることは，理にかなっているだろうか。実は，「理にかなっている」かどうかは，第10章で取り上げる規範や世界観に依存して違っている。あくまでも自国のGDPさえ最大化すれば理にかなっているとする世界観もありうる。他国を裏切るのは自国の恥であるとしたり，罪悪であるとして，自国のGDPの最大化という目

表 1-2　環境問題

	B国 協調	B国 裏切り
A国 協調	5，5	1，7
A国 裏切り	7，1	2，2

的は理にかなっていない，とする世界観もありうる。あるいは，自国の GDP だけでなく，他国の GDP も目的として考慮する方が理にかなっているという世界観もありうる。現実にも多くの国々に環境問題への取り組みが見られる。

　環境問題は現在の人類の直面する大きな課題のひとつである。この課題に対してどのような政策が望ましいかということも，経済人的合理性と，本来の意味での合理性をどのように考えていくかによって違ってくる。本書はこのような問題に対して最終的な解答を与えようとするものではない。多くの先人の研究に基づいて，どのように考えていくことができるかを示そうとするものである。

2.4　人間は利己的か？

　上記の伝統的経済学で仮定されている経済人の持つ効用最大化の利己的な目的が，理にかなっているかという問題と関連するが，別の問題として現実の人間は利己的なのか，という問題がある。ここで行動経済学を定義する目的で「利己的」という言葉をどう定義するべきか，という難しい問題がある。この問題に取り組むのは第 8 章と第 9 章であるが，本章では，まず，行動経済学者の間でどのような実験からどのように考えが進んできたかを簡単に見ておく。

　最後通牒ゲーム（ultimatum game）の実験にはいろいろなバリエーションがあるが，典型的には，参加者は無作為に抽出された 2 人である。一方は「配分者」となり，一方は「受益者」となる。配分者にはある金額（例えば 1000 円）が初期保有として渡される。配分者は，このうちいくらを自分のものにし，いくらを受益者のものにするかオファーする。配分者は，受益者への配分額を x とすると，（$1000-x, x$）をオファーする。受益者は，このオファーを受け入れ

るかどうか意思決定する。オファーを受け入れた場合には，配分者に，1000 − x 円が，受益者に x 円が支払われる。受益者がオファーを受け入れない場合は，両者ともに 0 円となる。

　上記の囚人のジレンマのゲームは，ゲームのプレイヤー全員が同時に戦略を決定する**同時手番ゲーム**であるのに対し，この最後通牒ゲームは，プレイヤーが順番に戦略を決めていく**逐次手番ゲーム**である。普通，逐次手番ゲームには，複数のナッシュ均衡が存在するのだが，その中で，次に説明する**サブゲーム完全均衡**が，現実の行動を分析するときに妥当性が高いと考えられている。

　典型的な最後通牒ゲームでは，配分者は，初期保有額以下なら，どのような配分額でも可能というルールだが，ここでは説明のため，決められた少数の配分額のみが可能であるというルールのミニ最後通牒ゲームと呼ばれるバリエーションをまず考える。初期保有が 1000 で，配分者の手番で x は 1 と 500 のみが可能なミニ最後通牒ゲームを考察する。ここでサブゲームとは，受益者が手番のときのゲームと，元のゲームである。受益者が手番のときには，x が 1 である場合と，500 である場合の 2 つのサブゲームがある。元のゲームもひとつのサブゲームと考えるので，全部で 3 つのサブゲームがある。元のゲームは，受益者が手番のときの 2 つのサブゲームを含んでいる。各プレイヤーの戦略が，すべてのサブゲームでナッシュ均衡であるとき，サブゲーム完全均衡であるという。

　このゲームを図で表現すると，図 1−1 のようになる。このようにゲームのプレイヤーの手番をノード，異なった戦略を線分で表現する図を**ゲームの木**と呼び，ゲームの木を使った表現を，**展開型**と呼ぶ。これに対し，囚人のジレンマのゲームで使った表 1−1 と表 1−2 のように利得表を使ったゲームの表現を，**標準型**と呼ぶ。逐次手番ゲームを標準型で表現することもできるが，展開型の表現方法の方が，手番に関してより多くの情報を提供する。

　サブゲーム完全均衡を探すために，まず，受益者の手番のサブゲームから考えてみる。配分者が（999, 1）のオファーをしたときのサブゲームでは，受諾した方が受諾者にとって 1 円だけ利得が高いので，経済人は受諾するはずである。配分者は，このサブゲームでは，何も戦略を選ばないので，これが，このサブゲームのナッシュ均衡である。配分者が（500, 500）のオファーをしたと

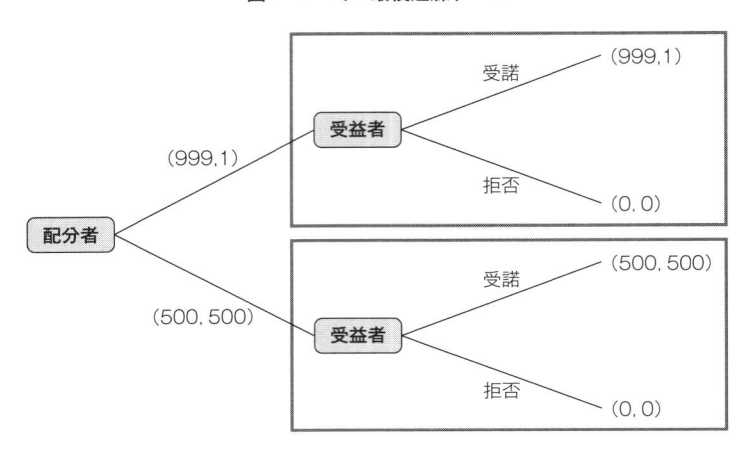

図1-1　ミニ最後通牒ゲーム

きのサブゲームでは，受諾した方が受諾者にとって500円だけ利得が高いので，経済人は受諾するはずである。これが，このサブゲームのナッシュ均衡である。最後に元のゲームを考える。受益者が手番の2つのサブゲームがナッシュ均衡であるとき，配分者が(999,1)をオファーすると，受益者は受諾するので999円の利得が得られる。配分者が(500,500)をオファーすると，受益者は受諾するので，500円の利得が得られる。そこで，配分者が(999,1)のオファーをし，受益者は受諾するのがサブゲーム完全均衡である。

　プレイヤーが利己的な経済人であることを仮定したとき，このミニ最後通牒ゲームでは，(500,500)のオファーが受諾されることもナッシュ均衡であるが，サブゲーム完全均衡は，(999,1)のオファーが受諾される他にはないことを証明することができる（章末の練習問題E-2の問1を見よ）。これは，配分者にとっては500円をオファーして受諾されるより，1円をオファーして受諾されることの方が，自分の利得が高いからである。受諾者が自分の利得だけに関心のある経済人なら，1円のオファーでも拒否して0円となるより1円利得が高いので，必ず1円のオファーも受諾するはずである。

　また，同様の論理で考えれば，典型的な初期保有額以下なら，0円，1円，2円というように，自然数ならどのようなオファーも可能であるときは，配分者の1円のオファーが受諾されることがサブゲーム完全均衡であり，配分者が2

円以上のオファーをすることは，サブゲーム完全均衡ではありえないことが容易に理解できる[6]。

　実際に実験をしてみると，サブゲーム完全均衡の理論予測はまったく結果を説明しない。Oosterbeek, Sloof, and van de Kuilen（2004）の発展途上国での実験を含む37論文の75の実験結果の分析によると，配分者の受益者へのオファーの初期保有額に対する割合（**配分率**）の実験結果の平均は約40%であり，受益者は平均して約16%のオファーを拒否する。これらの実験は欧米の学生を参加者にして，初期保有額が1000円くらいのものが多いが，Cameron（1999）のようにインドネシアで初期保有額が毎月の平均の支出額のほぼ3倍という多額の初期保有額の実験でも平均配分率は約42%で，サブゲーム完全均衡の理論予測とまったく異なっていた[7]。

　ここで，ひとつの仮説として，配分者には，利他的な動機があったり，公平性などの規範に従う動機があるとも考えられる。しかし，多くの受益者は，低い配分率なら，自分が損をしても，オファーを拒否する。もし，自分が最後通牒ゲームに受益者として参加して，1円とまではいかなくても10%くらいの低いオファーをされたら，自分に対する不公平な扱いに怒りを感じてオファーを拒否すると感じる人は多いであろう。そこで，最後通牒ゲームの配分者が，受益者に1円より多く配分するとき，利他的動機の他に，オファーが拒否されて自分がお金をもらえないかもしれない，という利己的動機があることも考えられる。

　配分者の経済人的な利己的動機を取り除くための実験として，最後通牒ゲームの受益者の決定権を取り除く実験がある。無作為に抽出された2人の参加者が，一定の金額（例えば1000円）を自分と相手にどのように配分するかを決める。配分者は $(1000-x, x)$ を決定する。この実験のゲームを**独裁者ゲーム**と

---

6)　テクニカルにはオファーが自然数であるときには，サブゲーム完全均衡は，2つ存在して，ひとつは1円のオファーが受諾されるもので，もうひとつは0円のオファーが受諾されるものである。非現実的であるが，オファーがどのような実数でも可能であると仮定すると，0円のオファーが受諾されるのが唯一のサブゲーム完全均衡となる，より単純明快な結果を得ることができる。
7)　最後通牒ゲームでの受益者の拒否行動には大きな地域差が見られる。この原因については第10章で考察する。

呼ぶ。利己的な経済人なら，配分者は（1000, 0）を配分する。Engel（2011）の発展途上国での実験を含む261論文の結果の分析によると，実際の実験結果は，平均して配分者が全体のパイの3割程度を受益者に提供する[8]。

これらの実験結果からはっきりするのは，公平性の規範などを無視し，自分の利得だけに関心を持つ利己的な経済人を仮定するサブゲーム完全均衡という伝統的ゲーム理論の予測は，実験結果に対する説明力を持たない，ということである。では，どのような理論を構築していけばよいのか。独裁者ゲームの結果を見ると，現実の人間は完全に利己的なのではなく，利他的な面もあるという仮説が有力であるように思える。さらに最後通牒ゲームの受益者の行動を考え合わせると，利他的なだけではなく，場合によっては何らかの理由で，不公平な行動に対して自分の利得が減っても他人の利得を減らす行動をする面もある。これらの実験結果は，人間の利己性，利他性，規範，世界観の役割について考えていくための有用な出発点を提供する。本書では第8章以降で，この問題について考えていく。

補論　ナッシュ均衡

この補論では船木（2012）に従ってナッシュ均衡の数学的な定義を説明しておく。n 人のゲームを考え，プレイヤーの集合を $N=\{1, 2, ..., n\}$，S_i をプレイヤー i の戦略の集合，$u_i(s_i, s_{-i})$ を，プレイヤー i が戦略 s_i を取り，他のプレイヤーが $s_{-i}=(s_1, ..., s_{i-1}, s_{i+1}, ..., s_n)$ を取ったときの利得を実数値で与える利得関数とする（ここで $j=1, ..., n$ で $s_j \in S_j$ とする）。戦略の組 (s_i, s_{-i}) において，自分 i 以外の戦略の組 s_{-i} に対し，

$$u_i(s_i, s_{-i}) \geq u_i(t, s_{-i}) \tag{A-1}$$

---

8) 最後通牒ゲームの平均配分率が多くの実験でほぼ40％で地域などによってそれほど大きく変化しないのに対し，独裁者ゲームの平均配分率は実験によって，大きく異なっている。この原因については第10章で考察する規範の影響が独裁者ゲームの方が大きいということが考えられる。

の条件がすべての $t \in S_i$ に対して成り立っている戦略 s_i を最適反応戦略と呼ぶ。

ここで戦略の組，(s_i, s_{-i}) が，(A-1) の条件をすべての $t \in S_i$ と $i \in N$ に対して満たすとき，ナッシュ均衡と呼ぶ。すなわちナッシュ均衡とは互いに他のプレイヤーの戦略に対して最適反応になっている戦略の組のことである。

◈ 参 考 文 献

Cameron, L. A. (1999) "Raising the Stakes in the Ultimatum Game: Experimental Evidence from Indonesia," *Economic Inquiry* 37 (1), pp. 47-59.

Engel, C. (2011) "Dictator Games: A Meta Study," *Experimental Economics* 14 (4), pp. 583-610.

Isoni, A., G. Loomes, and R. Sugden (2011) "The Willingness to Pay-Willingness to Accept Gap, the 'Endowment Effect,' Subject Misconceptions, and Experimental Procedures for Eliciting Valuations: Comment," *American Economic Review* 101 (2), pp. 991-1011.

Kahneman, D., J. L. Knetsch, and R. H. Thaler (1990) "Exeperimental Tests of the Endowment Effect and the Coase Theorem," *Journal of Political Economy* 98 (6), pp. 1325-1348.

Knetsch, J. L. and W.-K. Wong (2009) "The Endowment Effect and the Reference State: Evidence and Manipulations," *Journal of Economic Behavior & Organization* 71 (2), pp. 407-413.

Nash, Jr., J. F. (1951) "Non-Cooperative Games," *Annals of Mathematics* 54 (2), pp. 286-295.

Oosterbeek, H., R. Sloof, and G. van de Kuilen (2004) "Cultual Differences in Ultimatum Game Experiments: Evidence from a Meta-Analysis," *Experimental Economics* 7 (2), pp. 171-188.

Plott, C. and K. Zeiler (2005) "The Willingness to Pay-Willingness to Accept Gap, the 'Endowment Effect,' Subject Misconceptions, and Experimental Procedures for Eliciting Valuations," *American Economic Review* 95 (3), pp. 530-545.

von Neumann, J. and O. Morgenstern (1944) *Theory of Games and Economic Behavior*, Princeton University Press.

川越敏司 (2007)『実験経済学』東京大学出版会。

船木由喜彦 (2012)『ゲーム理論講義』新世社。

◈ 練 習 問 題

(E-1 選択式問題)

Kahneman, Knetsch, and Thaler（1990）のマグカップの実験について次の3つの問いに答えよ。

1. 「売り手」の willingness to accept（WTA）と「買い手」の willingness to pay（WTP）について，最も的確な答えをひとつ選べ。

　　A）　参加者たちがホモ・エコノミカスのように行動すれば，マグカップをもらった参加者の所得が少し増えているので，WTA は WTP よりも高いはずである。

　　B）　参加者たちがホモ・エコノミカスのように行動すれば，WTA と WTP は一致するはずである。

　　C）　参加者たちがホモ・エコノミカスのように行動すれば，マグカップをもらった参加者の所得が少し増えているので，WTA は WTP よりも，所得の増加分と同じだけ高いはずである。

　　D）　参加者たちがホモ・エコノミカスのように行動すれば，マグカップをもらった参加者の所得が少し増えているが，所得はマグカップ以外の財にも使えるので，WTA は WTP よりも高いとしても，差はかなり小さく，ほぼ一致するはずである。

　　E）　A）と C）。

　　F）　A）と D）。

2. 「売り手」のWTAと［選択者］のWTPについて，最も的確な答えをひとつ選べ。

　　A）　参加者たちがホモ・エコノミカスのように行動すれば，マグカップをもらった参加者の所得が少し増えているので，「売り手」の WTA は「選択者」の WTP よりも高いはずである。

　　B）　参加者たちがホモ・エコノミカスのように行動すれば，「売り手」の WTA と「選択者」の WTP は一致するはずである。

　　C）　参加者たちがホモ・エコノミカスのように行動すれば，マグカップをもらった参加者の所得が少し増えているので，「売り手」の WTA は，「選択者」の WTP よりも，所得の増加分と同じだけ高いはずである。

　　D）　参加者たちがホモ・エコノミカスのように行動すれば，マグカップをもらった参加者の所得が少し増えているが，所得はマグカップ以外の財にも使えるので，「売り手」の WTA は，「選択者」の WTP よりも高いとしても，差はかなり小さく，ほぼ一致するはずである。

　　E）　A）と C）。

　　F）　A）と D）。

3. 仮に実験6, 7の結果が実験手順によって変化しない頑健性のある結果であった
として，結果について，最も的確な答えをひとつ選べ。
- A） 「売り手」のWTAは「選択者」のWTPよりもはるかに高く，「選択者」
のWTPは「買い手」のWTPよりも少し高い。
- B） 「売り手」のWTAは「選択者」のWTAとほぼ一致し，「選択者」の
WTPは「買い手」のWTPよりも少し高い。
- C） 「売り手」のWTA，「選択者」のWTPと，「買い手」のWTPはほぼ一致
している。
- D） 参加者の選好には，マグカップをもらうと即座にWTAが高くなる初期
保有効果がある。
- E） 参加者の選好は，ホモ・エコノミカスのように安定的である。
- F） A）とD）。
- G） B）とE）。

4. 最後通牒ゲームの実験の理論的予測と結果について，最も的確な答えをひとつ
選べ。
- A） 参加者たちがホモ・エコノミカスのように行動するなら，サブゲーム完
全均衡により，配分者は受取額の約40％の金額を受益者に配分し，受益者
はそれを受諾することが予測される。
- B） 参加者たちがホモ・エコノミカスのように行動するなら，サブゲーム完
全均衡により，配分者は最低限の金額を受益者に配分し，受益者はそれを
受諾することが予測される。
- C） 実際の実験では，典型的には配分者は受取額の約40％の金額を受益者に
配分する。
- D） 実際の実験では，典型的には配分者は受取額の約20％の金額を受益者に
配分する。
- E） 実際の実験では，受益者が拒否するオファーの配分率の平均は約16％で
ある。
- F） 実際の実験では，受益者が拒否するオファーの配分率の平均は約8％で
ある。
- G） A）とC）とF）。
- H） B）とD）とF）。
- I） B）とC）とE）。

5. 最後通牒ゲームの実験結果とその解釈について，最も的確な答えをひとつ選べ。
- A） 配分者も受益者もホモ・エコノミカスのように行動する。

B） 配分者はホモ・エコノミカスのように行動するが，受益者はそうではない。

C） 受益者はホモ・エコノミカスのように行動するが，配分者はそうではない。

D） 配分者は完全に利己的ではなく，利他的な面があるか公平性を好むことが実験結果ではっきりわかる。

E） 配分者は，受益者が低い配分率の提示は拒否するだろうと予測して行動していることがはっきりわかる。

F） 配分者は完全に利己的ではなく，利他的な面があるか公平性を好むという可能性と，配分者は受益者が低い配分率の提示は拒否するだろうと予測して行動している可能性と，両方が考えられる。どちらかで一方であるか，あるいは両方の要素が働いているかは，基本的な最後通牒ゲームの実験結果だけではわからない。

G） C）と F）。

H） B）と E）。

6. 独裁者ゲームの実験の理論的予測と結果について，最も的確な答えをひとつ選べ。

A） 配分者が利己的なホモ・エコノミカスのように行動するなら，配分者は受取額の約 30％の金額を受益者に配分することが予測される。

B） 配分者が利己的なホモ・エコノミカスのように行動するなら，配分者は受益者にまったく何も配分しないことが予測される。

C） 実際の実験では，典型的には配分者は受取額の約 5％の金額を受益者に配分する。

D） 実際の実験では，典型的には配分者は受取額の約 30％の金額を受益者に配分する。

E） A）と D）。

F） B）と D）。

7. 独裁者ゲームの実験結果と，自分の利己的あるいは利他的な選好に基づいて参加者が行動しているという枠組みの中での結果の解釈（自分の外部にある集団の規範などの影響はここでは考えない）について，最も的確な答えをひとつ選べ。

A） 典型的な配分者は利己的なホモ・エコノミカスのように行動する。

B） 典型的な配分者は完全に利己的ではなく，利他的であるか公平性を好むことが実験結果ではっきりわかる。

C） 独裁者ゲームの実験の配分者は，受益者が低い配分率の提示は拒否するだろうと予測して行動していることがはっきりわかる。

D） 独裁者ゲームの実験の配分者は完全に利己的ではなく，利他的であったり，公平性を好むという可能性と，配分者は受益者が低い配分率の提示は拒否するだろうと予測して行動している可能性と，両方が考えられる。どちらか一方であるか，あるいは両方の要素が働いているかは，独裁者ゲームの実験結果だけではわからない。

（E-2 記述式問題）

1. 配分者が 500 円を初期保有として受け取る最後通牒ゲームの実験について次の 3 つの問いに答えよ。これらの問題のゲーム理論による分析のために各プレイヤーは利己的なホモ・エコノミカスであると仮定し，混合戦略は考慮しないこととする。

A） 受益者への配分額を，1 円か，250 円かどちらかをオファーするミニ最後通牒ゲームの実験を考える。非現実的であるが，各プレイヤーが実験の最初に同時に戦略を示し，受益者は，自分の手番で気が変わっても，その戦略どおりに行動すると仮定して，下の表のように利得表を描き，ナッシュ均衡を全部探せ。探した戦略の組合せがナッシュ均衡であること，他の戦略の組合せはナッシュ均衡でないことを説明せよ。

		受益者			
		1円なら受諾，250円なら受諾	1円なら拒否，250円なら受諾	1円なら受諾，250円なら拒否	1円なら拒否，250円なら拒否
配分者	1円をオファー				
	250円をオファー				

B） このミニ最後通牒ゲームの実際の実験は逐次手番ゲームであることを考えて，ゲームの木を描き，1 円をオファーするのはサブゲーム完全均衡であり，250 円をオファーするのはサブゲーム完全均衡ではないことを説明せよ。

C） 受益者への配分額について，0 円か，1 円か，2 円の 3 つの選択肢のうちのどれかを配分者がオファーするミニ最後通牒ゲームの実験について，ゲームの木を 2 つ描き，2 つのサブゲーム完全均衡があること，これら以外にはサブゲーム完全均衡は存在しないことを説明せよ。ゲームの木はひ

とつのサブゲーム完全均衡のためにひとつ描き，その均衡での最適戦略は
枝を太線にして示すこと。

2. 巻末の付録にある初期保有効果の実験を授業中に行った実験とアンケート調査
   の 76 人の結果が，Microsoft Excel ファイルとして「初期保有効果実験データ」
   の教材タイトル名で，本教科書のためのウェップページ（http://yuhikaku-nibu.
   txt-nifty.com/blog/2014/03/behavioral_econ.html）にアップロードされている。
   それに基づいて，以下の問いに答えよ。

   　それぞれの参加者の結果は各行に，例えば問 1 の付問の回答で「150 円まで
   売る」を選んでいれば，150，「600 円になれば売る」なら 600 という数字が A
   の列に書かれている。問 2 についても同様で B の列に書かれている。ただし，
   問 2 で「1 円でも買わない」は 0 という数字が書かれている。

   A）　どのような仮定のもとで，ファイルの結果の数字はくじに対する WTA，
   WTP と解釈できるだろうか。

   B）　くじに対する WTA と WTP の差の平均と中央値と標準偏差をそれぞれ
   Excel の AVERAGE，MEDIAN，STDEV の関数を用いて計算せよ。

   C）　各参加者のデータが統計的に独立で同一の確率分布に従うという仮定の
   もとで，n をサンプル数，$\overline{X}$ を平均，μ を真の期待値，s を標準偏差とす
   ると，

   $$\frac{\sqrt{n}\,(\overline{X} - \mu)}{s}$$

   は近似的に標準正規分布に従う。この結果を用いて，データで初期保有効
   果が統計的に有意かどうか統計検定を行え。

第**2**章

神経経済学とは何か？

❈ は じ め に

　われわれは日常生活の中で，お金や食べ物などの「報酬」に関わるさまざまな選択問題を解いている。それはどのような脳の働きによるものだろうか。この疑問に答えようとするのが，**神経経済学**（ニューロエコノミクス）である。

　脳科学（神経科学）の分野では，古くから報酬に基づく動物や人間の意思決定のメカニズムが調べられてきた。その中でも，脳の数理モデルを仮定し，それを実験的手法で検証することで，人間を含む動物の意思決定のメカニズムの解明を目指す，計算論的アプローチが近年盛んになってきている。また近年になり，第2節で説明する機能的磁気共鳴画像法（fMRI）などの，脳への外科的手術を必要としない計測手法の発達と普及により，経済行動などの複雑な問題を解いているときの人間の脳の様子を調べることが容易になってきた。

　第1章で説明したように，伝統的経済学では，経済行動の意思決定は経済人的合理性を持って行われるという仮定を置くので，意思決定のメカニズムはブラックボックスとして扱い，解明しようとはしない。そのため，脳科学の意思決定のアプローチにほとんどの経済学者は注意を払わなかった。しかし，脳科学は，経済人の仮定を置かずに実際の人間の経済行動が生み出される脳の仕組みを解明することで，「究極の人間本位」の経済理論を作ろうとしていると解釈できる。つまり，第1章で説明した行動経済学の目指すところを脳の仕組みの解明の側面から探究するものである。

　このような背景から，経済学と脳科学は出会い，1990年代後半から2000年

代前半にかけて神経経済学という新しい分野が誕生したのである。まとめると，神経経済学とは，経済行動を生み出す脳の働きを脳科学の手法を用いて解明し，実際の人間の経済行動をよりよく説明できるような新しい経済理論を作ろうとする学問である。行動経済学は，初期には心理学実験を主要な手法として経済行動を探究したのであるが，近年になって神経経済学の手法も脚光を浴びつつあり，従来の手法と補完的に用いられている。本章では，この新しい分野である神経経済学の歴史的背景と主な研究分野について簡単に解説したい。

1 「報酬」に基づく意思決定

　豊富な食糧を求め大移動する渡り鳥や，スーパーの安売りに長い行列ができるのを見るとわかるように，われわれ人間をはじめとする動物の行動は，食べ物やお金などの**報酬**に大きく左右される。報酬の効果を実験によって確かめたのが，20世紀初頭から行われた動物を用いた一連の条件付け実験である。

　ロシアの生理学者パブロフ（I. Pavlov）は，ベルを鳴らすのと同時に，犬に餌を与えることを繰り返すと，ベルを鳴らすだけで犬は唾液を出すようになることを発見した。これは後に古典的条件付けと呼ばれる。また，コロンビア大学のThorndike（1911）は，レバーを押すと外に出られる仕組みの箱の中にネコを入れ，たまたまレバーを押して箱の外に出て餌を食べることができた，という試行錯誤を繰り返すことで，ネコがレバーを押して外に出るまでの時間が短くなることを発見した。これは後に道具的条件付けと呼ばれる。ハーバード大学のスキナー（B. F. Skinner）は，これらの条件付けを定式化し，報酬の効果を，「ある刺激と報酬を伴う反応との間の連合を強め（強化），その反応の生起確率の増加をもたらす」と定義した。

　心理学では，報酬のことを「強化因子」ともいう。報酬は，経済学における「インセンティブ（人の意欲を引き出すために，外部から与える刺激）」とほぼ同意であるといえる。

2 脳の構造と働き

　実験心理学の分野では，主に動物を対象にして，報酬と行動の関係を調べてきた。具体的には，報酬の属性を変化させることで，それが意思決定にどのように影響を与えるか，またその処理が脳でどのように行われているかを，実験的手法で調べてきた。近年では，人間の被験者に，金銭的報酬を用いて擬似的に経済活動を行っているときの脳活動を fMRI などの計測手法を用いることで，報酬に関わる人間の脳の働きを明らかにする動きが活発になっている。具体的な研究成果を紹介する前に，研究内容を理解するうえで最低限必要な神経科学の基礎知識についての簡単なレクチャーを行いたい。

2.1　脳の構造と神経活動

　脳は，脊椎動物において脊髄とともに中枢神経系を構成する組織である。脳は大脳，小脳，脳幹に区別される。大脳および小脳は，主に**神経細胞（ニューロン）**の細胞体で構成される灰白質と，主に神経細胞から伸びる神経繊維で構成される白質とに区別される。灰白質は，大脳および小脳の表面をシート状に覆っており，いわゆる「**皮質**」と呼ばれている。神経細胞は，別の神経細胞とつながり合い，複雑な**神経回路**を形成しており，その回路を通じて情報を電気

図 2－1　脳の構造（1）：外側から見る脳の表面

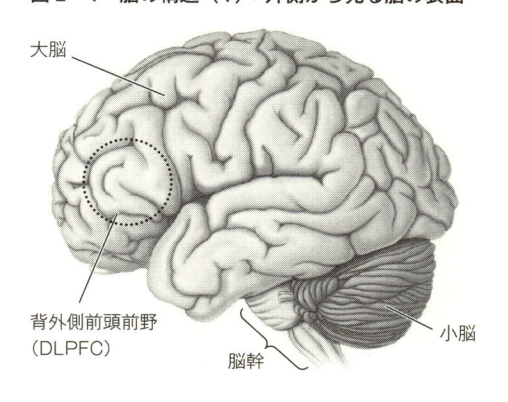

大脳

背外側前頭前野
（DLPFC）

脳幹

小脳

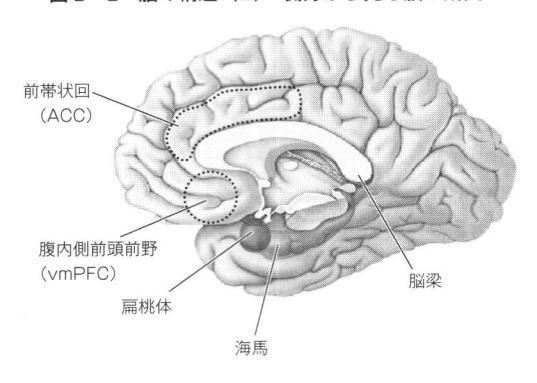

図2-2 脳の構造（2）：側方から見る脳の断面

前帯状回
（ACC）

腹内側前頭前野
（vmPFC）

扁桃体

海馬

脳梁

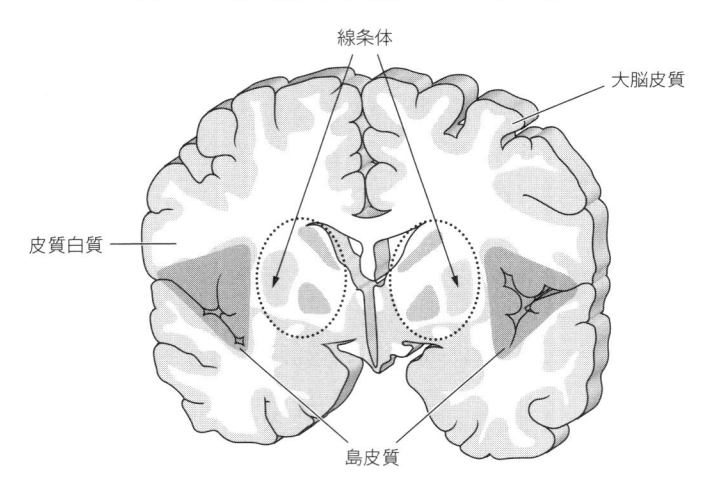

図2-3 脳の構造（3）：前方から見る脳の断面

線条体

大脳皮質

皮質白質

島皮質

信号として伝達し，感覚や運動，記憶などさまざまな機能を実行する。つまり，脳の働きとは，神経細胞の情報伝達と情報処理のプロセスであるといえる。

　したがって，脳の働きを調べるには，神経細胞の情報伝達と情報処理の仕組みを調べればよいということである。神経細胞は，「**発火**」というプロセスによって，情報を電気信号として伝達する。発火は，神経細胞内外のイオンの濃度差から生じる膜電位の変化から生じるもので，この膜電位が閾値を超えると，

活動電位が生じ，神経細胞の軸索上を伝わっていく。これが発火のプロセスである。神経細胞が伝える情報は，0（発火しない）か1（発火）の2値であり，発火したときのみ次の神経細胞に情報を伝達する。軸索を伝わった電気信号は，軸索の末端である**シナプス**において，化学物質での情報の伝達に変わる。電気信号が伝わってくると，シナプスにある小胞がシナプスの表面に移動し，そこから**神経伝達物質**が放出される。神経細胞同士は，物理的にはつながっておらず，数万分の1 mmほどの非常に狭いすき間（シナプス間隙）が存在する。次の神経細胞の細胞膜には**受容体**が存在し，シナプスからシナプス間隙に放出された神経伝達物質が，次の神経細胞の受容体に結合すると，電気信号が生じて情報が伝達される。神経回路上でこれを次々に繰り返すことで，情報処理が行われると考えられる。電気信号を化学物質の信号に変えて情報の伝達を担う神経伝達物質は，グルタミン酸，γ-アミノ酪酸（GABA），ドーパミン，アセチルコリンなど，現在までに数十種類が見つかっている。

2.2　脳の働きを調べるための測定手法

このように，神経細胞の情報伝達と情報処理は，電気的な性質と化学的な性質を持つことがわかる。脳の働きを調べるには，この性質にフォーカスを当てて調べることが必要になる。電気的な性質を調べる手法として，微小電極により神経細胞の電気活動を記録する**電気生理学的手法**がある。その中でも，行動中の動物の電気活動の記録には，**細胞外記録法**が主に使われている。これは，働きを調べたい脳の領域に微小電極を挿入して，隣接する神経細胞の電気活動を細胞外から記録する手法である。電気生理学的手法は，神経細胞の電気的性質を非常に高い**時間解像度**[1]で調べることが可能なため，神経細胞の情報伝達と情報処理の仕組みの解明に非常に有用な手法である。しかし，脳に直接電極を挿入するために，生体を傷つける必要がある。このような手法を**侵襲的手法**と呼ぶ。人間を対象にした研究では，生体を傷つけない手法（非侵襲的）が主に用いられる。代表的なものとして，神経細胞の電気活動を頭皮上で測定する**脳波（EEG）**や，神経細胞の電気活動に伴って生じる磁場を測定する**脳磁図**

---

1)　時間的な細かさのこと。時間解像度が高いとは，より細かい時間間隔で信号のサンプリングを行うことを意味する。

（MEG）などがある。これらは電気生理学的手法と同じく，非常に高い時間解像度を持つが，**空間解像度**[2) は低い。これは，神経細胞からセンサーまで距離があることに加え，複数の神経細胞からの信号を，限られたセンサーで測定するためである[3)。

　非侵襲的手法で近年最も普及したのは，**機能的磁気共鳴画像法**（fMRI）であろう。これは，脳内の神経活動に伴う**血流変化**を，局所磁場の変化から測定し画像化する手法である。その仕組みは次のとおりである。ある領域で神経活動が起こると，その領域において血流が安静時に比べて20〜40％増加する。これは，神経活動には酸素とグルコースが必要なため，酸素と結合したヘモグロビン（酸化型ヘモグロビン）が毛細血管を通して供給されるためである。この神経活動において，酸素が消費されることで酸化型ヘモグロビンが還元型ヘモグロビンとなるが，局所的な血流の増加に対して，酸素消費量は5％程度しか増えないため，局所血流中の酸化型ヘモグロビンの量が相対的に増加する。酸化型ヘモグロビンは還元型ヘモグロビンに比べ磁化されにくいため，神経活動が起こった領域では磁化率が減少し，磁気共鳴信号が増加する。fMRI では，この磁気共鳴信号の変化を測定することで，神経活動を間接的に測定し画像化する。測定した磁気共鳴信号の変化は，統計処理を行うことで，安静時と比べて有意に変化があった脳部位などを調べることができる。ちなみに fMRI という言葉は撮像法を指し，装置自体は病院等で形態画像を撮像するのに使われる MRI 装置と同じものを用いる。

2.3　脳の働きを調べるためのアプローチ

　ここまでは，脳の働きを調べるための測定手法について紹介した。次に，脳の働きを調べるための異なるアプローチを紹介する。ある脳部位に関して，ある機能の仮説がある場合，その脳部位と機能の関係を調べるためには，その脳部位の働きを操作することが考えられる。人為的に操作する手法には，実験動

---

2) 空間的な細かさのこと。空間解像度が高いとは，より細かい空間密度で信号のサンプリングを行うことを意味する。
3) このような場合に信号の源である神経細胞を同定するには，いわゆる「逆問題」を解く必要がある。

物の特定の脳部位の機能を薬物等で低下させ，行動などの機能の変化を見る手法や，特定の脳部位の遺伝子を無効化（ノックアウト）することで，遺伝子と機能の関係を調べる手法が用いられている。また，交通事故などによる脳外傷や脳卒中が原因で特定の脳部位が損傷すると，特定の機能が低下することがある。このような臨床事例などから，特定の脳部位と機能の関係を調べる研究も行われている。「脳の特定の機能は特定の部位に局在する」という，**脳の機能局在**を唱えたペンフィールド（W. G. Penfield）は，損傷した脳部位を除去することでてんかんを抑制するという手法を見出し，数多くの患者に開頭手術を行った。その手術の際，微電流を帯びた電極をある部位に当てると，特定の器官が運動したり，側頭葉への電気刺激が過去の記憶を呼び起こしたりすることを発見した。この際，中心溝のすぐ後ろの皮質のそれぞれの部位と対応する体の部位を調べた（ペンフィールドの脳地図）[4]。

　ここで出てきた脳の機能局在は，脳の活動を画像化して，ある特定の領域と機能の関係を調べる，「脳機能マッピング」の分野の土台となる概念である。神経経済学でも，「脳機能マッピング」の手法は用いられており，「効用関数や確率は脳のどの部位で実装されているか」などの問題を明らかにしようとしている。また，得られた結果をこれまでの脳機能マッピングの結果と比較し，共通点，相違点などを議論することも非常に重要なアプローチである。1次視覚野などの，入力を初期に処理する領域では，その構造と情報処理のメカニズムはかなり詳細に調べられている。しかし，初期の入力からさまざまな処理を経て信号が伝えられる領域は，さまざまな機能を担っていると考えられており，特定の機能を一意的にマッピングするのはきわめて困難である。例えば，初期の入力の処理を「低次」の機能と考えると，哺乳類で特に発達している前頭葉は，記憶や感情，理性などといったより「高次」的な，さまざまな認知機能に関わることが，これまでの研究で明らかになっている。このような複雑な機能には，脳の複数の領域が関わることが予測される。その場合，領域間の情報のやりとり，つまりネットワークとしてどのような処理を行うかが非常に重要に

---

4) 体の各部位からの感覚入力が，この領域（体性感覚野）のどこに投射されているかがマッピングされている。このマッピングおよびこれを擬人化したものは「ホムンクルス」と呼ばれる。

なる。単なる一意的な脳機能マッピングではない，脳全体の情報の流れを考慮した，いわばダイナミックなマッピングが重要であると考えられる。

　時間的にはペンフィールドの脳地図よりも前になるが，脳の機能局在に重要な役割を果たしたブロードマン（K. Brodmann）の功績も紹介しなければならない。ブロードマンは，脳の中でも大脳皮質に注目し，神経細胞を染色して可視化し，組織の構造が均一である部分をひとまとまりと区分して，それぞれの領域に 1 から 52 までの番号を振った。これが「ブロードマンマップ」と呼ばれる，現在の脳研究でも用いられる重要な分類基準である。注目すべきは，このブロードマンマップは，機能はまったく考慮せずに，神経細胞の構造のみから分類したにもかかわらず，脳の機能局在と非常によくマッチするという点である。つまり，細胞構築の特徴はそこで行われている神経細胞の情報処理特性と関係していることを示唆している。一例を挙げると，ペンフィールドの脳地図が描かれた部位である 1 次体性感覚野（S1）は，ブロードマンエリア（BA）1, 2, 3，初期の視覚情報を処理する 1 次視覚野（V1）は BA 17 などである。論文などである領域に活動が見られたことを記述する場合，このブロードマンマップの分類を用いることが一般的である。

3　神経経済学の新しい動き──意思決定の機能障害という視点から疾患を理解する

　近年，神経経済学のアプローチから社会・健康問題に取り組む試みがなされている。神経経済学の研究で用いられる意思決定課題やゲーム課題を，思春期や老年期を対象に実施することで，リスクテイキング行動や衝動性などその年齢層特有の行動を理解することができる可能性がある。意思決定の年齢別の特徴に関しては Samanez-Larkin and Knutson（2015）のレビューが，思春期の脳の特徴に関しては Foulkes and Blakemore（2018）のレビューが詳しい。

　また「衝動性」は，強迫性障害や，物質依存，ADHD，摂食障害といった多くの精神疾患に見られる症状であるが（Moeller et al., 2001），疾患間でそれらが同じ性質のものであるのか，また同一疾患内でも症状が進行するフェーズで変化するものなのか，いまだ明らかでない部分が多い。一見同じような症状で

も，発生するメカニズムが異なれば，治療方法も変えていく必要があるだろう。

　神経経済学のアプローチから，意思決定の機能障害として，疾患や問題行動のメカニズムを調べることで，新たな視点から疾患の横断的な理解が可能になるのではないかと期待されている。このような取り組みは"Computational Psychiatry"と呼ばれて，2014年に専門の研究所が設立されたり（Max Planck UCL Centre for Computational Psychiatry and Ageing Research），専門の雑誌（*Computational Psychiatry*, MIT Press）が2017年に刊行されるなど，新しい動きとして注目されている。

　これらの脳科学の基礎的および方法論的な研究が積み重ねられ，脳の仕組みは徐々に明らかになりつつある。その中でも，報酬に基づく行動に関わる脳の働きは近年注目を浴びており，さまざまなアプローチで数多くの研究が行われている。本書では，第4，6～8章で，具体的な研究成果について紹介する。

❈ 参 考 文 献

Ainslie, G.（1975）"Specious Reward: A Behavioral Theory of Impulsiveness and Impulse Control," *Psychological Bulletin* 82（4）, pp. 463–496.

Cardinal, R. N., D. R. Pennicott, C. L. Sugathapala, T. W. Robbins, and B. J. Everitt（2001）"Impulsive Choice Induced in Rats by Lesions of the Nucleus Accumbens Core," *Science* 292（5526）, pp. 2499 2501.

de Quervain, D. J., U. Fischbacher, V. Treyer, M. Schellhammer, U. Schnyder, A. Buck, and E. Fehr（2004）"The Neural Basis of Altruistic Punishment," *Science* 305（5688）, pp. 1254–1258.

Foulkes, L. and S. J. Blakemore（2018）"Studying Individual Differences in Human Adolescent Brain Development," *Nature Neuroscience* 21（3）, pp. 315–323.

Izuma, K., D. N. Saito, and N. Sadato（2008）"Processing of Social and Monetary Rewards in the Human Striatum," *Neuron* 58（2）, pp. 284–294.

Kosfeld, M., M. Heinrichs, P. J. Zak, U. Fischbacher, and E. Fehr（2005）"Oxytocin Increases Trust in Humans," *Nature* 435（7042）, pp. 673–676.

McClure, S. M., D. I. Laibson, G. Loewenstein, and J. D. Cohen（2004）"Separate Neural Systems Value Immediate and Delayed Monetary Rewards," *Science* 306（5695）, pp. 503–507.

Mobini, S., S. Body, M. Y. Ho, C. M. Bradshaw, E. Szabadi, J. F. Deakin, and I. M. Anderson（2002）"Effects of Lesions of the Orbitofrontal Cortex on Sensitivity to Delayed and Probabilistic Reinforcement," *Psychopharmacology（Berl）* 160（3）, pp. 290–298.

Mobini, S., T. J. Chiang, M. Y. Ho, C. M. Bradshaw, and E. Szabadi（2000）"Effects of Central 5-hydroxytryptamine Depletion on Sensitivity to Delayed and Probabilistic Reinforcement," *Psychopharmacology（Berl）* 152（4）, pp. 390–397.

Moeller, F. G., E. S. Barratt, D. M. Dougherty, J. M. Schmitz, and A. C. Swann（2001）"Psychiatric Aspects of Impulsivity," *American Journal of Psychiatry* 158（11）, pp. 1783–1793.

Samanez-Larkin, G. R. and B. Knutson（2015）"Decision Making in the Ageing Brain: Changes in Affective and Motivational Circuits," *Nature Reviews Neuroscience* 16（5）, pp. 278–289.

Schultz, W., P. Dayan, and P. R. Montague（1997）"A Neural Substrate of Prediction and Reward," *Science* 275（5306）, pp. 1593–1599.

Takahashi, H., M. Kato, M. Matsuura, D. Mobbs, T. Suhara, and Y. Okubo（2009）"When Your Gain Is My Pain and Your Pain Is My Gain: Neural Correlates of Envy and Schadenfreude," *Science* 323（5916）, pp. 937–939.

Tanaka, S. C., N. Schweighofer, S. Asahi, K. Shishida, Y. Okamoto, S. Yamawaki, and K. Doya（2007）"Serotonin Differentially Regulates Short-and Long-Term Prediction of Rewards in the Ventral and Dorsal Striatum," *PLoS ONE* 2（12）, e1333.

Thorndike, E. L.（1911）*Animal Intelligence: Experimental Studies*, Macmillan Company.

第II部
プロスペクト理論と限定合理性

第**3**章

不確実性下の経済行動

⊗ **は じ め に**

　行動経済学による不確実性下での経済行動の理論であるプロスペクト理論と
限定合理性を次の第4,5章で見ていく。本章ではその準備として伝統的経済学
による不確実性下での経済行動の理論である期待効用理論を説明する。期待効
用理論は，ゲーム理論の創始者フォン・ノイマンとモルゲンシュテルンが，
ゲーム理論のために構築した理論である。その後，マクロ経済学，一般均衡分
析，ファイナンスなど，ゲーム理論以外の分野でも不確実性下の意思決定の理
論として広く伝統的経済学で用いられるようになった[1]。プロスペクト理論は
期待効用理論を一般化することにより，期待効用理論では説明できない経済行
動を説明するものである。そのためにプロスペクト理論を深く理解するために
は期待効用理論の知識が必要となる。また限定合理性の理論の中にはプロスペ
クト理論に基づいたものがあるので，まず期待効用理論を説明する本章から始
めることにする。期待効用理論で重要なのは，人々がどの程度のリスクを嫌う
選好を持っているかという点であり，本章はこの程度を表す測度である危険回
避度の概念と，危険回避度が伝統的経済学の手法と，行動経済学の仮想的アン
ケートの手法でどのように推定されてきたかを説明する。

---

1)　期待効用理論の詳しい解説書として酒井（1982）がある。

1 くじと期待効用

　不確実性下での経済行動を考えるとき，経済主体の予測を考えることが重要となる。この予測を考えるために期待値という概念を用いることが多い。例えば6面体のサイコロを振り，1〜2が出れば300円，3〜6が出れば1200円もらえるくじがあったとする。この例でのサイコロの目の数のように，起こりうることを根源事象と呼ぶ。すべての根源事象を集めた集合を確率空間，確率空間の部分集合を事象と呼ぶ。ここでm個の根源事象があるとすると，確率空間は$\{1, 2, \cdots, m\}$である。上記の例では何の目が出るかで6個の根源事象があり，$\{1, 2, 3, 4, 5, 6\}$が確率空間で，$\{1, 2\}$や$\{3, 4, 5, 6\}$は事象の例である。根源事象は実数でなく，ベクトルや，さらに人々の楽観的あるいは悲観的な気分のような抽象的なものであってもよい。

　確率空間を定義域とする実数値関数[2]を確率変数と呼ぶ。確率変数Xの実現値は，$X_1, X_2, \ldots X_m$と表される。それぞれの根源事象に$P_1, P_2, \ldots, P_m$の確率が付与されているとする。P_iはそれぞれ非負で，m個足すと1になる。確率変数Xの期待値は

$$E(X) = P_1 X_1 + \cdots + P_m X_m = \sum_{i=1}^{m} P_i X_i$$

と定義される。ここで，$\sum_{i=1}^{m} Y_i$の表記は$Y_1 + Y_2 + \cdots + Y_m$を表す。

　確率変数Xの値を賞金額として支払うくじ（lottery）を，$(X_1, P_1; X_2, P_2; \ldots, X_m, P_m)$と表現する。くじのことを行動経済学では**プロスペクト**（prospect）と呼ぶこともある。上記の例では確率変数Xは，くじの賞金を値としており$i = 1, 2$については$X_i = 300$で，$i = 3, 4, 5, 6$については$X_i = 1200$である。このくじを所有すると，確率1/3で300，確率2/3で1200の賞金が得られる。このようなくじを，$(300, 1/3; 1200, 2/3)$と表現することにする。このくじの期待値は

---

[2]　集合Aを定義域とする実数値関数Xとは，Aの各要素aに対し，Bのただひとつの実数$X(a)$を決定する規則である。確率変数については，$X(a)$というように表記せずに，本文のように下付き文字を用いてX_aのように表記することが多い。

$$\frac{1}{3} \times 300 + \frac{2}{3} \times 1200 = 900$$

である。このように上記のくじの賞金の期待値は 900 円であるが，このくじを
もらうのと，確実に 900 円をもらうことが選択できるとすれば，あなたはどち
らを選ぶだろうか。このような実験をしてみると，ほとんどの人々は，リスク
があるくじよりも，確実に 900 円をもらうことを選ぶ。このような実験結果は，
現実の経済行動で多くの人々がリスクをできるだけ回避しようとすることと整
合的である。このような選択を考えていくために，確実に 900 円のお金がもら
えることも，確率 1 のくじと考えて，（900, 1）と表現することにする。また，
株式のように，価格が下がったら損をするような資産もくじと考え，損は負の
賞金を支払うと考える。例えば，確率 0.8 で 15 万円の利得をもたらし，確率
0.2 で 12 万円の損失をもたらす株式を，（15 万, 0.8; − 12 万, 0.2）と表す。

　期待効用理論（expected utility theory）は，くじを選ぶときに必ずしも賞金の
期待値の高い方を選ぶのではなく，くじの賞金から得る効用水準の期待値が高
い方を選ぶとして，人々のリスク回避を説明する[3]。いま，ある主体が，確率
変数 X 円を賞金として支払うくじをどう評価するかを期待効用理論で考えて
みる。主体が z 円を確実に持つときの効用を $u(z)$ とし，e 円を初期保有の資産
として所有しているとすると，くじを持つときの効用水準の期待値（期待効
用）は

$$E(u(e+X)) = P_1 u(e+X_1) + \cdots + P_m u(e+X_m)$$
$$= \sum_{i=1}^{m} P_i u(e+X_i)$$

である。

　例として $u(z) = \log(z)$ という効用関数を考える。ここで $\log(z)$ は自然対数
とする（Microsoft Excel などの $\ln(z)$ という関数）。期待効用理論では，初期保
有として主体の資産全体を考えるが，ここでは主体の財布に 1000 円が入って
いる状況を想像して，初期保有は1000円とする。上記の（300, 1/3; 1200, 2/3）
のくじを考えると，$\log(1000+300) \approx 7.170$，$\log(1000+1200) \approx 7.696$ である

　3）　くじの選好と期待効用の関係については章末の補論 1 を参照。

ので，くじからの期待効用は

$$\frac{1}{3}\times\log(1300)+\frac{2}{3}\times\log(2200)\approx 7.52$$

である。比較するために 900 円を確実にもらうことの期待効用を考えると

$$\log(1900)\approx 7.55>\frac{1}{3}\times\log(1300)+\frac{2}{3}\times\log(2200)$$

である。期待効用理論では，経済主体は期待効用の値が高いくじを好むとするので，$\log(z)$ の効用関数を持っている人は，期待値 900 円の上記のくじより，確実に 900 円を持つことを好む。

　例として $u(z)=\log(z)$ という効用関数を考えたが，他のさまざまな形の効用関数を考えることができる。ある経済主体がリスクに対して持つ選好を，どのように効用関数で表現できるだろうか。この問いに答えるために，効用関数と選好の関係を見ておく。今，確率空間 $\{1, 2, ..., m\}$ があり，それぞれの根源事象に $P_1, P_2, ..., P_m$ の確率が付与されているとする。この確率空間上のすべての確率変数を「くじ」と呼び，ある主体のくじに対する選好を考える。ある人の選好が，2 つのくじ，X, Y について，X の方が Y よりも好まれるか無差別であるとき，$X\gtrsim Y$ と書く。選好 $\gtrsim$ によって，すべてのくじにある意味で順序が与えられる。

　ある効用関数 $u(z)$ が，任意の 2 つのくじ，X, Y について，$X\gtrsim Y$ であれば必ず $E(u(X))\geq E(u(Y))$ であり，逆もまた真であるなら，$u(z)$ は，この選好を表現する，という。$u(z)$ の他に同じ選好を表現する効用関数があるだろうか。ここでもし，$\alpha>0$ で

$$v(z)=\alpha u(z)+\beta$$

であれば，$v(z)$ が $u(z)$ の正の線形変換であるという。もし $E(u(X))\geq E(u(Y))$ ならば，必ず $E(v(X))\geq E(v(Y))$ であり，逆もまた真である。したがって $u(z)$ と $v(z)$ は同じ選好を表現する。つまり $u(z)$ がある選好を表現する効用関数であれば，その正の線形変換の関数は，すべて同じ選好を表現する効用関数である。期待効用理論では，確率でウェイト付けした期待効用で選好を表現するので，$u(z)$ の正の線形変換の関数以外には，同じ選好を表現する効用関数は存

在しないことを証明できる。

2 リスクに対する態度

2.1 リスクに対する選好

前節の（300, 1/3; 1200, 2/3）のくじの例で，log の効用関数を持ち 1000 円の初期保有を持つ主体にとって，くじをもらうことと，確実に y 円をもらうことと，期待効用水準が同じになる金額は約 845 円である。これは

$$\log(1000+845) \simeq 7.52 \simeq \frac{1}{3} \times \log(1300) + \frac{2}{3} \times \log(2200)$$

だからである。このように，くじに対して支払ってもよいと思う金額を**確実性等価**（certainty equivalence）という。くじの期待値と，くじの確実性等価の差を，**リスク・プレミアム**（risk premium）と呼ぶ。つまり $u(z)$ の効用関数を持ち，e の初期保有を持つ主体が確率変数 X を賞金として支払うくじに対し，$u(e+y)=E(u(e+X))$ となるような実数 y をくじ X の確実性等価と呼ぶ。くじの期待値 $E(X)$ と確実性等価の差額，$E(X)-y$，をリスク・プレミアムという。上記の例では $900-845=55$ で，くじのリスク・プレミアムは 55 円である。

ある経済主体がリスク（あるいは不確実性）に対して持つ態度として 3 種類が考えられる。リスク・プレミアムが正であれば**危険回避的**（risk averse）である。リスク・プレミアムが負であれば**危険愛好的**（risk loving）である。リスク・プレミアムが 0 であれば，**危険中立的**（risk neutral）である。ほとんどの人々は，危険回避的であり，くじに対するリスク・プレミアムは正になると考えられてきた[4]。

2.2 リスクに対する選好と効用関数の形状

ある主体のリスクに対する選好と，その選好を表現する効用関数の形状との関係を見ていくことにする。ここで，この関係を図で表現しやすいくじ X の

---

4) 第 4 章で説明するように，損失局面ではほとんどの人々はむしろ危険愛好的であると考えられる。

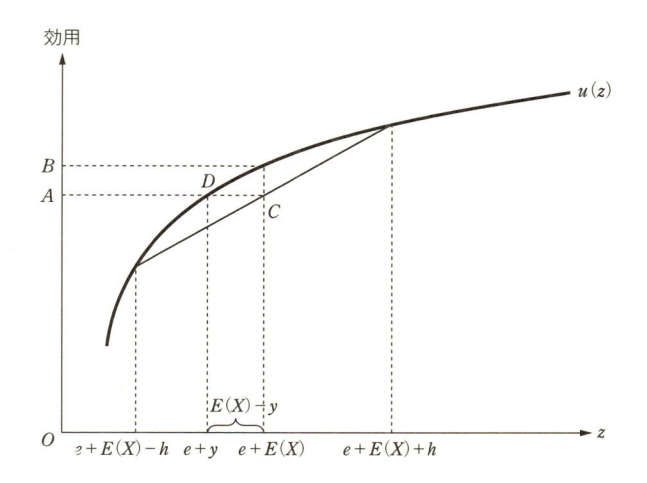

図 3 − 1 　危 険 回 避

例として，確率 0.5 で $E(X)+h$ 円をもらい，確率 0.5 で $E(X)-h$ 円をもらう
くじ，$(E(X)+h, 0.5; E(X)-h, 0.5)$ について考えていくことにする。このく
じの期待値は $E(X)$ 円である。主体が危険回避的であるか愛好的であるかは，
その主体の選好を表現する効用関数の形状による。

　図 3 − 1 では，$u(z)$ の形状は下に向かって凹である。このような形状の関数
を凹関数[5]という。$\log(z)$ は，凹関数の一例である。図で，線分 OA の長さは
$0.5u(e+E(X)+h)+0.5u(e+E(X)-h)$ に等しいので，くじをもらったときの
期待効用 $E(u(e+X))$ を表し，線分 OB の長さはくじの期待値の額を確実にも
らったときの効用 $E(u(e+E(X))$ を表す。確実性等価 y は，線分 AC と $u(z)$ と
の交点 D から垂線をグラフの横軸に下ろした点と e の差で得られる。図で線
分 OA の長さが線分 OB の長さより短いことから効用関数が凹関数の形状を持
てば，主体はリスクのあるくじをもらうよりも，確実にそのくじの期待値の額
をもらう方を好むことがわかる。また，$e+E(X)$ の方が $e+y$ よりも大きいこ
とから，図の⌒で示されたリスク・プレミアム $E(X)-y$ は正である。つまり，
ある主体の効用関数が凹関数であれば，その主体の選好は危険回避的である。

---

　5)　厳密には，実数値関数 $u(z)$ が定義域の任意の 2 点 x, y と $0 \leqq t \leqq 1$ である任意の実数 t に
　　対し $tu(x)+(1-t)u(y) \leqq u(tx+(1-t)y)$ を満たせば，$u(z)$ は凹関数であるという。

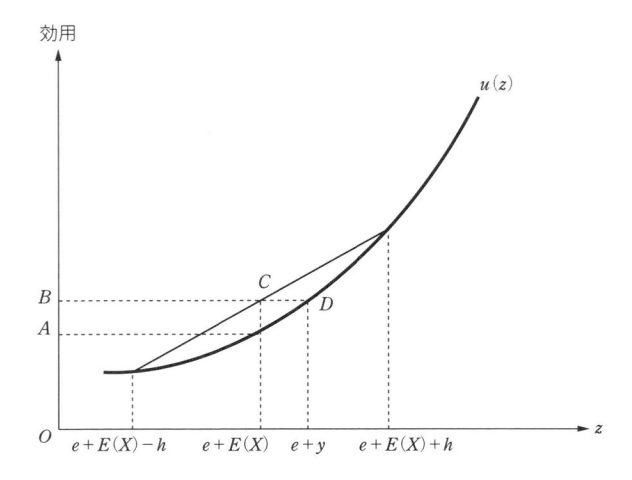

図 3 - 2　危険愛好

　図 3 - 2 では，$u(z)$ の形状は下に向かって凸である。このような形状の関数を凸関数[6]という。図で，線分 OB の長さはくじをもらったときの期待効用 $E(u(e+X))$ を表し，線分 OA の長さはくじの期待値の額を確実にもらったときの効用 $E(u(e+E(X)))$ を表す。確実性等価 y は，線分 BC の延長と $u(z)$ との交点 D から垂線をグラフの横軸に下ろした点と e との差で得られる。図で線分 OA の長さが線分 OB の長さより短いことから効用関数が凸関数の形状を持てば，主体は確実にそのくじの期待値の額をもらうよりも，リスクのあるくじをもらう方を好むことがわかる。また，$e+E(X)$ の方が $e+y$ よりも小さいことから，リスク・プレミアム $E(X)-y$ は負である。つまり，ある主体の効用関数が凸関数であれば，その主体の選好は危険愛好的である。

　効用関数のグラフの形状が直線であれば，図 3 - 1 と 3 - 2 から考えて，リスク・プレミアムが 0 となることが容易に理解できよう。このとき主体は危険中立的である。グラフが直線であれば，効用関数は線形関数 $u(x)=\alpha x+\beta$（α，β は定数）である。

　次に，リスクに対する態度と**限界効用**の関係を見ておく。このためにまず関

---

6)　厳密には，$-u(z)$ が凹関数であるとき，$u(z)$ は凸関数であるという。

数の形状と限界効用の関係を考える。$u(z)$ がある主体の効用関数であるとき，その微分 $u'(z)$ を限界効用と呼ぶ。グラフでは，効用関数の傾きが限界効用である。効用関数の形状は，z が増えるとき限界効用が減っていく（**限界効用逓減**）か，増えていく（**限界効用逓増**）か，一定（**限界効用一定**）であるか，によって決まる。図3－1のように凹関数の形状を持つ効用関数 $u(z)$ が微分可能であれば，グラフの傾きは z が増えるにつれて小さくなるので，限界効用は逓減している。例えば $u(z) = \log(z)$ であれば，$u'(z) = 1/z$ で，z が大きくなるにつれて，限界効用は逓減している。限界効用逓減であれば，$u''(z) < 0$ となる。逆に限界効用逓減の効用関数は凹関数である。図3－2のように凸関数の形状を持つ効用関数は限界効用逓増である。逆に限界効用逓増の効用関数は凸関数である。効用関数のグラフが直線であれば，効用関数は線形関数 $u(x) = \alpha x + \beta$ であり，限界効用は，α で一定である。逆に限界効用が一定であれば，効用関数は線形関数である。したがって限界効用逓減ならば危険回避的，限界効用逓増ならば危険愛好的，限界効用一定ならば危険中立的である。

3 危険回避の測度

本節では期待効用理論で，ある人の選好が効用関数 $u(z)$ で表現できるときに，この人の危険回避の程度を表す測度を考える。期待効用理論と行動経済学の理論の比較をするために，ひとつの有用な方法は現実的と思われる危険回避の程度で，期待効用理論の数値例を見ていくことである。このためには危険回避の測度の概念を知る必要がある。

3.1 2つの危険回避度

Pratt（1964）と Arrow（1965）は，絶対的危険回避度 $R(z)$ と，相対的危険回避度 $R^*(z)$ を次のように定義した。

$$R(z) = -\frac{u''(z)}{u'(z)} \qquad R^*(z) = -\frac{zu''(z)}{u'(z)}$$

ここで，これらの危険回避度を定義するときのすべての効用関数の限界効用は

正（$u'(z) > 0$）であると仮定する。なぜ，「絶対的」や「相対的」というかは，後の説明で明らかにする。

　危険回避の測度として，他の測度を使うことも考えられるのだが，これら2つの測度はどちらも次のような3つの望ましい性質を持つ。

1. もしある z について，$u''(z) < 0$ であれば，$R(z) > 0$ であり，$R^*(z) > 0$ である。また，$u''(z) = 0$ であれば，$R(z) = 0$ であり，$R^*(z) = 0$ である

2. 2つの効用関数 $u(z)$ および $v(z)$ について，もしある z について，$u'(z) = v'(z)$ かつ $u''(z) < v''(z)$ であれば，u の危険回避度の方が，v の危険回避度よりも高い。

3. $v(z)$ が $u(z)$ の線形変換であれば，危険回避度は同じである。

　性質1によれば，選好が危険回避的（$u''(z) < 0$）であれば，危険回避度は正であり，危険中立的（$u''(z) = 0$）ならばゼロである。性質2について考える。$u(z)$ と $v(z)$ の2つの効用関数が表現する選好がともに危険回避的であれば，$u(z)$ と $v(z)$ は限界効用が逓減する凹関数であるので $u''(z) < 0$，$v''(z) < 0$ である。ある z において，$u'(z) = v'(z)$ かつ $u''(z) < v''(z)$ であれば，絶対値では $|u''(z)| > |v''(z)|$ であって，$u(z)$ の凹性の程度が高い。性質2によれば，このとき u の危険回避度が高い。例えば次ページの図3-3のように $z = e + E(X)$ のところで傾きが同じで $u(z)$ の方がより上に膨らんだ曲線となっている。ここで，それぞれの効用関数について図3-1のようにリスク・プレミアムを考えるために $z = e + E(X)$ で限界効用が同じであるとすると，$u(z)$ の方がリスク・プレミアムが大きくなることがわかる。そこで，この性質は危険回避の測度として望ましいことがわかる。性質3については，前節で見たように，z の線形変換である2つの効用関数は同じ選好を表現するので，危険回避度は同じでなければならない。絶対的危険回避度と相対的危険回避度のどちらの測度も，これら3つの望ましい性質を持っている。2つの測度の違いを知るためには，さらに詳しい性質を見ていく必要がある。

　不確実性下の人々の選択行為とそれぞれの危険回避度の関係を見ていく。まず絶対的危険回避度を理解するために，簡単な例として前節で例として用いた $(E(X) + h, 0.5; E(X) - h, 0.5)$ で，$E(X) = 0$ のくじを考えることとする。このくじは0.5の確率で h 円を得て，0.5の確率で h 円を支払う。初期保有として e

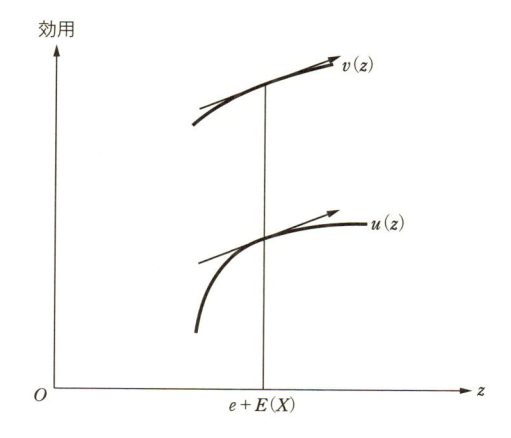
図3-3　危険回避の程度

円を持つ危険回避者が，このくじをもらうよりも，もらわないことを好むことは

$$0.5u(e+h)+0.5u(e-h)<u(e)$$

と表現される。先に見たように，くじの確実性等価 y は，

$$0.5u(e+h)+0.5u(e-h)=u(e+y)$$

となるような y である。

　くじに対するリスク・プレミアム ρ は，先に見たように，くじの期待値（この場合は 0）と確実性等価の差である。

$$\rho=-y$$

効用関数が凹関数であって主体が危険回避的ならば，くじの期待値が 0 の場合，確実性等価は負であり，リスク・プレミアムは正である。絶対的危険回避度の大きい人ほど，より大きいリスク・プレミアムをくじに対して要求し，逆に大きいリスク・プレミアムを要求する人は絶対的危険回避度が大きい（章末の補論 2 を参照）。

　次に相対的危険回避度の意味を理解するために，次のくじを考える。このく

じは 0.5 の確率で h^*e 円を得て，0.5 の確率で h^*e 円を支払う。絶対的危険回避度の説明のために使ったくじでは，初期保有資産の大きさに関係なく，くじの賞金の金額は同額であったが，相対的危険回避度の説明のために使うこのくじの賞金は初期保有資産に比例して変動する。h^* は 0 と 1 の間の実数で，$h^* = 0.1$ であれば初期保有資産の 10％がくじの賞金となる。このくじの賞金の期待値は 0 である。危険回避者は，くじをもらうよりも，くじをもらわないことを好む。

$$0.5u(e+h^*e) + 0.5u(e-h^*e) < u(e)$$

くじの確実性等価 y は，

$$0.5u(e+h^*e) + 0.5u(e-h^*e) = u(e+y)$$

となるような y である。

　相対的リスク・プレミアム ρ^* は，くじの期待値と確実性等価から

$$y = (1 - \rho^*)e$$

となるように定義する。相対的危険回避度の大きい人ほど，より大きい相対的リスク・プレミアムをくじに対して要求し，逆に大きいリスク・プレミアムを要求する人は絶対的危険回避度が大きい（章末の補論 3 を参照）。

3.2　危険回避度の性質

　アロー（K. J. Arrow）とプラット（J. W. Pratt）は理論的考察から絶対的危険回避と相対的危険回避の性質について次の仮説を提唱した。

　仮説（A）　絶対的危険回避関数 $R(z)$ は単調減少関数である。

10 万円を得るか失うか，というくじは，普通の日本人にはリスクが大きいように思える場合が多いだろうが，大資産家のビル・ゲイツにとっては，小さいリスクであろう。そうであれば仮説（A）のように絶対的危険回避度は，資産が大きいと小さくなると考えられる。その後の実証研究でも仮説（A）は支持された。アローは理論的考察から

仮説（B）　相対的危険回避関数 $R^*(z)$ は単調増加関数である。

という仮説を提唱した。しかし Friend and Blume（1975）は米国の家計の資産のデータを用いて実証分析し，米国では貧しい人たちも富んだ人たちも，総資産のほぼ同じ比率で危険資産を保有していることから，相対的危険回避度はほぼ2で一定と主張した。2つの危険回避度の定義式の関係から $R(z)$ $=R^*(z)/z$ となるので，$R^*(z)$ が一定なら仮説（A）も成立する。つまり仮説（B）よりも

仮説（C）　相対的危険回避関数は一定である。

が米国のデータでは支持される。想像してみれば，資産の 10％ を得るか失うか，というくじは，おそらく普通の日本人にとっても，ビル・ゲイツにとってもほぼ同じようなリスクと思われ，相対的危険回避度が一定（仮説（C））は，米国や日本では　少なくとも近似的には成立するように思われる。

　しかし社会保障制度のある米国での貧困者は，開発途上国の貧困者に比べれば，裕福である。開発途上国の貧しい村で最低生存水準の近くで消費するだけの資産や所得しか持たない人々は，リスクを取ると最低生存水準以下の消費となる可能性がある。最低生存水準の近くでは，人々の絶対的危険回避度は，非常に高いと考えられる。$R^*(z)=zR(z)$ であるから，絶対的危険回避度が非常に高いと，相対的危険回避度も非常に高くなる。そこで

仮説（D）　最低生存水準近くでは，消費が上昇するにつれて，相対的危険
　　　　　　回避度は低くなる。

という仮説が考えられる。Ogaki and Zhang（2001）はインドとパキスタンの村の家計データで，仮説（D）を支持する実証結果を得た。
　Pratt（1964, p.123）は相対的危険回避度は最初に低くなり，その後に仮説（B）のように高くなる傾向があるのではないか，と述べている。上記の実証分析の結果と考え合わせると相対的危険回避度が非常に低い水準の範囲では資産が上昇するにつれて低くなり，ある程度の水準まで大きくなるとほぼ一定となり，資産の水準が非常に大きくなったときには資産が上昇するにつれて高くなると

すると，仮説 (B)，(C)，(D) の要素をそれぞれ異なった資産水準の範囲で支持することができる。ただし仮説 (B) については実証的証拠はまだない。

仮説 (C) によって相対的危険回避度が α で一定であると仮定すると，$-zu''(z)/u'(z) = \alpha$ で，この式を積分すると

$$u(z) = z^{1-\alpha} \quad (0 < \alpha < 1 \text{ の場合})$$
$$u(z) = \log(z) \quad (\alpha = 1 \text{ の場合})$$
$$u(z) = -z^{1-\alpha} \quad (\alpha > 1 \text{ の場合})$$

という効用関数が得られる。

理論的に興味深いケースとして絶対的危険回避度が γ で一定と仮定すると，$-u''(z)/u'(z) = \gamma$ である。この式を積分すると

$$u(z) = -e^{-\gamma z} \quad (\gamma > 0 \text{ の場合})$$
$$u(z) = z \quad (\gamma = 0 \text{ の場合})$$
$$u(z) = e^{-\gamma z} \quad (\gamma < 0 \text{ の場合})$$

となる。$\gamma > 0$ であれば危険回避的，$\gamma = 0$ であれば危険中立的，$\gamma < 0$ であれば危険愛好的である。$R^{*}(z) = zR(z)$ であるから，絶対的危険回避度が一定であれば，相対的危険回避度は z の上昇とともに増加し，前述の実証結果とは整合的ではない効用関数である。

多くの研究で 2 次関数も効用関数として使われている。

$$u(z) = a + bz - cz^{2} \quad \left(a \geq 0,\, b > 0,\, c > 0,\, 0 \leq z < \frac{b}{2c}\right)$$

効用関数のパラメータ (a, b, c) が上の条件を満たし，変数 z が $0 \leq z < b/(2c)$ の変域内にとどまるなら，$u(z)$ は単調増加関数であり，凹関数である。絶対的危険回避と相対的危険回避度は，ともに z の単調増加関数であり，前述の実証結果とは整合的ではないうえに，絶対的危険回避度減少の直感とも整合的ではない効用関数である。

理論分析のために簡便な関数形なので，絶対的危険回避度一定の効用関数も 2 次関数も研究によく使われている。実際には，絶対的危険回避度は減少すると思われるのに，これらの効用関数は一定であるか，または増加するという仮

定を置く。このように，これらの効用関数は絶対的危険回避度について非現実的な性質を持つ効用関数なので，これらの関数を用いた研究結果の解釈には注意を要する。

4 危険回避度の推定

Friend and Blume（1975）は米国の家計のパネルデータ（同じ家計から異なる時点でデータを収集したデータ）を使用した。前述のように危険資産の総資産に占める比率がほぼ一定であることから相対的危険回避度一定を仮定した。危険資産の収益率の標準偏差（リスク）と観察される危険資産比率から相対的危険回避度はほぼ2であると推定した。Hansen and Singleton（1982）は米国内全体の総消費のデータと，株式や債券の収益率のデータを使用した。米国内全体の総消費を決める代表的消費者が相対的危険回避度一定の効用関数を持つと仮定し，ハンセン（L. P. Hansen）とシングルトン（K. Singleton）は，Generalized Method of Moments という非線形回帰分析に似た統計手法を期待効用最大化の条件[7]に応用して，相対的危険回避度を推定した。1982 年の論文にデータの誤りがあり，*Econometrica* の 1984 年の正誤表（Errata〔pp.267-268〕）に修正された実証結果が発表された。推定値はどの株式や債券の収益率を用いるかなどによって異なる。修正された実証結果によると，相対的危険回避度の推定値は 1.59 と -1.26 の範囲であった。また，これらの推定値の標準偏差は大きく，真の値が 0 であるという帰無仮説を統計的に 5％の水準で棄却できない。このように相対的危険回避度が正確に測定されてはいないが，比較的小さい値を支持する実証結果である。

Barsky, Juster, Kimball, and Shapiro（1997）は，個人への仮想的な質問を用いたアンケート調査という行動経済学の手法を用いた。この方法で経済全体の代表的消費者ではなく，個々人の異なる相対的危険回避度を測定することができる。

---

7)　Hansen and Singleton（1982）は多期間モデルを用いたので，最大化の条件は第 6 章で説明するオイラー条件である。

5　期待効用理論とパラドックス

　実際の人間行動で，期待効用理論では説明できないものを意思決定理論の文脈でパラドックスと呼ぶ。多くのパラドックスが実験や仮想質問などのアンケートで見つかっている。期待効用理論を絶対視する立場を取るなら，これらのパラドックスは人間の非合理性を示すということになる。必ずしも期待効用理論が人間行動を正確に表現しない，という立場を取るなら，これらのパラドックスは期待効用理論の限界を示しており，パラドックスを説明するような別の意思決定理論が必要であることを示す，ということになる。また，そのような意思決定理論を構築していくために，神経経済学の知見を得ることが重要になる。後者の立場を取る行動経済学のひとつの理論の例として，次章で説明するプロスペクト理論がある。本節ではプロスペクト理論と関係の深いアレのパラドックスと，神経経済学での研究が進んでいるエルスバーグのパラドックスについて説明する。

5.1　アレのパラドックス

　フランス人ノーベル経済学賞受賞者のアレ（M. Allais）が挙げた期待効用理論と矛盾する意思決定行動の例は，**アレのパラドックス**と呼ばれる[8]。Allais（1953）は次の4つのくじを2組に分けて考えた。最初の1組のくじとして

　　　　くじ1：確実に10億フランを得る

　　　　くじ2：確率0.01で0フラン，確率0.10で50億フラン，確率0.89で
　　　　　　　　10億フランを得る

を考える。Machina（1987）と Camerer（1995）がその後の研究を概観して報告しているように，実験でこの2つのくじを提示されると多くの人々はくじ1を選択する[9]。次の1組のくじとして

　　　　くじ3：確率0.11で10億フラン，確率0.89で0フラン

　　　　くじ4：確率0.10で50億フラン，確率0.90で0フラン

---

8)　アレは他にもパラドックスの例を挙げているが，本書では最も有名な例を説明する。

を考える。この 2 つのくじを提示されると，多くの人々はくじ 4 を選択する。

最初の 1 組で多くの人々がくじ 1 を選ぶ選択は，期待効用理論により，

$$u(e+10\ 億)>0.01\times u(e)+0.1\times u(e+50\ 億)+0.89\times u(e+10\ 億) \qquad (1)$$

と表せる。ここで e は初期保有である。一方，2 番目の組の場合においては，典型的な人はくじ 4 を選択するため，

$$0.11\times u(e+10\ 億)+0.89\times u(e)<0.1\times u(e+50\ 億)+0.9\times u(e) \qquad (2)$$

となる。(1)式の両辺より $0.89\times u(e+10\ 億)$ を引くと

$$0.11\times u(e+10\ 億)>0.01\times u(e)+0.1\times u(e+50\ 億) \qquad (3)$$

となるため，(2)式と(3)式との間で矛盾した結論が得られてしまう。したがって，意思決定者がどのような効用関数を持っていたとしても期待効用理論ではアレのパラドックスを説明できない。このように実際の多くの人々の行動が，期待効用理論と矛盾してしまうことをアレのパラドックスという。

5.2　エルスバーグのパラドックスとナイト流不確実性

本書では，ここまで確率のわかっている不確実性を論じた。ナイト（F. Knight）は，確率のわかっている不確実性と確率のわかっていない不確実性を区別して，前者をリスク（risk），後者を不確実性（uncertainty）と呼んだ。後者の不確実性は**ナイト流不確実性**と呼ばれる。ナイト流不確実性の程度は「あいまいさ」（ambiguity）と呼ばれる。

ナイト流不確実性に関して，Ellsberg（1961）は次のような思考実験を行った。壺が 2 つあって，それぞれ合計 100 個の赤いボールと黒いボールが入っている。どちらかの壺からひとつのボールが無作為に取り出される。参加者は壺 A に 50 個の赤いボールと 50 個の黒いボールが入っていることを知っている。

---

9)　アレはパラドックスを多額の賞金のくじで例としたが，仮想的な多額の賞金のくじを使った実験だけではなく，もっと少額の賞金を実際に支払う実験でも多くの人々がパラドックスを支持する選択をする。ここで「多く」としているのは必ずしも大多数という意味ではない。

参加者は壺 B に合計 100 個の赤いボールと黒いボールが入っていることを知っているが，その割合についてはまったく何も知識を持っていない。参加者は，壺から取り出されるボールが赤か黒かを当てると 100 ドルの賞金を受け取る。エルスバーグ（D. Ellsberg）は，正式な実験をしたわけではないが，多くの人々にどちらの壺からボールを取り出されることを好むかを聞いた結果，大多数の人々は壺 B よりも壺 A からボールを取り出すことを好むと報告した。期待効用理論では，壺 B に対しても主観的確率として赤いボールが取り出される確率は 2 分の 1 になると予測されるため，この思考実験結果は期待効用理論に反している。このように，ナイト流不確実性によるあいまいさを，確率のわかっているリスクに比べて嫌うことを**あいまいさ回避**（ambiguity aversion）と呼ぶ。Camerer（1995）はその後の実験（多くは実際に賞金を支払う実験）を概観して，あいまいさ回避が頑健な結果として得られたことを報告している。

　ナイト流不確実性下でのあいまいさ回避を含む意思決定理論として Gilboa and Schmeidler（1989）の**マクシミン**（Maxmin）期待効用理論がある。ナイト流不確実性を，事象を観察する以前に可能と考えられるさまざまな主観的確率分布として定式化して，意思決定者はそのうちの最悪の場合の確率分布での期待効用を最大化する，という理論である。マクシミン理論の応用例として，Hansen and Sargent（2001）のどのモデルが真であるかわからないというモデル不確実性が入ったマクロ経済学モデルなどがある。

5. 3　誘惑と自制の意思決定モデル

　くじに対する選好が一定の公理を満たすとき，期待効用関数がその選好を表現することを証明することができる（章末の補論 1 を参照）。アレのパラドックスとエルスバーグのパラドックスは，期待効用理論の背後にある公理が，現実の人間については成立していないことを示唆する。アレのパラドックスを説明できる理論のひとつは次章で取り上げるプロスペクト理論である。ここでは，期待効用理論とは別の公理を設定して誘惑を受けているときの自制行動を説明した Gul and Pesendorfer（2001，以下 GP と表記）の理論を紹介する。GP 理論ではアレのパラドックスは説明できない。しかし GP 理論とその後の発展を概観した武岡（2012）は GP モデルを拡張したモデルによってアレのパラドック

スを説明できることを説明している。

　誘惑下の自制の例として，健康のためにダイエットをしている人が朝食の時点で昼食にはどのようなメニューを持つレストランを好むかというメニューに対する選好を考える。ここでは簡単化のために不確実性がない場合を考える。ダイエットをしているので，この人にとってはサラダだけのメニューの方が，ハンバーガーだけのメニューよりも好ましい，とする。しかし，この人がサラダとハンバーガーの両方がメニューに載っているレストランに行くと，ハンバーガーを食べたいという誘惑を受けて，自制しないといけないので，サラダだけのレストランの方が好ましい。しかし，最悪なのはハンバーガーだけがメニューに載っているレストランに行くことだとする。

　伝統的経済学の経済人なら，最終的な財の消費についてだけに興味を持つので，ハンバーガーがメニューに載っているかどうかは気にしないはずで，サラダだけが載っているメニューとサラダとハンバーガーのメニューは無差別のはずである。しかし，誘惑を受けたときの自制には意志力の費用がかかるならば，サラダのみのメニューの方が，より好ましいメニューという好みを考えることができる。

　GP理論では，最終的な消費やそれに対するくじではなくメニューを対象とした選好を考えることで，誘惑があるときの選好を表現できる。メニューとはこの理論ではくじの集合の部分集合である。この選好に関する一定の公理のもとで，この選好を効用関数を用いて表現できる。x を最終消費の財のくじ，Z を x の集合として，Z の部分集合に選好が定義されているとする。サラダとハンバーガーの例では，くじはサラダを確率1で得るくじを x_1，ハンバーガーを確率1で得るくじを x_2 として，$Z = \{x_1, x_2\}$，Z の部分集合として $B = \{x_1\}$，$C = \{x_1, x_2\}$，$D = \{x_2\}$ とする。u をコミットメント効用関数，v を誘惑効用関数とすると，Z のある部分集合 A に対し，Max が A 上での最大値を求めるとして

$$U(A) = \mathrm{Max}\,(u(x) + v(x)) - \mathrm{Max}\,v(x)$$

を A に対する効用の値として，選好を表現できる。サラダとハンバーガーの例で，$u(x_1) = 2$，$u(x_2) = 1$，$v(x_1) = 0.8$，$v(x_2) = 1.2$ という数値例を考える。すると，$U(B) = u(x_1) + v(x_1) - v(x_1) = 2$，$U(C) = u(x_1) + v(x_1) - v(x_2) = 1.6$，

$U(D) = u(x_2) + v(x_2) - v(x_2) = 1$ である。この数値例は上記の誘惑を受けている
ダイエット中の人の選好を表現している。ここで，コミットメント効用関数は，
ダイエット中なのでサラダをハンバーガーより好むという選好を，誘惑効用関
数は健康のことを考えないならば，サラダよりハンバーガーを好むという誘惑
を表現している[10]。

補論 1　選好を効用関数で表現するための公理

　この補論では選好を効用関数で表現するための公理について説明する。最終
的な賞金（あるいは賞品でもよい）の集合と，賞金 x を p の確率で得，賞金 y
を $(1-p)$ の確率で得るというくじについて考える。このくじを $(x, p; y, 1-p)$
で表し，p が 0 から 1 の実数として，くじの集合 Y を考える。ここで混合くじ
の，$(x, p; y, 1-p)$ を確率 q で得，$(x, r; y, 1-r)$ を確率 $(1-q)$ で得るくじは，x
を $qp + (1-q)r$，y を $q(1-p) + (1-q)(1-r)$ で得るくじと同じと仮定する。
ある意思決定者がどのくじを好むかという選好を $\gtrsim$ で表す。意思決定者が $(x,$
$p; y, 1-p)$ を $(x, r; y, 1-r)$ より好むか無差別なら，$(x, p; y, 1-p) \gtrsim (x, r; y, 1-$
$r)$ と書く。もし，$(x, p; y, 1-p) \gtrsim (x, r; y, 1-r)$ でかつ，$(x, p; y, 1-p) \lesssim (x, r; y,$
$1-r)$ ならば，この 2 つのくじについて無差別なので，$(x, p; y, 1-p) \sim (x, r; y, 1$
$-r)$。もし，$(x, p; y, 1-p) \gtrsim (x, r; y, 1-r)$ であるが，$(x, p; y, 1-p) \lesssim (x, r; y, 1$
$-r)$ ではないならば，厳密に $(x, p; y, 1-p)$ が好まれるので，$(x, p; y, 1-p) >$
$(x, r; y, 1-r)$ と書く。
　期待効用理論のための公理（例えば酒井（1982）参照）は，次の 4 つである。
　　公理 1 (完備性)[11]：任意の 2 つのくじ，$(x, p; y, 1-p)$ と $(x, r; y, 1-r)$ に

---

10)　GP 理論の枠組み以外にも誘惑や自制を表現するモデルがある。例えば第 10 章で取り
　　上げるタフ・ラブ・モデルは価値観と誘惑についてのモデルと解釈できるし，池田
　　（2012）は自制コストを効用費用としてモデル化している。池田論文では筋肉のように自
　　制をすると誘惑に対する意思力が鍛えられていく筋力モデルが第 12 章で取り上げる徳の
　　学習と対応することを指摘しておきたい。
11)　酒井（1982, p.51）は完備性を連結性と呼んでいる。

ついても，$(x, p; y, 1-p) \gtrsim (x, r; y, 1-r)$ か，$(x, p; y, 1-p) \lesssim (x, r; y, 1-r)$ のどちらかが成立する。

公理 2（推移性）：任意の 3 つのくじ，$(x, p; y, 1-p)$，$(x, q; y, 1-q)$，$(x, r; y, 1-r)$ について，$(x, p; y, 1-p) \gtrsim (x, q; y, 1-q)$ かつ $(x, q; y, 1-q) \gtrsim (x, r; y, 1-r)$ であれば，$(x, p; y, 1-p) \gtrsim (x, r; y, 1-r)$。

公理 3（独立性）：任意の 2 つの賞金 x，y について，もし $x \gtrsim y$ ならば，任意の第 3 の賞金 z と任意の確率 $p (0 \leq p \leq 1)$ について，$(x, p; z, 1-p) \gtrsim (y, p; z, 1-p)$。

公理 4（連続性）：任意の 3 つの賞金 x, y, z について，$x \gtrsim y \gtrsim z$ であれば，$(x, p; z, 1-p) \sim y$ となる確率 p が存在する。

期待効用定理によれば，これらの 4 つの公理のもとで，次の 2 つの性質を持つ Y 上の実数値関数 U が存在する。

(1) 任意の 2 つのくじ，L, M に対して，$L \gtrsim M$ の必要十分条件は $U(L) \geq U(M)$。

(2) $U((x; 1)) = u(x)$ として，$U((x, p; y, 1-p)) = pu(x) + (1-p)u(y)$

ここで，性質 (2) によれば，効用関数 U は期待効用関数であり，性質 (1) によって，この期待効用関数は意思決定者の選好を表現している。

次に GP 理論での自制モデルでは，選好をくじの集合の Y で定義せずに，くじの集合の部分集合 Z で定義する。テクニカルになるので詳細は武岡（2012）に譲るが，上記の公理 1〜3 に当たる完備性，推移性，独立性の他に，連続性と，中間性の公理が置かれて，本章 5.3 節の効用関数の存在が証明される。

補論 2　絶対的危険回避度の性質

この補論では絶対的危険回避度の性質に関する 2 つの命題について説明する。本文のように $(E(X) + h, 0.5; E(X) - h, 0.5)$ で，$E(X) = 0$ のくじを考えることとする。ここでリスク・プレミアムは，初期保有 e と損得の大きさ h の値によって変わってくるので，これらの変数の関数，$\rho(e, h)$，として書く。

命題 3.1 所与の e に対して，もし h が十分小さければ，次の近似式が成立する

$$R(e) \simeq \frac{2}{h^2}\rho\,(e, h)$$

この命題は酒井（1982）の命題 5.1 の一部であり，また，もっと一般的な期待値 0 のくじについての Pratt（1964）の（5）式である。命題 3.1 によれば，小さい h については，絶対的危険回避度はリスク・プレミアムに正比例しており，絶対的危険回避度の高い人ほど，より大きいリスク・プレミアムをくじ 1 に対して要求する。これは，h が小さいときに成り立つ性質であることから，絶対的危険回避度の小域的性質という。

　小さい所得変動幅（h）だけでなく，$e-h>0$ であれば，任意の h について成立する大域的性質もわかっている。$i=1, 2$ で表す 2 人の人がいるとして，z 円を確実に持つときに，$u_i(z)$ の効用関数を持つ人の絶対的危険回避度を $R_i(z)$，リスク・プレミアムを $\rho_i(z, h)$ とする。

命題 3.2 次の 2 つの条件は同値である。
　ⅰ．$R_1(z) > R_2(z)$
　ⅱ．すべての h に対して，$\rho_1(z, h) > \rho_2(z, h)$

この命題は酒井（1982）の命題 5.2 と，もっと一般的な期待値 0 のくじについての Pratt（1964）の定理 1 の一部である。この命題によれば，絶対的危険回避度の大きい人ほど，より大きいリスク・プレミアムをくじに対して要求し，逆に大きいリスク・プレミアムを要求する人は絶対的危険回避度が大きい。

補論 3　相対的危険回避度の性質

　この補論では相対的危険回避度の性質に関する 2 つの命題について説明する。本文の e が初期保有であるときに，$(eh^*, 0.5; -eh^*, 0.5)$ のくじを考えることとする。ここで相対的リスク・プレミアムは，e と h^* の値によって変わって

くるので，これらの変数の関数，$\rho^*(e, h^*)$，として書く。

命題 3.3　所与の e に対して，もし h^* が十分小さければ，次の近似式が
　　　　　成立する。

$$R^*(e) \approx \frac{2}{(h^*)^2} \rho^*(e, h^*)$$

この命題は酒井（1982）の命題 5.3 の一部であり，また，もっと一般的な期待
値 0 のくじについての Pratt（1964）の（42）式である。つまり，小さい h^* に
ついては，相対的危険回避度は相対的リスク・プレミアムに正比例しており，
相対的危険回避度の高い人ほど，より大きい相対的リスク・プレミアムをくじ
1 に対して要求する。これは，相対的危険回避度の小域的性質である。

　小さい比例的所得変動幅（h^*）だけでなく，$z - zh^* > 0$ であれば，任意の h^*
について成立する大域的性質もわかっている。$u_i(z)$ の効用関数を持つ人の相
対的危険回避度を $R^*_i(x)$，相対的リスク・プレミアムを $\rho_i^*(z, h^*)$ とする

命題 3.4　次の 2 つの条件は同値である。
　ⅰ．$R^*_1(z) > R^*_2(z)$
　ⅱ．すべての h^* に対して，$\rho_1^*(z, h^*) > \rho_2^*(z, h^*)$

この命題は酒井（1982）の命題 5.3 と，もっと一般的な期待値 0 のくじについ
ての Pratt（1964）の定理 6 の一部である。つまり相対的危険回避度の大きい
人ほど，より大きい相対的リスク・プレミアムを，くじ 1 に対して要求する。

⊗ 参 考 文 献

Allais, M.（1953）"Le Comportement de l'Homme Rationnel devant le Risque: Critique
　　des Postulats et Axiomes de l'Ecole Americaine," *Econometrica* 21（4），pp. 503-546.
Arrow, K. J.（1965）*Aspects of the Theory of Risk-Bearing*, Yrjö Jahnssonin Säätiö.
Barsky, R., F. Juster, M. Kimball, and M. Shapiro（1997）"Preference Parameters and
　　Behavioral Heterogeneity: An Experimental Approach in the Health and Retirement
　　Study," *Quarterly Journal of Economics* 112（2），pp. 537-579.

Camerer, C. (1995) "Individual Decision Making," in J. H. Kagel and A. E. Roth eds., *Handbook of Experimental Economics*, Princeton University Press.

Ellsberg, D. (1961) "Risk, Ambiguity, and the Savage Axioms," *Quarterly Journal of Economics* 75 (4), pp. 643–669.

Friend, I. and M. E. Blume (1975) "The Demand for Risky Assets," *American Economic Review* 65 (5), pp. 900–922.

Gilboa, I. and D. Schmeidler (1989) "Maxmin Expected Utility with Non-Unique Prior," *Journal of Mathematical Economics* 18 (2), pp. 141–153.

Gul, F. and W. Pesendorfer (2001) "Temptation and Self-Control," *Econometrica* 69 (6), pp. 1403–1435.

Hansen, L. P. and T. J. Sargent (2001) "Robust Control and Model Uncertainty," *American Economic Review* 91 (2), pp. 60–66.

Hansen, L. P. and K. J. Singleton (1982) "Generalized Instrumental Variables Estimation of Nonlinear Rational Expectations Models," *Econometrica* 50 (5), pp. 1269–1286

Machina, M. J. (1987) "Choice under Uncertainty: Problems Solved and Unsolved," *Journal of Economic Perspectives* 1 (1), pp. 121–154.

Ogaki, M. and Q. Zhang (2001) "Decreasing Relative Risk Aversion and Tests of Risk Sharing," *Econometrica* 69 (2), pp. 515–526.

Pratt, J. W. (1964) "Risk Aversion in the Small and in the Large" *Econometrica* 32 (1/2), pp. 122–136.

池田新介 (2012)「意志力の経済学――消費・貯蓄理論の新次元」『行動経済学』第 5 巻，277～287 ページ。

酒井泰弘 (1982)『不確実性の経済学』有斐閣。

武岡則男 (2012)「誘惑と自制の意思決定」大垣昌夫・小川一夫・小西秀樹・田渕隆俊編『現代経済学の潮流 2012』東洋経済新報社。

◈ 練 習 問 題

(E-1 選択式問題)

1. 期待効用理論が成立するとする。A さんは B さんよりも，どのような所得のレベルでもより高い絶対的危険回避度を持っているとする。B さんは C さんよりも，どのような所得レベルでもより高い相対的危険回避度を持っているとする。くじ 1 は，50％の確率で所得 $x+h$，50％の確率で所得 $x-h$ を支払う。くじ 2 は，50％の確率で所得 $x(1+h^*)$，50％の確率で所得 $x(1-h^*)$ を支払う。くじ 3 は 100％の確率で確定所得 x を支払う。これらのくじ以外には 3 人に所得がないとして，最も的確な答えをひとつ選べ。

A） AさんがBさんよりも，くじ1に対してより低いリスク・プレミアムを
要求する場合もxとhの値によってはありうる。

B） AさんがBさんよりも，くじ1に対してより高いリスク・プレミアムを
要求する，と確実にいえる。

C） BさんがCさんよりも，くじ2に対してより低い相対的リスク・プレミ
アムを要求する場合もxとhの値によってはありうる。

D） BさんがCさんよりも，くじ2に対してより高い相対的リスク・プレミ
アムを要求する，と確実にいえる。

E） A）とC）。

F） B）とD）。

2. さまざまな実証研究の結果により，所得が高くなっていくとき，絶対的危険回
避度と相対的危険回避度は，どのように変化すると考えられるかについて，最
も的確な答えをひとつ選べ。

A） 絶対的危険回避度は増加していくと考えられる。

B） 絶対的危険回避度は減少していくと考えられる。

C） Friend and Blume（1975）によれば，米国の家計について相対的危険回
避度は増加していくと考えられる。

D） Friend and Blume（1975）によれば，米国の家計について相対的危険回
避度はほぼ一定と考えられる。

E） Ogaki and Zhang（2001）によれば，最低生存水準の近くでは相対的危
険回避度は減少すると考えられる。

F） Ogaki and Zhang（2001）によれば，最低生存水準の近くでは相対的危
険回避度はほぼ一定と考えられる。

G） A）とB）とE）。

H） B）とD）とE）。

I） B）とC）とF）。

3. 効用関数の形状と絶対的および相対的危険回避度について，最も的確な答えを
ひとつ選べ。

A） 相対的危険回避度一定の効用関数なら，絶対的危険回避度も一定である。

B） 相対的危険回避度一定の効用関数なら，所得の増加とともに絶対的危険
回避度は減少する。

C） 相対的危険回避度一定の効用関数なら，所得の増加とともに絶対的危険
回避度は増加する。

D） 絶対的危険回避度一定の効用関数なら，相対的危険回避度も一定である。

E） 絶対的危険回避度一定の効用関数なら，所得の増加とともに相対的危険回避度は減少する。

F） 絶対的危険回避度一定の効用関数なら，所得の増加とともに相対的危険回避度は増加する。

G） A）と D)。

H） B）と F)。

I） C）と E)。

4. 効用関数が2次関数であるとき，絶対的および相対的危険回避度について，最も的確な答えをひとつ選べ。

A） 絶対的危険回避度も相対的危険回避度も一定である。

B） 所得の増加とともに絶対的危険回避度は増加し，相対的危険回避度は減少する。

C） 所得の増加とともに絶対的危険回避度は減少し，相対的危険回避度も減少する。

D） 所得の増加とともに絶対的危険回避度は増加し，相対的危険回避度も増加する。

E） 所得の増加とともに絶対的危険回避度は増加するが，相対的危険回避度は一定である。

（E-2 記述式問題）

期待効用理論で相対的危険回避度が一定として，次のそれぞれの2つのくじのどちらが選ばれるかを，初期資産が1万円のときと，1000万円のとき，相対的危険回避度が，0.88，1，2，5，10のときについて，それぞれ Microsoft Excel などのソフトウェアで計算して答えよ。

1. くじ $(1000, 0.6; -1000, 0.4)$ と，くじ $(0, 1)$。

2. くじ $(1000, 0.7; -1000, 0.3)$ と，くじ $(0, 1)$。

3. くじ $(10000, 0.5; 1000, 0.4; -10000, 0.1)$ と，くじ $(0, 1)$。

第4章

プロスペクト理論

※ **は じ め に**

第3章で説明したアレのパラドックスのように，実際の人間は伝統的経済学の期待効用理論ではどうしても説明できないような不確実性下の意思決定を行うことがある。アレのパラドックスで実際に観察される意思決定を説明できるような不確実性下の意思決定理論がいくつか提唱されてきた。その中でも行動経済学で最も重視されているのが Kahneman and Tversky（1979）が提唱した**プロスペクト理論**である。

1 価値関数と参照点

プロスペクト理論は，**価値関数**と**意思決定ウェイト**という2つの柱を持つ。価値関数は期待効用理論での効用関数に対応する。期待効用理論での効用関数に比べ，**参照点**（reference point）からの変化が注目される性質，**損失回避性**（loss aversion），損失の局面での危険愛好性の3つの性質を持っている。意思決定ウェイトは，客観的確率をそのまま期待価値の計算に用いず，客観的確率に代えて主観的なウェイトを価値の実現値につけて計算した期待価値によって意思決定が行われる。

プロスペクト理論の価値関数の第1の性質は，価値関数 $v(x)$ の独立変数 x が価値の対象となる変数（所得など）の参照点からの変化であることである。

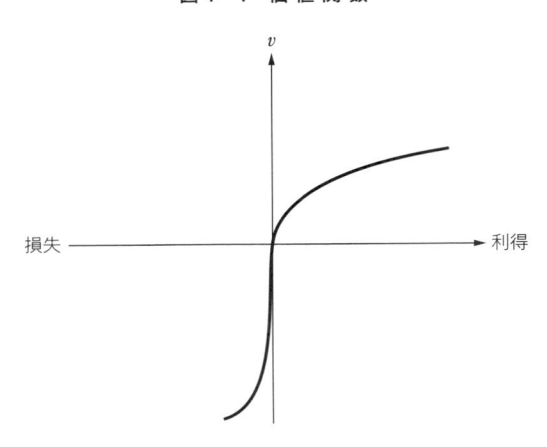

図4-1　価値関数

これに対し，伝統的経済学の通常の効用関数 $u(z)$ の独立変数 z は，所得の絶対的な水準である。例えば，ある主体が初期保有 e 円を持っていて，初期保有が参照点となっているとする。x 円をもらうときの効用関数の値は $u(e+x)$ であるのに対し，価値関数の値は $v(x)$ である。x 円を失うときの効用関数の値は $u(e-x)$ であるのに対し，価値関数の値は $v(-x)$ である。日本では高度成長期に1人当たりの所得が飛躍的に上昇したが，主観的幸福度をアンケートで聞いてみると幸福度は上昇していない。これは所得が上昇するにつれて参照点が上昇し，価値関数と幸福度に正の関係があるという考えと整合的である。図4-1は典型的な価値関数で，原点が参照点である。

　図で原点から右に動くときの v の増加率より，原点から左に動くときの v の減少率の方が大きい。これは利得からの満足感よりも，損失を回避したときの満足感の方が大きい損失回避性という価値関数の第2の性質を表現している[1]。例えば個人投資家が株式投資するときなど，損をすることを強く嫌悪する場合が多いのは，この損失回避性の現れと考えられる。第1章で説明した初期保有

---

1)　図4-1では原点から左右に動くときの増加率はともに無限大である価値関数の例を表現しているために，損失回避性による増加率の変化は原点での屈折には表れていない。原点から左右に動くときの増加率が有限である関数の例をグラフに表現すると，原点で屈折することになる。

効果は参照点と損失回避とに深く関わるので，本章の第5節で詳しく説明する。

　図4-1で，利得の局面では価値関数は凹関数なので，利得局面で評価した意思決定は危険回避的なものとなる。これに対し図4-1の損失の局面では価値関数は凸関数なので，損失局面で評価しての意思決定は危険愛好的となる。これが価値関数の第3の性質である。例えば持っている株の価格が下がって損をしている人がその株の価格変動が大きくても持ち続ける場合，損失局面での危険愛好性が現れていると考えられる（Camerer, 2000）。

2　意思決定ウェイト

　本節ではプロスペクト理論の価値関数と並ぶもうひとつの柱である**意思決定ウェイト**を説明する。プロスペクト理論では，くじなどでリスクがあるとき，価値関数を個々の事象の起こる客観的確率 p でウェイト付けして足し合わせた価値関数の期待値を最大化するのではなく，心理的な確率の評価である意思決定ウェイト $\pi(p)$ で価値関数にウェイト付けして足し合わせた値を最大化するとする。

　今，ある主体が，確率変数 X 円を賞金として支払うくじをどう評価するかについて期待効用理論とプロスペクト理論とを比較して考えてみる。主体が z 円を確実に持つときの効用を $u(z)$ とし，e 円を初期保有の資産として所有しているとすると，くじの効用水準の期待値（期待効用）は

$$E(u(e+X)) = p_1 u(e+X_1) + \cdots + p_m u(e+X_m)$$
$$= \sum_{i=1}^{m} p_i u(e+X_i)$$

である。これに対し，初期保有が参照点となっている場合，プロスペクト理論では

$$\pi(p_1) v(X_1) + \cdots + \pi(p_m) v(X_m) = \sum_{i=1}^{m} \pi(p_i) v(X_i)$$

と評価される。ここでもし $\pi(p_i) = p_i$ であれば，この評価は価値の期待値に等しくなる。Tversky and Kahneman（1992）は，意思決定ウェイトを利得のラ

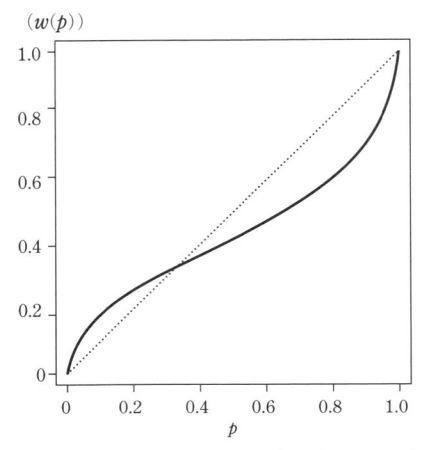

図4-2 確率ウェイト関数

$(w(p))$

（出所）　Tversky and Kahneman（1992）．p. 310より。

ンクに依存して計算するための**確率ウェイト関数** $w(p)$ を導入してプロスペクト理論を**累積プロスペクト理論**に発展させた。また，彼らは x_i が正であるか負であるによって，$w(p_i)$ が違う関数になる可能性を導入した。ここで，くじから得られる可能な利得がひとつしかなく，可能な損失もひとつしかない単純な場合には確率ウェイト関数の値が意思決定ウェイトと一致するので，より複雑な場合の確率ウェイト関数から意思決定ウェイトの計算方法の説明は補論2で行い，簡単のために，本書では意思決定ウェイトの性質を見るだけの目的で確率ウェイト関数を説明する。

　後で説明するように，実験結果からトヴェルスキー（A. Tversky）とカーネマン（D. Kahneman）は，図4-2のような形の確率ウェイト関数を推定した。確率ウェイト関数は，価値ベースの確率を表すといえる。この確率ウェイト関数にはいくつかの特徴がある。

　まず確率が1のときには，価値ベースの確率を1と評価するが，事象の確率が1より少し下がると，価値ベースの確率 $w(p)$ は客観的確率 p よりも低い（$w(p)<p$）。次に確率が0のときには，価値ベースの確率を0と評価するが，事象の確率が0より少し上がると，価値ベースの確率 $w(p)$ は客観的確率 p よりも高い（$w(p)>p$）。確実に何か「よいこと」が起きるとわかっているときに

比べ，わずかな確率でその事象が起きない可能性がある場合には，「価値」評価が大きく下がる。確実に何か「よいこと」が起きないとわかっているときに比べ，わずかな確率でその事象が起きる可能性がある場合には，「価値」評価が大きく上がる。このように確率が0か1である確実性からの小さい乖離が大きな評価の違いを招くことを**確実性効果**という。

　確率ウェイト関数のその他の特徴として，$w(p)$ は，p について増加関数であることと，概ね $p = 0.4$ の点で，$w(p) = p$ となるという2つの性質がある。確実性効果と，これらの2つの特徴から，確率の中間的な値では，確率の変化に対する価値ベースの確率の感応度が小さく，0と1という極端な値の近辺では，感応度が大きい。

　確率ウェイト関数のもうひとつの重要な特徴は，

$$w(p) + w(1 - p) < 1$$

となっていることであり，これは**劣確実性**（subcertainty）といわれる[2]。次節で見るように，確率ウェイト関数を用いてプロスペクト理論でアレのパラドックスを説明するためには，（確率ウェイト関数と一致する場合のある）意思決定ウェイトが，この性質を持つ必要がある。

3　アレのパラドックスとプロスペクト理論

3.1　アレのパラドックス再考

　前章でどのような意思決定者がどのような効用関数を持っていたとしても期待効用理論ではアレのパラドックスを説明できないことを見た。本節では意思決定者がプロスペクト理論のモデルに従っているならば，価値関数と意思決定

---

[2]　確実性は，$w(p + (1 - p)) = w(1) = 1$ であることを考えると，数学での優加法性で不等式が厳密である場合である。Kahneman and Tversky（1979）は，大きい p の値については成立しない可能性もある確率ウェイト関数の別の性質として劣加法性（subadditivity）を挙げている。彼らは劣加法性を $w(rp) > rw(p)$ と定義した。著者によっては劣確実性のことを「劣加法性」と呼ぶこともあるので，混乱しないように注意する必要がある。

ウェイト関数の形状によっては，矛盾が生じないことを見ていく。まず意思決定ウェイト関数が劣確実性を持つなら，プロスペクト理論とアレのパラドックスでのくじ選択の行動は必ずしも矛盾しないことを説明する。しかし，典型的な推定値を用いると，意思決定ウェイト関数の劣確実性では，なぜ現実の典型的な個人がアレのパラドックスのような選択をするのかを説明できない。そこで，さらに10億フランが確実に得られるという選択肢を提示された人が，参照点を現状から10億フランの利得に移すとすると，アレのパラドックスはより容易に説明できることを見る。

　以降，価値関数を $v(\cdot)$，起こる確率に対する心理的な価値を表す意思決定ウェイト関数を $\pi(\cdot)$ と表記して分析する。$v(0)=0$ とする。前章と同様な以下の4つのくじを用いて考える[3]。

　　A．くじ1：確実に1億円を得る。
　　　　くじ2：確率0.01で0円，確率0.1で5億円，確率0.89で1億円を
　　　　　　　得る。
　　B．くじ3：確率0.11で1億円，確率0.89で0円を得る。
　　　　くじ4：確率0.1で5億円，確率0.9で0円を得る。

　多くの人々は，Aの場合における2つのくじを提示されるとくじ1を選択し，Bの場合においては，くじ4を選択する。しかし，期待効用理論では，これらの選択は矛盾した結果に至ることがアレのパラドックスである。以下，プロスペクト理論でこれらの選択を説明できるかどうか見る。

　まず意思決定ウェイトの効果に焦点を当てるため，参照点の変化は起こらないと仮定して分析する。Aの場合における多くの人々の選択は，$v(1\,\text{億})>\pi(0.01)\times v(0)+\pi(0.1)\times v(5\,\text{億})+\pi(0.89)\times v(1\,\text{億})$，あるいは

$$(1-\pi(0.89))\times v(1\,\text{億})>\pi(0.1)\times v(5\,\text{億}) \tag{1}$$

と表現される。Bの場合においては，$\pi(0.11)\times v(1\,\text{億})+\pi(0.89)\times v(0)<\pi(0.1)\times v(5\,\text{億})+\pi(0.9)\times v(0)$，あるいは

　3）　本章では前章の例の1フランを0.1円の為替レートで計算して変換している。

$$\pi(0.11) \times v(1\text{億}) < \pi(0.1) \times v(5\text{億}) \tag{2}$$

と表現される。

　ここで $(1-\pi(0.89)) > \pi(0.11)$ ならば，(1)式と(2)式は矛盾なく同時に成立しうる。プロスペクト理論では意思決定ウェイトは $\pi(p) + \pi(1-p) < 1$ という劣確実性を持つので，$\pi(0.89) + \pi(0.11) < 1$ であり，(1)式と(2)式は矛盾なく同時に成立しうる。つまり，劣確実性は，参照点の変化がない場合にプロスペクト理論でアレのパラドックスを説明するための必要条件である。以下で，実際に数値例を用い劣確実性を持つ意思決定ウェイトと価値関数の形状によっては，プロスペクト理論でアレのパラドックスでのくじの選択を説明できる場合があることを見る。どのような効用関数を仮定しても，期待効用理論では決してアレのパラドックスを説明することができないので，これはプロスペクト理論の重要な利点である。

　しかし劣確実性が十分条件ではないことを理解することも重要である。ここで，

$$\pi(0.1) \times v(5\text{億}) = A$$
$$\pi(0.11) \times v(1\text{億}) = B$$
$$\{1 - \pi(0.89)\} \times v(1\text{億}) = C$$

と置く。(1)式より $C > A$，(2)式より $B < A$ である。したがって $C > B$ が(1)，(2)式が同時に成立するための必要条件である。しかし，$C > B$ であっても，A が C と B の中間の値を取らないと，(1)，(2)式は同時には成立しない。劣確実性は十分条件ではないことがわかる。特に実験で観測される典型的な意思決定ウェイト π と価値関数 v の形状で，A が C と B の中間の値を取り，アレのパラドックスを説明できるかどうか，という問題がある。そこで実験で推定された典型的な数値例を見ていくことにする。

3.2　価値関数と確率ウェイト関数の推定

　トヴェルスキーとカーネマンは実験（心理学では実験と呼ばれるが，実際にはお金を支払わなかったので，経済学的には仮想質問アンケートと呼ばれる）の

データによって，価値関数と確率ウェイト関数を推定した。バークレイとスタンフォード大学から 25 人の大学院生（12 人は男性，13 人は女性）の参加者をリクルートした。参加者たちは意思決定理論について特別な訓練を受けていない。この実験は標本数も少ないし，対象が米国の有名大学の大学院生であるので，推定結果が一般性のないものとなっても不思議ではない。しかし，その後の膨大な数の実験でも，同様の結果が得られている。例えば，Tanaka, Camerer, and Nguyen（2010）はベトナムの低所得の村の，実際に参加者にお金を支払うフィールド実験で，同様の結果を得ている。

　トヴェルスキーとカーネマンの実験では，コンピュータの画面に，リスクのあるくじが提示される。典型的には（25％の確率で 150 ドルを得，75％の確率で 50 ドルを得る）というようなくじである。カーネマンたちは，このようなくじを「プロスペクト」と呼ぶ。画面には，リスクのあるプロスペクトの期待値も表示される。さらに，画面には，7 個の確実な利得，あるいは損失がプロスペクトの上限と下限の間で表示される。参加者は，リスクのあるプロスペクトと，ひとつひとつの確実な利得の，どちらを好むかを選ぶ。この実験手順によって，各参加者のリスクのあるプロスペクトの確実性等価を推定しようとした。さらに，この推定をより正確にするために，より確実性等価に近いと考えられる 7 つの新しい確実な利得（あるいは損失）が画面に提示され，同じ手順を繰り返した。具体的には，第 1 の手順で，プロスペクトに比べて好まれた確実な利得（あるいは損失）の最小値よりも 25％高い値と，プロスペクトに比べて拒否された確実な利得（あるいは損失）の最大値よりも 25％低い値の間で新しい 7 つの確実な利得（あるいは損失）が示された。

　カーネマンらは x を参照点（$x=0$）からの利得（$x \geqq 0$）または損失（$x<0$）として，価値関数の関数形を

$$v(x) = \begin{cases} x^{\alpha} & （x \geqq 0 \text{ のとき}） \\ -\lambda(-x)^{\beta} & （x<0 \text{ のとき}） \end{cases}$$

確率ウェイト関数の関数形を

$$w(p) = \frac{p^{\gamma}}{\{p^{\gamma}+(1-p)^{\gamma}\}^{1/\gamma}}$$

とし，利得局面と損失局面でパラメータ γ が別の値を取る可能性を許した。

表4-1　推定された確率ウェイト関数

p	0.01	0.05	0.1	0.2	0.35	0.36	0.4	0.5	0.6	0.8	0.99
$w(p)$	0.05	0.12	0.18	0.3	0.354	0.359	0.38	0.44	0.5	0.64	0.93

　各参加者のデータから，非線形回帰分析という統計手法を用いて，$\alpha, \beta, \lambda,$ γ というパラメータを推定し，各パラメータの中央値を論文で報告した。推定値は $\alpha = \beta = 0.88$，$\lambda = 2.25$，で，γ は利得局面で 0.61，損失局面で 0.69 であった。

　ここで本書では Prelec（1998）に従って簡単化のため，利得局面と損失局面の確率ウェイト関数は同一とする。そこで推定値の平均値の $\gamma = 0.65$ を典型的なパラメータ値として採用することとし，推定された確率ウェイト関数の性質を見ておく。表4-1 はいくつか p の値を選び，それぞれの値について $w(p)$ の値を計算したものである。この表では確率が 0.35 以下であれば，小さい確率が価値ベースでは過大評価され，確率が 0.35 よりも大きいと過小評価されている。また，$w(0.01) + w(0.99) = 0.05 + 0.93 = 0.98 < 1$，$w(0.2) + w(0.8) = 0.3 + 0.64 = 0.94$，$w(0.4) + w(0.6) = 0.38 + 0.5 = 0.88$ というように，劣確実性が見られる。

　価値関数のパラメータ値では，$\lambda = 2.25$ が損失回避性の度合いを表しており，同じ額の利得と損失を比べると，価値関数の傾きが損失では 2 倍以上となっている。次に $\alpha = \beta = 0.88$ について考えると，利得局面では価値関数の関数形は，期待効用理論での相対的危険回避度一定の効用関数と同じになっており，$\alpha = 0.88$ ということは，相対的危険回避度が $1 - \alpha = 0.12$ で一定である。前章で見たように期待効用理論では，相対的危険回避度は 1 以上でおよそ 2 が典型的な値と考えられている。つまりプロスペクト理論を用いると利得局面で比較的に低い値の相対的危険回避度を用いて実験で見られる典型的な意思決定を説明できることがわかる。

　ここでアレの実験結果を $\alpha = \beta = 0.88$，$\lambda = 2.25$，$\gamma = 0.65$ という典型的なパラメータ値で説明できるかどうか，補論2の累積プロスペクト理論の意思決定ウェイトで計算してみると，(2)式は成立するが，(1)式は成立しない。このように参照点の変化を考慮しない典型的なパラメータ値では，累積プロスペクト

理論はくじ2がくじ1よりも好まれることを予測し，アレの実験結果と矛盾している。

　そこで，くじ1とくじ2が提示されたとき，確実に1億円得ることが可能なので，提示された時点で参照点が即座に1億円プラスに移動すると仮定してみる。この場合には損失回避性と確実性効果もアレのパラドックスを説明することに寄与する。しかし上記の典型的なパラメータ値を用いて計算してみると，このような仮定のもとでも，(1)式は成立しない。しかし典型的なパラメータ値よりもかなり大きな損失回避パラメータの値を用いたり，あるいは，確率ウェイト関数の確率0.01のときの値を典型的な値よりもかなり大きくすると，プロスペクト理論で説明できる[4]。

　このようにプロスペクト理論では，参照点が現状のままとしても劣確実性があれば必ずしもアレのパラドックスの矛盾は生じない。さらに，参照点が確実に1億円得ることが可能なくじ1を提示された時点で動くことを仮定すると，損失回避性や確実性効果もアレのパラドックスを説明することに寄与する。しかし典型的なパラメータ値では，プロスペクト理論はアレのパラドックスを説明することができない。

4　心 理 会 計

　Thaler（1985）は，プロスペクト理論と密接に関連し，同時にこれを補強する理論として**心理会計**（mental accounting）を提唱した。プロスペクト理論を現実の問題に応用していくとき，さまざまな収入や支出は，心理的に狭く区分されていると考えると，現実での人々の行動をよりよく説明できる場合が多い。伝統的経済学では，「お金に色はついていない」ので，収入の方法の違いは支出に影響を与えない，と考えるのに対し，心理会計では，働いて得たお金と，宝くじで当たったお金は心理的に違う会計に入っている，というように，心理的な区分があると考える。支払いではセイラー（R. Thaler）は，通常予想され

　4）　これらの計算はスプレッドシートなどのコンピュータ・プログラムを用いて簡単に行うことができる。章末の練習問題 E-2 を参照。

るその財の納得のいく価格を参照価格と呼び，消費者はその参照価格から支払い金額を差し引いた「取引効用」を重視すると考えた。これに対し，伝統的経済学では，第1章で見たように消費者は自分がその財のために最大限支払ってもよいと思う額（willingness to pay：WTP）と価格を比べ，WTPの方が大きければ買う。

　セイラーは，次のような仮想質問のアンケート調査を用いて調べた。ビーチで喉が渇いたときに，友人にビールを買ってくるように頼むとする。ここで2つの場合に分けて質問する。(1)友人がホテルのバーで購入するなら，あなたはビールに最大限いくら支払うか。(2)友人がビーチの販売員から購入するなら，あなたはビールに最大限いくら支払うか。伝統的経済学の理論では，この2つの場合でWTPが変わる理由はない。

　実際のアンケート結果では，人々のWTPは，友人がホテルのバーで購入する場合の方が，はるかに高かった。心理会計の理論では，ビールの参照価格が，バーで購入する場合の方が高く，消費者は取引効用を重視するとして説明する。

　次に固定料金制について心理会計の理論で考えてみよう。電話料金や，インターネット接続料金などで，その都度サービスに対して料金を支払う従量料金と，一定期間のサービスに対して一括して支払う固定料金制がある。従量料金の方が，固定料金よりも節約できるときも，多くの人々が固定料金を好む傾向がある。それぞれのサービスについて区別された心理会計があり，そのサービスのための支払いがプロスペクト理論によって心理的に評価されるとする。すると従量料金では，支払いのたびに損失回避からの心理的費用がかかる。固定料金には，この心理的費用を分散させないで，一括してまとめるために，心理的費用を少なくする効果がある。

5　初期保有効果

5.1　初期保有効果の再検証

　第1章で説明したカーネマンらのマグカップの実験ではマグカップを与えられた参加者のWTAは与えられなかった参加者のWTPよりも高かった。長い

間，行動経済学ではこの実験結果の解釈はプロスペクト理論の損失回避の性質による初期保有効果（あるいは現状維持バイアス）として解釈されていた。この解釈は，参照点は常に初期保有であるという仮説に基づいている。この仮説に基づけばマグカップを与えられなかった参加者の初期保有はマグカップ 0 個である。マグカップを買うときには，価値関数の正の部分で評価する。これが WTP である。マグカップを与えられた参加者の初期保有はマグカップ 1 個である。マグカップを売るときには，価値関数の損失の部分で評価するので損失回避が働く。これが WTA であり，損失回避性のために WTA は WTP よりもかなり高くなると予測される。これが初期保有効果理論である。

Plott and Zeiler（2005）は，実験手順を変えるだけで，マグカップでの WTA と WTP の差が消えることを示した。マグカップの WTA と WTP をアンケート調査で報告させるだけでは，真の値を報告する誘因がない。マグカップを売り手と買い手の間で実際に競売にかけて，競売での売り値で WTA を，買い値で WTP を測ることもできる。しかし競売方法によっては，売り手が自分の真の WTA より高い売り値を提示すると得をしたり，買い手が自分の真の WTP より低い値を買い値で提示すると得をしたりする可能性がある。つまり嘘をつく誘因がある。

Becker-DeGroot-Marschak（BDM）メカニズムでは，売り手が自分の真の WTA を報告し，買い手が自分の真の WTP を報告することが一番得である。BDM メカニズムのように嘘をつく誘因を取り除いたものを，誘因両立性（incentive compatibility）を持つメカニズムという。BDM メカニズムにはいろいろな方法があるが，Plott and Zeiler が用いたのは次の方法である。

(1)価格リストの中から各ラウンドで無作為に価格をあらかじめ決めておく。(2)決められた価格より高いか同じ買い値を提出した買い手は決められた価格で取引する。(3)決められた価格より低い買い値を提出した買い手には何も取引が行われない。(4)決められた価格より低いか同じ売り値を提出した売り手は決められた価格で取引する。(5)決められた価格より高い売り値を提出した売り手には何も取引が行われない。

この BDM メカニズムでは価格は無作為に決められるので，買い手も売り手も嘘をつくことで価格を操作することができない。しかし参加者はこのことを

理解しないで誤解しているかもしれない。そこで Plott and Zeiler はトレーニングで数値例を挙げて説明した。まず 2 回の仮想の練習ラウンドを行った。次にくじを取引の対象に，実際にお金を取引する練習ラウンドを 14 回行い，その後にマグカップの実験ラウンドを行った。また匿名性がないと，他人が自分をどう考えるか，ということに影響を受けるかもしれない。そこで意思決定と支払いは匿名にした。WTA と WTP の差を測る実験は多くされてきたが，1. 誘因両立性を持つメカニズム，2. トレーニング，3. 支払いのある練習，4. 匿名性，という 4 つの性質をすべて満たす実験はなかった。

Plott and Zeiler の実験ではプラスチックのトラベルマグ（旅行用のマグカップ）が使われた。マグの実験ラウンドの最初に売り手も買い手もマグを手にして点検した。売り手はマグを所有していること，買い手はマグを所有していないことを告げられた。Plott and Zeiler の実験ではマグの WTA と WTP の差は，統計的に有意ではなかった。参照点が常に初期保有であるという仮定のもとでのプロスペクト理論がカーネマンらの実験での WTA と WTP の差を説明していたならば，実験手順を変えても差はなくならないと理論的に予測できる。したがって，Plott and Zeiler は自分たちの実験結果から，カーネマンらの実験では参加者が WTA や WTP について嘘をついていたり，他人の目を気にした，などの別の理由があったとして，初期保有効果理論による説明に疑問を投げかけた。

しかし Isoni, Loomes, and Sugden（2011）は Plott and Zeiler の論文へのコメントで，Plott and Zeiler の実験のデータでも，Plott and Zeiler の実験手順を用いた Isoni ら自身の実験でも，お金を賞品として支払うくじについては WTA と WTP の差が統計的に有意であることを示した。ところが財を賞品として支払うくじについては，WTA と WTP の差は有意ではなかった。初期保有効果以外の膨大な実験でも，お金を賞品とするくじについてはプロスペクト理論が結果をよく説明する。

5.2 交換実験による初期保有効果の検証

WTA と WTP を測ることは難しい面があるので，交換実験も初期保有効果の実験で用いられてきた。Knetsch（1989）は初期保有効果を見るための最初

の交換実験を行った。参加者は2つのグループに分けられた。第1グループはマグを与えられた。しばらくしてからキャンディー・バーを示された。参加者たちは持っているマグを，キャンディー・バー1個と交換できることが告げられた。マグをキャンディー・バーと交換したい参加者は「取引」と書いた紙を上げて提示した。第2グループはマグの代わりにキャンディー・バーを与えられた他は第1グループと同じであった。第1グループの76人のうち，89％は交換せずにマグを保持した。第2グループの87人のうち，90％は交換せずにキャンディーを保持した。この実験結果と同様の多くの実験結果は，従来は初期保有効果の存在を示す結果と解釈されてきた。

　しかしPlott and Zeiler（2007）は，交換実験でも実験手順を変えると初期保有効果と解釈される結果が消えることを示した。彼らの手順の変更は，4点に関する考察によってその必要性が示唆されたものである。

　第1の考察は実験者が初期保有として財Xを与えるときの言語に関するものである。Knetschのような標準的な実験のように，「Xはあなたのものです。あなたはXを所有しています。私はあなたにXを与えます」というような言語を用いると，参加者はXを実験者からの贈り物（gift）と捉えるかもしれない。参加者は，実験者からの贈り物としてマグに，他のマグと違う価値を感じるかもしれない。そこでPlott and Zeilerの実験では2つの手順が用いられた。最初の手順では「私はあなたにXをあげます。それは贈り物です。あなたはそれを所有しています。それはあなたの物です」という。もうひとつの手順では，「これらのXはあなた方の物です」とだけいい，また誰がどの財を受け取るかはコイン投げの結果で決まったことを告げた。従来の初期保有効果理論による説明なら，このような言語の違いは実験結果に影響を与えないはずである。しかし，贈り物と捉えたことが参加者の行動を説明する原因であるなら，言語の違いが結果に影響を与えると考えられる。

　第2にある財を与えられたことで，その財には相対的に高い価値があるという示唆を実験者から受けたと感じるかもしれない。標準的な実験では上記のように財を所有していることを強調するために，「自分の所有している財は相対的に高い価値があり，交換せずに持ち続けるべき，ということを実験者が自分に示唆している」と解釈されてしまうかもしれない。そこでPlott and Zeiler

の実験手順では用紙に「あなたが家に持ち帰りたい財に○をつけてください」と指示し，X，Y，どちらでもよい（I DON'T CARE）という 3 つの選択肢を与えた。標準的な実験手順では「私は X を保持したい」，「私は X を Y と交換したい」と叙述するのと対照的である。初期保有効果理論は，これらの変化で結果は変わらないと予測する。

第 3 の考察は選択時の初期保有財の位置に関するものである。初期保有として与えられた財が目前にあると，それをその財にはより価値があるというシグナルと受け取る可能性がある。財 X を初期保有として与えて点検させた後に，その財を別の財 Y と取り替えて，財 X が目前になくとも所有権は維持していることを伝えた。財 Y が目前にあることによって，交換のための取引費用もゼロになる。もし 2 財に対して無差別であれば，小さい取引費用があっても，選択に大きな違いが出る。そこで Knetsch の実験結果は取引費用で説明できる可能性がある。初期保有効果理論は，場所は関係ないと予測する。

第 4 の考察は選択の公示に関するものである。ある参加者たちの選択が公示されたときに，他の参加者たちは，それをどちらの財の方が価値があるかのシグナルと捉えることがありうる。シグナル伝達のカスケード現象（あることが次々に影響を及ぼしていくこと）が起こり，だんだん多くの参加者がある財を選ぶようになることが起こりうる。標準的な実験のように手を挙げさせることで選択を公示せず，用紙を用いることで，そのようなカスケード現象を防ぐことができる。初期保有効果理論が WTA と WTP の差をすべて説明するなら，用紙を使うかどうかの方法は実験結果に影響しないと予測する。

Plott and Zeiler は，ベースライン手順として標準的実験手順を用いることで Knetsch の結果を再現している。初期保有としてマグをもらった参加者の 84％がマグを持ち帰るのを選んだのに対し，初期保有としてペンをもらった参加者では 28％だけがマグを持ち帰った。この差は統計的に 1％という強い水準で有意である。ところが，上記 4 つの考察を全部コントロールする実験手順では，マグが初期保有の参加者は 54％が，ペンが初期保有の参加者は 67％がマグを選んだ。この差は統計的に有意ではないが，実験手順によって，差の結果が完全に逆転している。これと他の実験手順は同じで，選択時の初期保有財の位置だけを参加者の目前に置くことについてだけ手順を変えると，マグが初期

保有の参加者は 82％が，ペンが初期保有の参加者は 74％がマグを選んだ。この差は通常の有意水準では有意ではないが，18％の水準で有意であった。これらの結果は，選択時に財を所有しているかどうかより，財が目前にあるかどうかの方が財の価値の評価に影響することを示しており，初期保有効果理論と整合的ではない。

　Plott and Zeiler は財が目前にあるかどうかによる結果の違いを取引費用の有無で解釈したが，上述の Isoni らの論文のように WTP と WTA の差ではお金と財で大きな違いがあること，プロスペクト理論にはこれらの実験以外のさまざまな実験で支持する証拠があることを考え合わせると，別の説明が有力であるように思われる。

　Nakada（2012）はプロスペクト理論で財に対する愛着によって参照点が動くという理論を提唱して，これらの実験結果を説明している。財を手にとって自由に触ったり，近くにおいて目で眺めていると財に愛着がわいて参照点が左にシフトするが，お金自体に愛着がわくわけではないと考えると，本節で説明した実験結果を統一的に説明することができる。Plott and Zeiler の実験から初期保有効果理論には修正が必要であるが，愛着の変化など初期保有以外の要因による参照点の移動について考えると，プロスペクト理論を修正する必要はないと思われる。今後，参照点の決定がどのように決まっているか，理論と実験などの実証の両面から，初期保有効果と考えられていた実験結果についてさらなる研究が必要である。

6 プロスペクト理論の応用

　Camerer（2000）は，競馬において勝つ可能性がきわめて低いゆえに配当賞金の高い馬（つまり大穴）に賭ける人数が，期待効用理論では説明できないほどに多いことを指摘した。プロスペクト理論では，主に確率ウェイト関数を用いて説明可能である。大穴が勝利する確率はゼロではないので，確率ウェイト関数では，確率より高いウェイトを付与するからである[5]。カメレール（C. F. Camerer）は競馬の最終レースにおいて大穴を狙う人々が多いことも，プロス

ペクト理論で説明できるとする。競馬場に来る前の状態を参照点としている人々は，最終レース前の段階で損をしていれば，危険愛好の領域にいるからである。株式投資では，ある株を買った人が，その株の株価がかなり下がって，上がる見込みが少ないときも，その株を持ち続けることが多い。これも競馬の最終レースと同様に，損失回避と危険愛好の領域にいることで説明できる。

Camerer, Babcock, Loewenstein, and Thaler（1997）は聞き取り調査により，ニューヨーク市の個人タクシー運転手の労働時間を調べた。彼らは一時的に需要の低い日に長時間働き，一時的に需要の高い日には短時間働く傾向があったことを発見した。しかし伝統的経済学の需要・供給理論では，一時的に需要が大きく，時間当たりの労働所得も高い日には，タクシー運転手の労働供給は長時間になり，低い日には短時間になると理論的に予測する。カメレールらは，ニューヨークの運転手は，「日々の目標売上」を定めていて，それがプロスペクト理論による参照点となっていると考えた。その日の所得が参照点に達しないと，損失と認識される。そこで損失回避のために目標売上に達するまで長時間働く。

Farber（2005）はニューヨークのタクシー運転手の労働供給についての新しいデータを収集し，カメレールらのような大きな参照点の効果は見られないと主張した。Farber（2008）はこのデータで，参照点を含む労働供給モデルを推計し，モデルの所得の参照点に達すると，労働供給を止める傾向が見つかった。しかし，特定の運転手の参照点が日によって大きく変動し，また，ほとんどの場合，参照点に所得が達する前にシフトが終わってしまう。Farber はこれらの 2 点から参照点に依存する選好に，ニューヨークのタクシー運転手の労働供給に関して重要な役割は認められないとした。

Crawford and Meng（2011）は，Köszegi and Rabin（2006）の理論モデルを用い，時間と所得の参照点が合理的期待によって決まってくる労働供給モデルを推計した。彼らの所得の参照点は安定的で，Farber（2008）の「参照点が不安定」という批判を免れている

---

5) 宝くじへの参加率が，期待効用理論の予測よりも大きいことも，同様の説明が可能である。

⊗ おわりに

　アレのパラドックスを典型的なパラメータ値に近い値で説明したり，初期保有効果で説明できると考えられていた実験結果を説明したり，ニューヨークのタクシー運転手の行動を説明するためにも参照点の変化を考慮する必要があった。現時点でのプロスペクト理論の最大の欠点は参照点がどのように決まって変化しているかの理論がまだ完成していないことであろう。Köszegi and Rabin (2006, 2009) の将来の予測によって参照点が変化するモデルを合理的期待のアプローチによる理論や，Nakada (2012) の参照点と愛着の理論をさらなる実験などで実証しつつ発展させていく必要がある。また参照点が心理会計によって個々の意思決定問題によって違うと考えられるので，完全な参照点の理論はどのように心理会計が決まってくるかを説明する必要がある。

補論 1　効用関数の脳内表現

　実験心理学や生理学の分野でのこれまでの研究において，「報酬の大きさ」「報酬の不確実性」「報酬までの時間遅れ」などが意思決定に関わる報酬の属性として報告されている。ここで x を報酬の大きさ，p を報酬を得る確率，D を報酬までの時間遅れ，とすると，報酬は報酬，確率，時間遅れを評価する関数の積として

$$v(x)\,\omega(p)\,F(D)$$

と表現される。$F(D)$ は第 6 章で説明する時間割引関数と解釈できる。プロスペクト理論で解釈すると，$v(x)=v(x)$ は価値関数，$\omega(p)=w(p)$ は確率ウェイト関数である。期待効用理論で解釈すると，$v(x)=u(e+x)$ を初期保有 e を所与としたときの効用関数，$\omega(p)=p$ は確率である。つまり，報酬に基づく意思決定の脳機構を調べることは，効用関数[6]の脳内表現を調べることに他な

---

　6)　ここでの効用関数は，プロスペクト理論では $v(x)w(p)$，期待効用理論では $u(e+x)p$ のことである。

らないといえる。これまでの研究で，このような機能に関わる，いわゆる「報酬系」と呼ばれる脳部位が特定されつつある。

A1　報酬・損失に関わる脳部位

「報酬系」とは，報酬の情報処理に関連する脳部位の総称として用いられている。例えば，ジュースやお金などの報酬を用意し，特定の刺激と報酬の関係を学習させて，正しく反応したら報酬を与えるなど，報酬を得るためのさまざまな実験室的状況を作り出し，その際の脳の様子を測定することで同定される。これまで多くの実験で，線条体と呼ばれる脳の部位が報酬の情報処理に関連することを示す結果が報告されている。この線条体という部位は，大脳皮質の内側にある大脳基底核という組織の一部である。線条体は大脳皮質からの入力を受け，それを処理して視床などを経由して皮質に送り返すという役割をしている。また，前頭葉や頭頂葉といった特定の皮質も報酬に関わることがわかっている。線条体はドーパミンニューロン（ドーパミンを作る神経細胞）からの投射を強く受ける部位でもあることから，皮質から線条体を通るネットワークレベルで報酬の情報処理が行われていることが提案されている。

　報酬の反対は損失である。伝統的経済学では，損失は単にマイナスの報酬として表して報酬と対称的に取り扱うことが多い。Delgado et al.（2000）は，金銭的報酬と損失に関係する脳活動を fMRI で調べ，報酬では線条体に活動が見られたが，損失では線条体の活動が低下したと報告している。一方，報酬と損失は脳の異なるシステムで処理されていることを示す結果が得られている。Seymour et al.（2005）は，痛みの刺激を用いた条件付け実験で，島皮質の活動が罰の予測と相関があることを報告している。

A2　不確実性に関わる脳部位

　脳は，確率を読み取り，期待値を計算して，それをもとに意思決定をしている，という脳内メカニズムが明らかになりつつある。カメレールらのグループは，確率がわかっている「リスク」と，前章で説明した確率さえわからない「あいまいさ」を含む選択問題では，脳の異なる場所が活動したことを報告した（Hsu et al., 2005）。Newsome らのグループは，マッチングタスクを行って

いるときのサルの神経活動を記録し，頭頂葉の一部が確率を含んだ期待値の差分を表現しているという報告をした（Sugrue, Corrado, and Newsome, 2004）。またこの他にも，前頭葉の下部，眼窩皮質などいくつかの部位でも，確率を表現するニューロン活動が報告されている（Padoa-Schioppa and Assad, 2006）。

A3　プロスペクト理論との対応

Tom, Fox, Trepel, and Poldrack（2007）はより直接的に，プロスペクト理論の生物学的根拠を調べる実験を行った。彼らは，損失は利得の約 2 倍の心理的影響を与えるという点に着目し，ギャンブル課題中の脳活動を測定した。課題では，異なる値の利得と損失のギャンブルを提示し，参加者にそれをどれぐらい受け入れるかを 4 段階で評価させた。受け入れる確率から各参加者の危険回避度を推定したところ，1.93 と，ほぼこれまでのプロスペクト理論の実証研究と一致する値が得られた。脳活動を見ると，線条体に利得の大きさと正の相関，損失の大きさと負の相関を持つ活動が見られた。つまり線条体は，利得が大きいほど活動が高く，損失が大きいほど活動が低下することを意味する。さらに，線条体における利得に対する相関値と損失に対する相関値の差から，「脳活動における損失回避度」を定義したところ，この値が先ほど求めた行動から推定した損失回避度と正の相関を持つことがわかった。つまり，線条体の活動から求めた利得と損失に対する脳活動の感度の差が，実際の行動をうまく説明できることを示している。この結果は，損失回避は利得と損失に対する線条体の活動の非対称性に起因することを示唆している。

確率ウェイト関数に関する研究も行われている。Paulus and Frank（2006）は，確率に対する人間の非線形な認識に対応する脳活動を調べる実験を行った。プロスペクト理論の実証研究で用いられる，ギャンブル課題中の脳活動を測定し，選択行動から参加者の確率ウェイト関数を推定した。高い確率のギャンブルと低い確率のギャンブルでの脳活動の差分に注目すると，帯状回[7] ではこの差分が小さい参加者ほど，行動から求めた確率ウェイト関数の非線形性が大きいことがわかった。つまり，帯状回の活動から求めた確率に対する脳活動の感度の

---

7)　帯状回（Cingulate Cortex）は，左右の脳をつなぐ脳梁の辺縁に位置する部位である。競合の調停やモニタリング，共感などに関わるとされている。

差が，実際の行動をうまく説明できることを示している。この結果は，確率ウェイト関数は，確率に対する帯状回の活動の非線形性に起因することを示唆している。

補論2　累積プロスペクト理論

Tversky and Kahneman（1992）の累積プロスペクト理論では，くじの利得の大きさのランクに依存して確率ウェイト関数から，意思決定ウェイトを計算する。くじの利得の小さいものから大きいものに順番に並べて

$$X_{-m} < X_{-m+1} < \cdots < X_{-1} < X_0 = 0 < X_1 < X_2 < \cdots < X_n$$

とし，それぞれの利得の確率は，$p_{-m}, p_{-m+1}, ..., p_{-1}, p_0, p_1, p_2, ..., p_n$ であり，$w(p)$ を確率ウェイト関数とする[8]。意思決定ウェイトは

$$\pi_n = w(p_n)$$
$$\pi_{n-1} = w(p_{n-1} + p_n) - w(p_n)$$
$$\pi_i = w\left(\sum_{j=i}^{n} p_j\right) - w\left(\sum_{j=i+1}^{n} p_j\right)$$
$$\pi_0 = w\left(\sum_{j=0}^{n} p_j\right) - w\left(\sum_{j=1}^{n} p_j\right)$$
$$\pi_{-m} = w(p_m)$$
$$\pi_{-m+1} = w(p_{-m} + p_{-m+1}) - w(p_{-m})$$
$$\pi_i = w\left(\sum_{j=-m}^{-i} p_j\right) - w\left(\sum_{j=-m}^{-i-1} p_j\right)$$
$$\pi_{-1} = w\left(\sum_{j=-m}^{-1} p_j\right) - w\left(\sum_{j=-m}^{-2} p_j\right)$$

と表せる。最大化される目的関数は

$$\sum_{i=-m}^{n} \pi_i v(X_i)$$

である。このような意思決定ウェイトの計算方法は利得が正だけであったり，負だけであればショケ期待効用やランク依存型効用理論の理論から得られる（Gilboa, 2009, 第15, 16章，Dhami, 2017, 第2章を参照）。

---

[8]　本文に書いたように，本書では利得と損失で別の確率ウェイト関数が用いられる可能性は簡単のために無視している。

❖ 参 考 文 献

Camerer, C. F.（2000）"Prospect Theory in the Wild," in D. Kahneman and A. Tversky eds., *Choices, Values and Frames*, Cambridge University Press.

Camerer, C., L. Babcock, G. Loewenstein, and R. Thaler（1997）"Labor Supply of New York City Cabdrivers: One Day at a Time," *Quarterly Journal of Economics* 112（2）, pp. 407–441.

Crawford, V. P. and J. Meng（2011）"New York City Cab Drivers' Labor Supply Revisited: Reference-Dependent Preferences with Rational-Expectation Targets for Hours and Income," *American Economic Review* 101（5）, pp. 1912–1932.

Delgado M. R., L. E. Nystrom, C. Fissell, D. C. Noll, and J. A. Fiez（2000）"Tracking the Hemodynamic Responses to Reward and Punishment in the Striatum," *Journal of Neurophysiology* 84（6）, pp. 3072–3077.

Dhami, S.（2017）*The Foundations of Behavioral Economic Analysis*, Oxford University Press.

Farber, H. S.（2005）"Is Tomorrow Another Day? The Labor Supply of New York City Cabdrivers," *Journal of Political Economy* 113（1）, pp. 46–82.

Farber, H. S.（2008）"Reference-Dependent Preferences and Labor Supply: The Case of New York City Taxi Drivers," *American Economic Review* 98（3）, pp. 1069–1082.

Gilboa, I.（2009）*Theory of Decision under Uncertainty*, Cambridge University Press.（川越敏司訳『不確実性下の意思決定理論』勁草書房，2014 年）

Hsu M., M. Bhatt, R. Adolphs, D. Tranel, and C. F. Camerer（2005）"Neural Systems Responding to Degrees of Uncertainty in Human Decision-Making," *Science* 310（5754）, pp. 1680–1683.

Isoni, A., G. Loomes, and R. Sugden（2011）"The Willingness to Pay–Willingness to Accept Gap, the 'Endowment Effect,' Subject Misconceptions, and Experimental Procedures for Eliciting Valuations: Comment," *American Economic Review* 101（2）, pp. 991–1011.

Kahneman, D. and A. Tversky（1979）"Prospect Theory: An Analysis of Decision under Risk," *Econometrica* 47（2）, pp. 263–292.

Knetsch, J. L.（1989）"The Endowment Effect and Evidence of Nonreversible Indifference Curves," *American Economic Review* 79（5）, pp. 1277–1284.

Köszegi, B. and M. Rabin（2006）"A Model of Reference-Dependent Preferences," *Quarterly Journal of Economics* 121（4）, pp. 1133–1165.

Köszegi, B. and M. Rabin（2009）"Reference-Dependent Consumption Plans," *American Economic Review* 99（3）, pp. 909–936.

Nakada, M.（2012）"Attachment or Ownership: Reference Point Shifts and an

Experimental Test of Attachment," Keio/Kyoto Joint Global Center of Excellence Program DP 2012-012.

Padoa-Schioppa, C. and J. A. Assad (2006) "Neurons in the Orbitofrontal Cortex Encode Economic Value," *Nature* 441 (7090), pp. 223-226.

Paulus, M. P. and L. R. Frank (2006) "Anterior Cingulate Activity Modulates Nonlinear Decision Weight Function of Uncertain Prospects," *NeuroImage* 30 (2), pp. 668-677.

Plott, C. and K. Zeiler (2005) "The Willingness to Pay–Willingness to Accept Gap, the 'Endowment Effect,' Subject Misconceptions, and Experimental Procedures for Eliciting Valuations," *American Economic Review* 95 (3), pp. 530-545.

Plott, C. and K. Zeiler (2007) "Exchange Asymmetries Incorrectly Interpreted as Evidence of Endowment Effect Theory and Prospect Theory?" *American Economic Review* 97 (4), pp. 1449-1466.

Prelec, D. (1998) "The Probability Weighting Function," *Econometrica* 66 (3), pp. 497 -527.

Seymour, B., J. P. O'Doherty, M. Koltzenburg, K. Wiech, R. Frackowiak, K. Friston, and R. Dolan (2005) "Opponent Appetitive-Aversive Neural Processes Underlie Predictive Learning of Pain Relief," *Nature Neuroscience* 8 (9), pp. 1234-1240.

Sugrue L. P., G. S. Corrado, and W. T. Newsome (2004) "Matching Behavior and the Representation of Value in the Parietal Cortex," *Science* 304 (5678), pp. 1782-1787.

Tanaka, T., C. F. Camerer, and Q. Nguyen (2010) "Risk and Time Preferences: Linking Experimental and Household Survey Data from Vietnam," *American Economic Review* 100 (1), pp. 557-571.

Thaler, R. (1985) "Mental Accounting and Consumer Choice," *Marketing Science* 4 (3), pp. 199-214.

Tom, S. M., C. R. Fox, C. Trepel, and R. A. Poldrack (2007) "The Neural Basis of Loss Aversion in Decision-Making Under Risk," *Science* 315 (5811), pp. 515-518.

Tversky, A. and D. Kahneman (1992) "Advances in Prospect Theory: Cumulative Representation of Uncertainty," *Journal of Risk and Uncertainty* 5 (4), pp. 297-323.

◇ 練 習 問 題

(E-1 選択式問題)

1. 参照点がくじの提示によって動かない場合に，アレのパラドックスとプロスペクト理論について，最も的確な答えをひとつ選べ。

    A) プロスペクト理論で，確率ウェイト関数に劣確実性があるかぎり，どのような価値関数の関数形とパラメータ値を使っても，アレのパラドックス

を説明できる。

B) プロスペクト理論で，確率ウェイト関数に劣確実性がなくても，価値関数の関数形とパラメータ値によっては，アレのパラドックスを説明できる。

C) プロスペクト理論で，確率ウェイト関数と価値関数の関数形とパラメータ値によっては，アレのパラドックスを説明できる。

2. 本章の本文で用いたアレのくじについて，プロスペクト理論でくじ1とくじ2が提示された瞬間に参照点が1億円上昇するが，くじ3とくじ4の提示によっては参照点が動かないとする。この場合に，アレのパラドックスとプロスペクト理論について，最も的確な答えをひとつ選べ。

A) プロスペクト理論で，確率ウェイト関数に劣確実性があるかぎり，どのような価値関数の関数形とパラメータ値を使っても，アレのパラドックスを説明できる。

B) プロスペクト理論で，確率ウェイト関数に劣確実性がなくても，価値関数の関数形とパラメータ値によって損失回避の程度が十分に大きければ，アレのパラドックスを説明できる場合がある。

C) 参照点が動く場合も，プロスペクト理論で，確率ウェイト関数に劣確実性がなければ，どのような価値観数の関数形とパラメータ値を用いても，アレのパラドックスを説明できない。

3. プロスペクト理論の価値関数について，最も的確な答えをひとつ選べ。

A) 価値関数 $v(x)$ の独立変数 x は，所得の絶対的な水準である。

B) 価値関数 $v(x)$ の独立変数 x は，参照点からの変化である。

C) 損失回避性のため価値関数 $v(x)$ の傾きは x が正であるときより，負であるときの方が大きい。

D) 損失回避性のため価値関数 $v(x)$ の傾きは x が正であるときより，負であるときの方が小さい。

E) 感応度逓減の性質から，価値関数は利得の局面では危険回避的，損失の局面では危険愛好的である。

F) 感応度逓減の性質から，価値関数は利得の局面では危険愛好的，損失の局面では危険回避的である。

G) A)とD)とE)。

H) B)とC)とE)。

I) B)とC)とF)。

4. プロスペクト理論の意思決定ウェイトについて，その性質が典型的な確率ウェ

イト関数の性質と一致している場合について，最も的確な答えをひとつ選べ。

A） 確実性効果により，確率が1のときは価値ベースの確率も1と評価するが，事象の確率が1より少し下がると，価値ベースの確率 $\pi(p)$ は客観的確率 p よりも低い。

B） 確実性効果により，確率が1のときは価値ベースの確率も1と評価するが，事象の確率が1より少し下がると，価値ベースの確率 $\pi(p)$ は客観的確率 p よりも高い。

C） 確実性効果により，確率が0のときは価値ベースの確率も0と評価するが，事象の確率が0より少し上がると，価値ベースの確率 $\pi(p)$ は客観的確率 p よりも低い。

D） 確実性効果により，確率が0のときは価値ベースの確率も0と評価するが，事象の確率が0より少し上がると，価値ベースの確率 $\pi(p)$ は客観的確率 p よりも高い。

E） 劣確実性により，$\pi(p)+\pi(1-p)<1$。

F） 劣確実性により，$\pi(p)+\pi(1-p)>1$。

G） A）とC）とF）。

H） A）とD）とE）。

I ） B）とC）とF）。

J ） B）とD）とE）。

（E-2 記述式問題）

　下記の1〜4番の問題でくじ1は（1000, 0.6; −1000, 0.4），つまり確率0.6で1000円をもらい，確率0.4で1000円を支払う。くじ2は（0, 1），つまり確実に0円もらう，くじ3は（50000, 0.8; 0, 0.2），くじ4は（30000, 1）。これらの問題のために「期待効用理論数値例」と「プロスペクト理論数値例」の教材タイトルで，Microsoft Excel ファイルが本教科書のためのウェッブページ（http://yuhikaku-nibu.txt-nifty.com/blog/2014/03/behavioral_econ.html）にアップロードされている。下記の数値例の問題では，練習のためプロスペクト理論の意思決定ウェイトが累積プロスペクト理論での典型的な $\gamma=0.65$ での確率ウェイト関数と一致していると仮定する。

1. 上記のくじ，1，2について，期待効用理論で相対的危険回避度が一定として，どちらのくじが選ばれるかを，初期資産が1万円のときと，1000万円のとき，相対的危険回避度が，0.01, 0.12, 0.9, 1, 5, 10 のときについて，それぞれ Excel で計算して答えよ。「期待効用数値例」のファイルを修正して答えてよい。

2. 上記のくじ，3，4 について，期待効用理論で相対的危険回避度が一定として，どちらのくじが選ばれるかを，初期資産が 1 万円のときと，1000 万円のとき，相対的危険回避度が，0.01, 0.12, 0.9, 1, 5, 10 のときについて，それぞれ Excel で計算して答えよ。「期待効用数値例」のファイルを修正して答えてよい。

3. 上記のくじ，1，2 について，プロスペクト理論で本文で用いた典型的なパラメータ値を用い，どちらのギャンブルが選ばれるかを，Excel で計算して答えよ。「プロスペクト数値例」のファイルを修正して答えてよい。

4. 上記のくじ，3，4 について，プロスペクト理論で本文で用いた典型的なパラメータ値を用い，どちらのギャンブルが選ばれるかを，Excel で計算して答えよ。「プロスペクト数値例」のファイルを修正して答えてよい。

5. 本文で用いたアレのくじについて，プロスペクト理論で参照点の変化はないものとし，$\pi(0.89) = 0.26$ とし，他のパラメータの値は本文で用いた典型的なパラメータ値を用いると，アレのパラドックスを説明できるか。Excel で計算して答えよ。

6. 本文で用いたアレのくじについて，プロスペクト理論でくじ 1 と 2 が提示された瞬間に参照点が 1 億円上昇するとし，$w(0.01) = 0.2$，$w(0.1) = 0.21$，$\lambda = 4$ とし，他のパラメータの値は本文で用いた典型的なパラメータ値を用いると，アレのパラドックスを説明できるか。Excel で計算して答えよ。

7. アレのパラドックスがなぜ起こるかをプロスペクト理論の確率ウェイト関数の考えを使って説明せよ。具体的には，ある人が，プロスペクト理論に従って行動しているときに，その人の確率ウェイト関数がどのような性質を持っていれば，本文で用いたアレのくじについて，「アレのパラドックス」と呼ばれる選択をするかを説明せよ。

8. アレのパラドックスがなぜ起こるかをプロスペクト理論の参照点の考えを使って説明せよ。具体的には，ある人が，プロスペクト理論に従って行動しているときに，その人の参照点がどのように決定されて，その人の価値観数がどのような性質を持っていれば，本文で用いたアレのくじについて，「アレのパラドックス」と呼ばれる選択をするかを説明せよ。

第5章

限定合理性

❖ はじめに

本章では第 1 章で触れた経済人的合理性について，現実の人間については，どのように考えていけばよいか，という問題について考える。特に，無限の認識能力を持つと仮定されている経済人と異なり，有限の認識能力しか持っていない現実の人間が持ちうるかぎりでの合理性ということに注目する。ここで認識能力とは，論理展開能力と計算能力などのことである。有限の認識能力のための限定された合理性のことを**限定合理性**と呼ぶ。限定合理性は，感情に支配されたためにまったく理性的に行動できない，というような非合理性とは別の概念なので注意する必要がある。行動経済学は一般書では非合理性と結び付けられることが多いし，非合理性も実験などで研究されてきたが，これまでの学問としての行動経済学の合理性に関する研究の主流は限定合理性に関するものである。

1 美人コンテスト・ゲーム

経済人的合理性では，論理を展開するときの思考のステップを，一瞬にして無限に進めていくことができると仮定されている。限定合理性では，現実の人間は，思考を進めていくときのステップが有限で終わる可能性を考慮する。このことを説明するために Nagel（1995）の**美人コンテスト・ゲーム**（beauty contest game）を取り上げる。このゲームは平均値推測ゲームとも呼ばれる。多数の参加者が同時に 0 から 100 までの数字をひとつ選んで投票する。参加者の選んだ数の平均値 X に正の数 p をかけて，pX に一番近い数字に投票した人が勝者となる。p が例えば 2/3 なら，「$(2/3)X$ に近い人が勝者となる」，というようにあらかじめ参加者全員に伝えておく。勝者が受け取る賞金額も，あらかじめ参加者全員に伝えておく。もし，まったく同じ数に投票した参加者が複数いるときは，賞金は同額に分割する。

　このゲームが美人コンテスト・ゲームと呼ばれるのは，Keynes（1936, p.156）の美人コンテストのたとえの本質を捉えているからである。ケインズ（J. M. Keynes）は，株式市場は最も多くの票を集めた女性に投票した人が勝者となる美人コンテストのようである，とした。このような美人コンテストで勝つためには，自分がどの女性が美人と考えるかは重要ではない。まず思考の最初のステップは他の人たちは平均的にどの女性を美人と考えるか，ということである。思考の 2 番目のステップは，平均的な人は，他の平均的な人がどの女性が美人と考えるか，ということである。さらに思考のステップを次の段階に進めていくことがある。ネイジェル（R. Nagel）の平均値推測ゲームで勝つためにも，同様に他の人の考えについて思考を進めることが必要である。

　すべてのプレイヤーが経済人であって $p<1$ であると仮定すると，このゲームのナッシュ均衡はひとつしかなく，それは，すべてのプレイヤーが 0 を選んで投票し，すべてのプレイヤーが勝者となって賞金を同額に分割する，というものである。他のすべてのプレイヤーが 0 を選んでいれば，自分がそれより高い数を選べば勝者にはなれないので，0 を選ぶのが最適になる。したがって，すべてのプレイヤーが 0 を選ぶのはひとつのナッシュ均衡である。他にはナッシュ均衡がないかどうか考える前に，実際のプレイヤーの思考のステップがどのようなものになるかを考えてみよう。

　ネイジェルは，思考のステップについて，ひとつの限定合理性理論モデルを提唱した。まず他のプレイヤーの行動についてまったく思考しないで数字を選ぶなら，無作為に 0 から 100 までの数字をひとつ選ぶことになる。これが思考のステップの第 0 段階である。思考のステップの第 1 段階は，他のすべてのプレイヤーが思考のステップの第 0 段階で数字を選ぶなら，どうすれば自分が勝

てるかを考える。数字が無作為に選ばれるときの平均は 50 になるので，自分は $50p$ を選べばよい。例えば $p=1/2$ のゲームであれば，この段階では 25 を選ぶ。思考のステップの第 2 段階は，他のすべてのプレイヤーが第 1 段階の思考をしているとすれば，彼らは $50p$ を選ぶので，$50p$ が平均となる。したがって，$50p^2$ を選べばよい。例えば $p=1/2$ のゲームであれば，この段階では 12.5 を選ぶ。同様に，思考のステップの第 k 段階では，他のすべてのプレイヤーは第 $(k-1)$ 段階の思考をしていると仮定する。この場合は，$50p^k$ を選べばよいことになる。

　プレイヤーがこの思考のステップを無限に続けていくと，$50p^k$ は限りなく小さくなって 0 に近づいていく。したがって，プレイヤー全員が経済人であって，この思考のステップを無限に続けていくなら，0 を選ぶことになる。理論的にはプレイヤーが，このネイジェルのモデルで考えた以外の思考のステップを採用することを考える必要があるし，思考の段階が違う人たちが多くいてもよいので，この議論は証明ではないが，思考を無限に進めていく経済人のみが参加するなら，ナッシュ均衡では皆が 0 を選ぶしかないことが直観的に理解できよう。

　また，現実の実験参加者も，当然上記のネイジェルのモデル以外の方法で思考のステップを進めているかもしれない。だが，ここではネイジェルのモデルをベンチマークとして使い，選択された数字が $50p^k$ に近ければ，上記の思考方法で，第 k 段階まで思考を進めたと解釈することは有用であろう[1]。

　ネイジェルの実際の実験で $p<1$ の場合では $p=1/2$ と $p=2/3$ の結果が報告されている。ネイジェルは $p=1/2$ で 3 回，$p=2/3$ で 4 回，実験セッションを行った。各実験セッションでは 4 回ずつ同じ参加者に実験を繰り返した。初回の実験では選ばれた数のほとんどは，$50p$ と $50p^2$ の間にあった。つまり最初の実験でのほとんどの参加者の思考のステップは，おおよそ第 1 段階と第 2 段階で止まっていたと考えられる。具体的には $p=1/2$ のときの初回の 3 つの実験セッションで選ばれた数の中位数は 17 で，第 1 段階のネイジェルのモデルからの予測値 25 と第 2 段階の予測値 12.5 の間にあった。$p=2/3$ のときに中

---

1)　自分以外のプレイヤーたちの思考段階が同一ではなく，ある分布をしていると考えるもっと複雑な思考方法の理論が Camerer, Ho, and Chong（2004）によって提唱されている。

位数は 33 で，これも第 1 段階のモデルの予測値，$50 \times (2/3) = 33.333\cdots$ と第 2 段階の予測値 $50 \times (2/3)^2 = 22.222\cdots$ の間にあった。

実験を繰り返すうちに，多くの参加者は，より小さい数字を選ぶようになった。$p = 1/2$ の 3 つのセッションで第 4 回の実験のときに選ばれた数の中位数は，それぞれ 2, 0.98, 0.97 であった。$p = 2/3$ の 4 つのセッションで第 4 回の実験のときに選ばれた数の中位数は，それぞれ 10, 3, 8, 8 であった。ネイジェルのモデルによって解釈すると，参加者は，経験を積むにつれて，思考をより先の段階に進めるようになる。

ネイジェルの実験結果から，いくつかの教訓を得ることができる。まずネイジェルの実験では，どのセッションでも 0 を選ぶことは勝利につながらなかったことが報告されている。他のすべてのプレイヤーが経済人であるという仮定のもとで，無限に思考を進めていくと，0 を選ぶことになるのが，経済人的合理性である。しかし，現実には，他のプレイヤーは経済人ではないのである。仮定が間違っているのだから，いくら無限に思考を進めても，ゲームに勝利する結果が得られなくとも当然である。第 1 章でも触れたように経済人的合理性は，場合によってはお金を儲けるという経済人の目的さえ達成できないような，「合理性」であり，本来の意味での合理性とは異なっている。

次に，現実の人間は無限に思考を進めていくどころか，自分の経験したことのないことに関しては思考のステップが第 1 段階や第 2 段階くらいの浅いところで止まってしまうことが多い。自分の経験したことのない問題に直面するときには，人間にはこのような傾向があることを知って，注意して思考を深めるようにしたり，その問題を経験したことのある周りの人々から学んだり，歴史を調べたりする必要があろう。例えば，現在の日本は経験したことのない高齢化社会に世界の歴史でも例のない速度で突き進んでいる。これに関連して，国債残高が大きく膨らんでいる。これらの問題について日本人は特に深く考える必要がある。他の多くの国々でも高齢化が進んでいるので，日本がこの問題にうまく取り組むことができれば，他の国々にもよい先例を与えることができる。この問題を考えるときには，異世代間のつながりがどのようであるかを考える必要があるので，第 12 章補論 1 で取り上げることにする。

2 思考費用と無限回帰問題

　前節で見たように，現実には人は思考のステップを無限には進めない場合が多い。このひとつの理由は，思考のステップを進めるためには時間や労力などの費用がかかるということが考えられる。この費用を**思考費用**（deliberation cost）と呼ぶ。伝統的経済学では思考費用は 0 であると仮定されているため，モデルの中の経済人は無限の思考ステップを一瞬にして進めることになる。しかし思考費用がある場合には，経済モデルに限定合理性を取り入れる必要が生じる。本節では，Conlisk（1996）の概観論文に基づいて思考費用がある場合の意思決定モデルを考える際に生じる困難な問題について説明する。

　まず思考費用が 0 である場合の最適化問題のモデルを考え，これをモデル 1 と呼ぶ。次にこのモデル 1 の最適化問題を経済主体が解くためには思考費用がかかることを考慮したモデルをモデル 2 と呼ぶ。しかし思考費用が存在する以上，モデル 2 の最適化問題を解くためにも思考費用がかかるはずである。そこで，その思考費用を考慮したモデルをモデル 3 と呼ぶ。このようにある思考費用を考慮したモデルに対し，そのモデルの最適化問題の思考費用を考慮した次の段階のモデルが必要になることを回帰問題と呼ぶ。しかし，モデル 3 の最適化問題の思考費用を考慮したモデル 4 が必要になり，さらに，次の段階もモデルが必要になり，回帰問題は無限に続く。これが**無限回帰問題**（infinite regress problem）である。

　無限回帰問題は，思考費用を考慮した場合には最適化モデルを用いる経済学的アプローチには限界があることを示している。例えば上記の例で，思考費用を 1 段階だけ考慮したモデル 2 を分析することは可能であるが，その場合は無限回帰問題を回避するためにアドホックな仮定を置いた分析であることを理解しておく必要がある。そこで限定合理性に対して，最適化モデルを用いず，概念を明確化して実験などの手法で現実への適用性を確かめていく心理学的アプローチが有力である。

3 心理学的アプローチ

　ノーベル経済学賞記念講演で，カーネマン（D. Kahneman）はトヴェルスキー（A. Tversky）との意思決定の共同研究に基づいて限定合理性下の心理学的アプローチについて説明している。彼らは限定合理性を特徴づけるものとして，人間の直感について考えて研究を進めた。人間と他の動物は共通の知覚メカニズムを持つが，おそらく人間だけが推論メカニズムを持つ。彼らは知覚メカニズムから推論メカニズムに進化する間の橋渡しとして直感メカニズムを考えた。直感には何らかの制約があり，さまざまな点で知覚の特徴を反映するものであろうと考えた。知覚には直接利用できる特徴・属性と，利用できない特徴・属性がある。例としてトランプひと組を箱から取り出すところを想像してみる。知覚が直接利用できる特徴としては，(1)トランプ1枚の面積はどのくらいかや，(2)トランプひと組の厚さはどのくらいか，がある。知覚が直接利用できない特徴には，(3)ひと組分のトランプ全部を足した面積はどのくらいか，がある。(1)と(2)の質問の答えは知覚から生じ，直感的判断ができる。(3)の質問では直感メカニズムは使えないので，推論メカニズムを使う必要がある。

　将棋の名人がゲームの形勢を瞬時に見抜くのは直感による。このように熟練した直感は高度なことができる。しかし同時に，直感は系統だったバイアス（判断の偏り）やエラーを犯す傾向を持つ。

　知覚のひとつの性質は，変化するものに集中し，状態が同じであればそういう物事は基本的に無視することである。簡単な実験として洗面器を3つ用意して，ひとつには冷たい水，2つ目には温かいお湯，3つ目にはその中間の温度の水を入れる。一方の手を冷たい水の洗面器に，もう一方の手を温かいお湯の洗面器に浸けて，しばらくそのままでいる。その後で，中間の温度の水に両手を入れる。一方の手はとても温かく感じ，もう一方の手はとても冷たいと感じる。知覚のこのような性質を考慮して，意思決定におけるさまざまなバイアスを予想し，実験やアンケートの手法を用いて限定合理性下の意思決定が研究されてきた。このような心理学的考察が，経済学的な最適化問題の形成のアプローチにつながる場合もある。例えば，プロスペクト理論の価値関数が参照点

の変化を評価するという発想は，知覚のこの特性が意思決定に影響するだろうという予測から生じた。

4 フレーミング効果

　合理的に認知して意思決定するならば，理性的に同一の内容がどのように伝達されるかは意思決定に影響を及ぼさない。しかし伝達するための枠組み（フレーミング）を変えると知覚メカニズムが注目することがらが違ってくる。例えば，知覚メカニズムの考えに基づいたプロスペクト理論の確率ウェイト関数を考慮すると，2つの選択肢で確実な方にはより高いウェイトが置かれることから，フレーミングによって意思決定が違ってくることが考えられる。つまり知覚メカニズムが影響するなら，推論メカニズムにとって同一内容の情報が伝達の際のフレーミングの違いによって，意思決定に影響する**フレーミング効果**が存在することが予測される。フレーミング効果を示す実験としてカーネマンらは次の仮想的なアジア病の質問を用いた。

　「米国が 600 人を死亡に至らせると予測される特殊なアジア病への対処を準備していると想像してください。二者択一的な 2 つの代案が提案されています。それぞれの案の結果の正確で科学的な推定が下記のように得られていると仮定してください。A 案が採用されると 200 人が救われる。B 案が採用されると 3 分の 1 の確率で 600 人が救われ，3 分の 2 の確率で誰も救われない。」このように聞かれると大多数の人々は A 案の方が B 案よりも好ましいと答える。危険回避の選好が見られる。ところが質問の最後の部分を「A 案が採用されると 400 人が死ぬ。B 案が採用されると 3 分の 1 の確率で誰も死なず，3 分の 2 の確率で 600 人が死ぬ。」と変えて聞かれると，大多数の人々は B 案の方が A 案よりも好ましいと答える。この場合は危険愛好の選好が見られる。

　2 つの聞き方は実質的には A，B 案について同じ内容を伝えているが，現実の意思決定には，伝達内容が実質的に同じであっても伝え方の枠組みに影響を受けるフレーミング効果が存在する。プロスペクト理論での参照点がどこに設定されるかを考えるとこのフレーミング効果を説明できる。最初の聞き方では

「救われる」ことに重点が置かれ，参照点は 600 人が死亡するという状況に設定される傾向がある。そこで救われることが価値関数の利得局面で評価される。2 番目の聞き方では「死ぬ」ことに重点が置かれ，参照点は救われるということに置かれる傾向がある。そこで死ぬことが価値関数の損失局面で評価される。

5 ヒューリスティックス

5.1 ヒューリスティックスの定義

推論によらない直感を用いた発見的な判断の方法を**ヒューリスティックス**（heuristics）と呼ぶ。Tversky and Kahneman（1974）は，不確実性下のヒューリスティックスを調べ，**代表性**（representativeness），**利用可能性**（availability），**アンカリング**（anchoring）の 3 種類を提唱した。Kahneman and Frederick（2002）はヒューリスティックスの定義を不確実性のない場合にも拡張し，**属性代替**を用いた判断方法を，ヒューリスティックスの新しい定義とした。属性代替とは，判断に用いる目標属性を，より簡単に心に浮かぶ別の属性（ヒューリスティック属性）に置き換えることである。Tversky and Kahneman（1974）の，代表性と利用可能性ヒューリスティックスは属性代替の特殊ケースである。

5.2 代表性ヒューリスティックス

代表性ヒューリスティックスでは，「何かが特別なカテゴリーに属する確率」という属性を「何かが特別なカテゴリーの代表的なものに類似しているか」と置き換えて判断する。属性代替ヒューリスティックスのひとつといえる。例として「ある人が特別なカテゴリーに属する確率」という属性を「ある人は特別なカテゴリーの代表的な人に類似しているか」と置き換えて判断してしまう場合を見ておこう。Tversky and Kahneman（1983）の実験では，参加者たちに，

リンダは 31 歳，独身で，社交的かつ明朗な性格の持ち主です。彼女は学生時代には哲学を専攻し，差別や社会正義について深い関心を持ち，反核運動にも参加していました。以下の 8 つの記述について，最もありうるものに1，最もありえないものに 8 という基準で評価を行ってください。

a．リンダさんは小学校の教師である。

　　b．リンダさんは書店に勤務し，また，ヨガに通っている。

　　c．リンダさんはフェミニズム運動家である。

　　d．リンダさんは精神病院に勤めている。

　　e．リンダさんは「女性有権者の会」会員である。

　　f．リンダさんは銀行の窓口係である。

　　g．リンダさんは保険外交員である。

　　h．リンダさんは銀行の窓口係でフェミニズム運動家である。

という課題を与えた。ここで選択肢 h「リンダさんは銀行の窓口係でフェミニズム運動家である」は，選択肢 c および選択肢 f の結合事象（事象 A，B があるときに，A かつ B という事象）である。確率論による結合のルールでは，選択肢 h の確率は選択肢 f の確率よりも小さいか等しいはずである。ところが，選択肢 f「リンダさんは銀行の窓口係である」に参加者たちが与えた得点の平均は 4.3 点で，選択肢 h の平均得点は 3.2 点であった（平均得点が低い方が「ありうる」と評価している人が多いことに注意）。このような評価を受けているのは，確率論と矛盾する。平均的な参加者は，「リンダさんが選択肢のカテゴリーに属している確率」を聞かれているのに，「リンダさんは選択肢のカテゴリーに属している代表的な人と似ているか」に置き換えて判断して答えたと考えられる。

　代表性ヒューリスティックスのもうひとつの例として，「ある事象の起こる確率が高い」という目標属性を，「その事象が起こる数が多い」という類似した代表的な属性に代替してしまうことがある。Tversky and Kahneman（1974）の実験では，参加者たちに，

　　ある町に 2 つの病院があります。大きい方の病院では毎日約 45 人の赤ちゃんが生まれます。小さい方の病院では毎日約 15 人の赤ちゃんが生まれます。あなたもご存知のようにすべての赤ちゃんのうち男の子の割合は約 50％です。しかし，正確な割合は日々変動します。時には 50％よりも高い日もあり，低い日もあります。

　　1 年間に，それぞれの病院で生まれた赤ちゃんのうち，男の子の割合が 60％を超える日を記録しました。どちらの病院がそのような日を多く記録し

たと思いますか？

という課題を与えた。参加者の大学生のうちの53％が「ほぼ同じ（すなわち，互いの5％以内）」と答えた。しかし確率論で合理的に考えると，小さい病院の方が男の子の生まれる確率が60％以上の日がかなり多いことになる。これは標本数が小さい方が平均値（50％）からのバラツキがより大きいからである。多くの人々は確率論で論理的に考えるのではなく，これらの事象は同じ統計量で表現されるので，小さい病院も大きい病院も同じように全体を代表するであろう，という代表性のヒューリスティックスで考えていると思われる。

5.3 利用可能性ヒューリスティックス

利用可能性ヒューリスティックスでは，ある事象の確率（目標属性）を，その状況がどれくらい頭に浮かびやすいかというヒューリスティックス属性と置き換える。例として Tversky and Kahneman（1974）の「辞書の3語以上の英単語のうちrで始まる語と3番目の文字にrが来る単語を比べた場合どちらが多いか？」という質問を考えてみよう。多くの人々は，この質問に，「rで始まる語の方が多い」と答えるが，実際には3番目の文字にrが来る単語の方が多い。rやkのような子音は，3番目の文字に来ることの方が多い。しかし，人々はrで始まる語の road や，3番目の文字にrが来る語の car を思い出すことによって答えようとする。rで始まる語の方が思い出しやすいために，利用可能性ヒューリスティックスが誤った判断をする。

5.4 アンカリング

人は判断するときに，まず初期値から始めて，それを修正することがある。初期値をアンカー，修正が十分されず判断が初期値に影響されることをアンカリング効果と呼ぶ。Tversky and Kahneman（1974）の挙げた例では，まず参加者の前で0から100までの数を，大きなルーレットのようなものを回して無作為に与える。その後に「国際連合の加盟国中のアフリカの国のパーセンテージは？」と質問する。まず与えられた数より答えの数が大きいか小さいかを答え，その与えられた数から上に動くか下に動いて答えの数を推定するように指示する。10の数が無作為に与えられたグループの答えの中位数は25で，65の

数が無作為に与えられたグループの答えの中位数は 45 であった。このように無作為に与えられた数が判断に影響を与えた[2]。同じ論文の別の例では高校生の 2 つのグループが，計算結果を 5 秒以内に推定する課題が与えられた。ひとつのグループは

$$8 \times 7 \times 6 \times 5 \times 4 \times 3 \times 2 \times 1$$

の計算結果を，もうひとつのグループは

$$1 \times 2 \times 3 \times 4 \times 5 \times 6 \times 7 \times 8$$

の計算結果を推定した。どちらも正解は 40320 であるが，1 番目のグループの答えの中位数は 2550，2 番目のグループの答えの中位数は 512 であった。左の方の数の掛け算の答えをアンカーとして，アンカリングと修正を行ったと考えられる。

　Northcraft and Neale（1987）による不動産のフィールド実験では，経済学で重要な価値評価の判断が専門家によってなされる場合でもアンカリング効果があることが示された。

　参加者の不動産業者はある家に関する資料を渡され，実物を見学したうえで価格を査定する。資料は部屋数，広さなどの項目を掲載しており，希望販売価格以外はすべて同じである。希望販売価格は 6 万 5900 ドル，8 万 3900 ドルの 2 種類であった。低い希望販売価格が提示された不動産業者の査定価格は，高い希望販売価格が表示された不動産業者の査定価格よりも低かった。差が 7000 ドル（約 70 万円）を上回った。明らかに希望販売価格がアンカーとなって，アンカリング効果があった。参加者たちは，何を評価の参考にしたかを質問された。提示された希望販売価格を参考にしたトップ 3 のひとつに挙げた不動産業者はほとんどいなかった。つまり専門家であっても，無意識のうちにアンカリング効果の影響を受けている。

　「アンカリングと修正」の判断法は Tversky and Kahneman（1974）の論文ではヒューリスティックスの一種と考えられていた。しかし「アンカリングと修正」の判断法は属性代替とは異なるのでヒューリスティックスの新定義にはあてはまらない。属性代替によるヒューリスティックスが初期値を与え，その初

2）　実験時の正解は論文に書かれていないが，2006 年の正解は約 28% であった。

期値をもとに「アンカリングと修正」の判断法が用いられる場合が多いと考えられる。

5.5　合計と平均値の属性代替

　属性代替の重要な例は合計を平均値に置き換えてしまうことである。意思決定のタスク（課題）の多くは，あるひと組のグループの中の価値の合計をどう評価するかによって決定を下すべきである。しかしグループの価値の合計は直感的にはわからない。そこで平均値を用いてしまう。

　Hsee（1998）の実験がこの属性代替の例である。参加者は，在庫一掃セールにかけられた食器類のセットに値段をつけた。Aセットは，すべて状態良好な24点。ディナー用の皿8点，サラダボウル8点，デザート用の皿8点であった。BセットはAセットと同じ食器24点と，それに加えてそれ以外の16点が含まれていた。カップ8点（2つは壊れていた）。カップの受け皿8点（7つは壊れていた）。

　個別評価のケースでは，参加者はAセットかBセットのどちらか一方だけしか目にしない。一括評価のケースでは，参加者は両方のセットを並べて見る。一括評価では，参加者たちはAセットよりもBセットに必ず少し高い値段をつけた。両方のセットを評価するなら価値の合計によって当然ながらBセットにより高い値段をつけるだろう。しかし個別評価では，Aセットには33ドル，Bセットには23ドルという値段をつけた。Bセットは，壊れた食器のために平均価値が低い。個別評価では，価値判断で合計を使うべきときに，平均に属性代替してしまっていると考えられる。属性代替により，ヒューリスティックスの判断で初期値が低い。この初期値から，「アンカリングと修正」による判断法を用いていたと思われる。

⊗　おわりに

　伝統的経済学の最適化アプローチは「無限回帰問題」などのために困難がある。心理学的アプローチでは，数学的に統一的なシステムを構築するより，感性と直感と推論の違いという概念，ヒューリスティックスの概念の理論化などを行う。プロスペクト理論は感性と直感は変化に集中するという考察から生ま

れた。プロスペクト理論は伝統的経済学の最適化アプローチと心理学的アプローチの統合の好例である。ただし，前章で見たように参照点がどのように決定されるか解明されるまでは，伝統的経済学の一般均衡理論のような統一的な理論とはならない。

※ 参 考 文 献

Camerer, C. F., T.-H. Ho, and J.-K. Chong (2004) "A Cognitive Hierarchy Model of Games," *Quarterly Journal of Economics* 119(3), pp. 861-898.

Conlisk, J. (1996) "Why Bounded Rationality?" *Journal of Economic Literature* 34(2), pp. 669-700.

Hsee, C. K. (1998) "Less Is Better: When Low-value Options Are Valued More Highly than High-value Options," *Journal of Behavioral Decision Making* 11(2), pp. 107-121.

Kahneman, D. (2002) "Maps of Bounded Rationality: A Perspective on Intuitive Judgment and Choice," prize lecture available at https://www.nobelprize.org/prizes/economic-sciences/2002/kahneman/lecture/ （友野典男監訳・山内あゆ子訳『ダニエル・カーネマン 心理と経済を語る』楽工社，2011 年に収録）

Kahneman, D. and S. Frederick (2002) "Representativeness Revisited: Attribute Substitution in Intuitive Judgment," in T. Gilovich, D. Griffin, and D. Kahneman eds., *Heuristics and Biases: The Psychology of Intuitive Judgment*, Cambridge University Press.

Keynes, J. M. (1936) *The General Theory of Employment, Interest and Money*, Palgrave Macmillan.

Nagel, R. (1995) "Unraveling in Guessing Games: An Experimental Study," *American Economic Review* 85 (5), pp. 1313-1326.

Northcraft, G. B. and M. A. Neale (1987) "Experts, Amateurs, and Real Estate: An Anchoring-and-Adjustment Perspective on Property Pricing Decisions," *Organizational Behavior and Human Decision Processes* 39 (1), pp. 84-97.

Tversky, A. and D. Kahneman (1974) "Judgment under Uncertainty: Heuristics and Biases," *Science*, New Series, 185 (4157), pp. 1124-1131.

Tversky, A. and D. Kahneman (1983) "Extensional Versus Intuitive Reasoning: The Conjunctional Fallacy in Probability Judgment," *Psychological Review* 90 (4), pp. 293-315.

◇ 練 習 問 題
(E-1 選択式問題)

1. ネイジェル（Nagel, 1995）の「美人コンテスト・ゲーム」の実験で，平均値に p を掛けた数値に一番近い数字に投票した人が勝者となるとする。この実験について，最も的確な答えをひとつ選べ。

   A) ホモ・エコノミカスを仮定したナッシュ均衡は $p<1$ ならひとつしかなく，すべての参加者は $50p$ に投票する。

   B) ホモ・エコノミカスを仮定したナッシュ均衡は $p<1$ ならひとつしかなく，すべての参加者は 0 に投票する。

   C) 実際の実験結果では，$p=1/2$ のときに，ナッシュ均衡の理論予測どおりの投票をすれば勝者となることが観察された。

   D) 実際の実験結果では，$p=1/2$ のときに，ナッシュ均衡の理論予測どおりの投票をしても勝者とならないことが観察された。

   E) A) と C)。

   F) A) と D)。

   G) B) と C)。

   H) B) と D)。

2. カーネマンとトヴェルスキーの代表性ヒューリスティックスを調べる実験で，次の問いが用いられた。「ある町には 2 つの病院があります。大きい方の病院では 1 日に 45 人の赤ちゃんが誕生していますが，小さい方の病院では 1 日に 15 人の赤ちゃんが生まれています。一般的に赤ん坊が男の子である確率は 50％ですが，1 日当たりの割合は日によって変動します。そこで町では，ある 1 年間に，2 つの病院で 1 日に生まれる男の子の割合が 60％以上であるような日数を数えました。2 つの病院のうちどちらがより多くこのような『日』を計測したでしょうか。」この実験について最も的確な答えをひとつ選べ。

   A) 確率論によれば，大きい病院でより多くこのような「日」を計測する確率が高い。

   B) 確率論によれば，小さい病院でより多くこのような「日」を計測する確率が高い。

   C) 実験によれば，多くの参加者は，大きい病院でより多くこのような「日」を計測するだろうと考えた。

   D) 実験によれば，多くの参加者は，両方の病院でこのような「日」を計測するであろうと考えた（すなわち，それぞれ 5％以内）

   E) 実験によれば，多くの参加者は，小さい病院でより多くこのような「日」を計測するだろうと考えた。

F) A）と C）
G) A）と D）
H) A）と E）
I) B）と C）
J) B）と D）
K) B）と E）

3. 利用可能性ヒューリスティックスに関する実験として，「辞書の3語以上の英単語のうちrで始まる単語と3番目の文字にrが来る単語を比べた場合どちらが多いか」を参加者に聞いたものがある。この実験について，最も的確な答えをひとつ選べ。
   A) 実際にはrで始まる単語が多い。
   B) 実際には3番目の文字にrが来る単語が多い。
   C) 実験では，「rで始まる単語が多い」と答える参加者が多い。
   D) 実験では，「3番目の文字にrが来る単語が多い」と答える参加者が多い。
   E) A）と D）。
   F) B）と C）。

4. 合計値と平均値の属性代替に関する Hsee（1998）の食器類に価格付けする実験では，Aセットはすべて状態の良好な24点の食器，BセットはAセットと同じ食器24点と，それに加えてそれ以外に壊れた食器を含む16点が含まれていた。個別評価のケースでは，参加者はAセットかBセットのどちらか一方だけしか目にしない。一括評価のケースでは，参加者は両方のセットを並べて見る。この実験について，最も的確な答えをひとつ選べ。
   A) 一括評価では，参加者たちはAセットよりもBセットに必ず少し高い値段をつけた。
   B) 一括評価では，参加者たちはBセットよりもAセットに必ず少し高い値段をつけた。
   C) 個別評価では，参加者たちはAセットよりもBセットに高い値段をつける傾向があった。
   D) 個別評価では，参加者たちはBセットよりもAセットに高い値段をつける傾向があった。
   E) A）と C）。
   F) B）と D）。
   G) A）と D）。
   H) B）と C）。

（E-2 記述式問題）

1. 限定合理性のモデル化の際の無限回帰問題（infinite regress problem）とは何か，説明せよ。

2. フレーミング効果とは何か，定義を説明し，例をひとつ挙げよ。

3. 代表性ヒューリスティックスとは何か，定義を説明し，例をひとつ挙げよ。

4. 利用可能性ヒューリスティックスとは何か，定義を説明し，例をひとつ挙げよ。

5. アンカリング効果とは何か，定義を説明し，例をひとつ挙げよ。

6. Kahneman and Frederick（2002）の属性代替とは何か，定義を説明し，合計と平均値の属性代替について例をひとつ挙げよ。

第III部
時間割引と社会的選好

第6章

時間を通じた行動

※ はじめに

　本章では時間を通じた行動の経済モデルを説明する。伝統的経済学の指数割引モデルとその限界を見た後，行動経済学の双曲割引モデルを導入する。双曲割引モデルは，今日は喫煙して明日から禁煙しようと決意しても，次の日になるとさらに先送りしてしまうような行動や，ダイエットを先送りしてしまう行動のような，自制に関わる多くの実証結果や，選好逆転と呼ばれる実験結果を説明できる。先送り行動への対策のひとつとして，禁煙を周りの人々に宣言して，将来の自分が計画どおりに行動しないときの費用を大きくするコミットメントがある。

1 フィッシャーの無差別曲線

1.1　2期間モデルの予算制約

　まず消費者が2期間（期間0と期間1）のみ生きる簡単なモデルを考える。労働所得は外生的に所与であると仮定して期間0にY_0，期間1にY_1，利子率はr，消費は期間0にC_0，期間1にC_1，効用関数は$U(C_0, C_1)$で表される。期間0に消費者は貯蓄することができる。貯蓄は，所得と消費の差として定義される。

$$S = Y_0 - C_0 \qquad\qquad (1)$$

ここで C_0 の方が Y_0 より大きく S が負であれば，消費者は借り入れをしたと考える。2期間モデルでは最終期の期間1には借り入れはできないので，予算上，期間1での消費は，r を利子率とすると，貯蓄の元金 S と利子所得 rS と労働所得 Y_1 を足した総所得以下である必要がある。

$$C_1 \le Y_1 + (1+r)S \qquad\qquad (2)$$

この2つを組み合わせると

$$C_0 + \frac{1}{1+r}C_1 \le Y_0 + \frac{1}{1+r}Y_1 \qquad\qquad (3)$$

という式を得る。これが異時点間の予算制約式である。同時点でのりんごとみかんのような異なる財の予算制約式と比べると，同じ種類の財であっても，別の時点の財は，別の財として捉えると，$1/(1+r)$ が C_1 と C_0 の相対価格となっていることがわかる。この式の左辺では将来消費を $(1+r)$ で割り引くことによって，現在消費と同じ単位としているので，消費の**割引現在価値**（discounted present value）と呼ぶ。同様に右辺は労働所得の割引現在価値である。例えば0期の所得が90万円で，1年後の1期の所得が105万円で，利子率は5%だったとする。1期のみの所得の割引現在価値は105万円/1.05で100万円であり，0期の所得と合計して190万円が所得の割引現在価値となる。異時点間の予算制約式は，消費の割引現在価値は労働所得の割引現在価値を超えてはならないという制約を示す。

1.2 2期間モデルの最適消費

伝統的経済学では，消費者は非負の C_0 と C_1 のさまざまな組合せ，(C_0, C_1) に対して，外生的に所与で安定的な選好を持っており，その選好は効用関数 $U(C_0, C_1)$ で表現できると仮定する。消費者は $U(C_0, C_1)$ の値が高い (C_0, C_1) を好む。消費の意思決定は異時点間の予算制約式（3）のもとで効用関数 $U(C_0, C_1)$ を最大化するように C_0 と C_1 の組合せを選択すると考える。この意思決定を図で表してみよう。

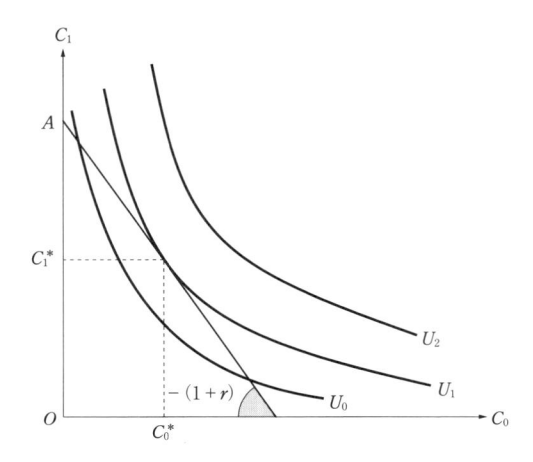

図 6-1　2 期間における最適消費

ここで，C_0 が一定で C_1 が増加すると効用が高くなり，また，C_1 が一定で C_0 が増加すると効用が高くなると仮定すると，効用が最大化されているとき (3) 式は等式で成立する。この等式で $C_0 = 0$ と置いて 0 期と 1 期の所得をすべて 1 期の消費に使うという選択を考えると，$C_1 = (1+r)Y_0 + Y_1$ となる。$A = (1+r)Y_0 + Y_1$ と定義する。図 6-1 のように C_0 を横軸に，C_1 を縦軸にグラフを描くと，まず予算制約式を表す予算制約線は傾きが $-(1+r)$ で，縦軸との切片が A の直線となる。これは (3) 式が等式で成立するなら

$$C_1 = -(1+r)C_0 + A \qquad (4)$$

と書けるからである。(4) 式が表現する直線を異時点間の予算線という。

　U_i をある効用水準とすると，$U(C_0, C_1) = U_i$ となるような (C_0, C_1) を集めた曲線を無差別曲線という。図 6-1 では，U_0, U_1, U_2 の 3 つの効用水準の無差別曲線を例として描いている。このような異時点間の行動の無差別曲線は，20 世紀初頭の経済学者，フィッシャー（I. Fisher）が研究したので，フィッシャーの無差別曲線と呼ばれる。経済学では，図のように無差別曲線は原点に向かって凸な形をしていると考える。C_1 が一定で C_0 が増加すると，効用水準は上昇すると考えられるので，$U_0 < U_1 < U_2$ である。(4) 式を表現する直線上の $(C_0,$

C_1）と，その直線の下にある (C_0, C_1) は，予算制約を満たす。予算制約を満たすような (C_0, C_1) の中で，効用を最大化するものは，無差別曲線が予算線と接するものである。図では (C_0^*, C_1^*) が予算制約のもとで効用を最大化する最適な消費の組合せである。最適な消費 C_0^* が所得 Y_0 より小さい人は 0 期に貯蓄する。消費 C_0^* が所得 Y_0 より大きい人は借り入れをする。

　忍耐強い人の無差別曲線は比較的に傾きが緩やかである。現在消費 (C_0) を 1 単位増やしたとき，将来消費 (C_1) が比較的に少し減るだけでもとの消費の組合せと無差別となるからである。忍耐強い人は，他の条件一定で現在消費が少ない傾向があり，貯蓄を多くする傾向がある。忍耐強くない人の無差別曲線は比較的に傾きが急である。現在消費を 1 単位増やしたとき，将来消費が比較的，多く減らないと元の消費の組合せと無差別にならない。忍耐強くない人は，他の条件一定で現在消費が多い傾向があり，借り入れを多くする傾向がある[1]。このように貯蓄と借り入れの意思決定は，無差別曲線の傾きが重要である。

　無差別曲線の傾きは負であるがその絶対値を**限界代替率**と呼ぶ。異時点間の限界代替率は，現在消費の限界効用と将来消費の限界効用の比率として表すことができる。現在財の限界効用は，C_1 を一定に保って，$U(C_0, C_1)$ を C_0 で微分して（偏微分と呼ぶ）

$$\frac{\partial U(C_0, C_1)}{\partial C_0} \tag{5}$$

と定義される。将来財の限界効用は C_0 を一定に保って，$U(C_0, C_1)$ を C_1 で微分する

$$\frac{\partial U(C_0, C_1)}{\partial C_1} \tag{6}$$

と定義される。限界代替率は現在消費の限界効用と，将来消費の限界効用の比率として定義する。

$$\frac{\partial U(C_0, C_1)/\partial C_0}{\partial U(C_0, C_1)/\partial C_1} \tag{7}$$

図 6-1 のように消費が最適なときには，無差別曲線の傾きが予算線の傾きに

---

1)　章末の練習問題 E-2 の 1. D）を参照。

等しいので，最適な現在消費と将来消費の組合せ，(C_0, C_1) で評価した限界代替率は，予算線の傾きの絶対値である利子率 r に 1 を足した値に等しい。つまり

$$\frac{\partial U(C_0, C_1)/\partial C_0}{\partial U(C_0, C_1)/\partial C_1} = 1 + r \tag{8}$$

である。これはミクロ経済学での効用最大化の条件である 2 財の限界代替率が相対価格に等しいという条件を，異時点間の効用最大化に応用したもので，**オイラー方程式**（Eluler equation）と呼ばれる。

2 指数割引モデル

サミュエルソン（P. Samuelson）はフィッシャーの無差別曲線を表すためのひとつの効用関数のモデルとして

$$U(C_0, C_1) = u(C_0) + \delta u(C_1) \tag{9}$$

と，将来の効用を 1 より小さい正の実数 δ（デルタ）で割り引く時間割引効用関数を提唱した。δ を割引因子と呼ぶ。$u(C)$ の微分を $u'(C)$ で表すと

$$\frac{\partial U(C_0, C_1)}{\partial C_0} = u'(C_0) \tag{10}$$

$$\frac{\partial U(C_0, C_1)}{\partial C_1} = \delta u'(C_1) \tag{11}$$

であるので

$$\frac{u'(C_0)}{\delta u'(C_1)} = 1 + r \tag{12}$$

が時間割引効用の場合のオイラー方程式となる。

　2 期間モデルは分析が容易でわかりやすく，応用問題によっては，もっと現実的な 3 期間以上のモデルで分析しても，本質的に違った知見は得られない場合もある。しかし応用問題によっては，2 期間モデルでの分析では適当でない場合がある。例えば 3 年後に定年退職する会社員が，今年，いくら消費し，貯

蓄するかを考えているとする。今年の時点では消費を楽しんで，来年になったら退職に備えて多く貯蓄を始めるという選択肢が魅力的である。つまり退職に備えた貯蓄は先送りしたい誘惑がある。このような問題を考えるには3期間以上を扱うモデルが必要になる。

そこで多期間モデルを見ておこう。予算制約式は

$$C_0 + \frac{1}{1+r}C_1 + \cdots + \frac{1}{(1+r)^T}C_T = Y_0 + \frac{1}{1+r}Y_1 + \cdots + \frac{1}{(1+r)^T}Y_T \tag{13}$$

となる。この異時点間の予算制約式も，2期間モデルと同様に消費の割引現在価値は労働所得の割引現在価値を超えてはならないという制約を示す。多期間モデルでは，消費者は(13)式の予算制約のもとで効用関数，$U(C_0, C_1, ..., C_T)$ を最大化する。この場合の異時点間の予算制約式は消費の割引現在価値は労働所得の割引現在価値を超えてはならないという制約を示す。最適化のためのオイラー方程式は

$$\frac{\partial U/\partial C_{t+k}}{\partial U/\partial C_t} = \frac{1/(1+r)^{t+k}}{1/(1+r)^t} = \frac{1}{(1+r)^k} \tag{14}$$

である。このオイラー方程式は，消費が最適であるとき t 期と $(t+k)$ 期の消費の限界代替率が相対価格に等しいことを示す。

ここで多期間モデルでの時間割引効用関数として

$$U(C_0, C_1, ..., C_T) = u(C_0) + \delta u(C_1) + \delta^2 u(C_2) + \cdots + \delta^T u(C_T) \tag{15}$$

を考えることにする。t 期の消費は δ の指数関数 δ^t で割り引くので，これを**指数割引**（exponential discounting）モデルと呼ぶ。このモデルの t 期と $(t+k)$ 期の消費の限界代替率と相対価格を等しくするオイラー方程式は

$$\frac{u'(C_t)}{\delta^k u'(C_{t+k})} = (1+r)^k \tag{16}$$

である。ここで $k=1$ とおいて，隣接する2つの期間のオイラー方程式

$$\frac{u'(C_t)}{\delta u'(C_{t+1})} = 1+r \tag{17}$$

を得る。

伝統的経済学，特にマクロ経済学では指数割引効用モデルが標準モデルとし

て使われてきた。マクロ経済学の消費理論の要となるフリードマン（M. Friedman）の**恒常所得仮説**（permanent income hypothesis）とモディリアーニ（F. Modigliani）の**ライフサイクル仮説**（life cycle hypothesis）は，（17）式に依存している。単純な場合として（17）式で $\delta(1+r)$ が 1 であると仮定すると，限界効用は隣接する 2 つの期間で変わらない。限界効用は消費が増加すると減少していく**限界効用逓減**の法則を満たすと考えられ，$u''(C) \leq 0$ であるが，この不等号が厳密に成立して $u''(C) < 0$ であるとする。すると限界効用が変わらないためには，隣接する 2 つの期間で消費も変わらない。これがどの隣接する 2 つの期間についても成立するので，すべての期間を通して消費は不変である。（13）式で，すべての期間の消費 C_t が C で一定であるとして式を C について解くと最適な消費が得られる。最適消費は（13）式の右辺の今期と将来の労働所得の割引現在価値，**恒常所得**に依存するが，各期の所得には依存しない。

　恒常所得仮説は，このモデルを景気変動などによる所得の一時的な変動に対しての消費の反応に応用する。不況などである期間の消費者の所得が一時的に大きく低下しても，消費は好況時の所得が高いときと変わらないはずである。消費者は借り入れを増やしたり，貯蓄して蓄積してきた資産を取り崩して消費を一定に保つはずである。ライフサイクル仮説はこのモデルを消費者の一生に応用する。学生時代や退職期間に労働期間に比べて所得が低くとも，消費は労働期間と変わらない。利子率が高く $\delta(1+r) > 1$ の場合には $u'(C_t) > u'(C_{t+1})$ となり限界効用が下がっていくので，最適消費は増加していくことや，子供の数など，実際にデータに応用するときにはいろいろな要素を加える必要があるが，（17）式が恒常所得仮説とライフサイクル仮説の本質を表現するといえる。

3 双曲割引モデル

3.1　双曲割引

　現実には人間は貯蓄を先送りして今日は消費をしようとする誘惑を感じることも，自制心が足りず誘惑に負けることも多いと思われる。また誘惑に負けない対策として，満期日までに現金化すると費用がかかる定期預金にお金を預け

るというようなコミットメントを用いていると考えられる。しかし，指数割引効用モデルの経済人は，そもそも誘惑を感じるということがない。このモデルでは，経済人は自分が最初に計画した消費と貯蓄の計画が，長期的にも短期的にも最適であると知っていて，そこからそれようとする誘因はない。

　貯蓄だけでなく時間を通じた多くの行動で，現実の人間は誘惑を感じ，自制しようとし，自制心が足りないことの対策としてコミットメントを用いていることが多い。長期的に益があると思われる禁煙，禁酒，ダイエットを試みて失敗した経験や，周りの人々に宣言をするコミットメントによって，誘惑に負けることの費用を大きくする対策を取った経験を持つ人々は多い。Laibson（1997）は誘惑に負けないように自制をし，自制心が足りない場合にコミットメントを対策として用いる行動経済学モデルを構築するために，動物や人間の実験から心理学では時間割引は指数割引より**双曲割引**（hyperbolic discounting）でよく近似できるという証拠が多くあることに注目した。双曲割引では，意思決定時点から見て短期的には高い割引率で，長期的には低い割引率で，将来の効用を割り引く。

　双曲割引を定義するために，効用関数が

$$U(C_0, C_1, ..., C_T) = F(0)\,u(C_0) + F(1)\,u(C_1) + F(2)\,u(C_2) + \cdots + F(T)\,u(C_T) \tag{18}$$

という形で書けるとしよう。ここで $F(\tau)$ は時間割引関数，$F(\tau+1)/F(\tau)$ は，時間割引因子と呼ぶ（$F(0)=1, F(\tau)\geqq 0$ とする）。また

$$-\frac{F(\tau+1) - F(\tau)}{F(\tau)} \tag{19}$$

を時間割引率と呼ぶ。指数割引モデルでは $F(\tau)=\delta^{\tau}$，$F(\tau+1)/F(\tau)=\delta$ なので，

$$-\frac{F(\tau+1) - F(\tau)}{F(\tau)} = 1 - \delta \tag{20}$$

と時間割引率が一定である。双曲割引モデルでは

$$F(\tau) = \frac{1}{1 + k\tau} \tag{21}$$

である[2]。ここで k は正の数で割引の程度を表すパラメータである。双曲割引モデルの時間割引率は離散時間モデルではなく連続時間モデルとして考えるのが便利である。連続時間モデルでは瞬間的な時間割引率は

$$-\frac{dF(\tau)/d\tau}{F(\tau)} \tag{22}$$

と定義される。双曲割引モデルの瞬間的な時間割引率は

$$F(\tau) = \frac{k}{1+k\tau} \tag{23}$$

である[3]。つまり双曲割引モデルでは指数割引モデルのように時間割引率は一定ではなく、τ に依存して変化する。

Ainslie（1992）は動物や人間の心理学の多くの実験結果を、双曲割引でよく説明できることを示した。すると時間割引率は τ が大きいほど小さい。これは意思決定時点から見て短期的には高い時間割引率で、長期的には低い時間割引率で、将来の効用を割り引いている、ということである。

3.2 準双曲割引

Laibson（1997）は、モデルの分析のために、この双曲割引モデルの質的な特徴を保ちながら、より容易に分析できる**準双曲割引モデル**（quasi-hyperbolic discounting model）を採用した。このモデルでは、もし $\tau = 0$（意思決定時点）ならば、$F(\tau) = 1$、もし $\tau > 0$ ならば、

$$F(\tau) = \beta \delta^{\tau} \tag{24}$$

であり、β と δ はともに 1 より小さいか等しい正の実数である。時間割引率は

$$-\frac{F(\tau+1)-F(\tau)}{F(\tau)} = \begin{cases} 1-\beta\delta & (\tau=0) \\ 1-\delta & (\tau>0) \end{cases} \tag{25}$$

となる。例えば $\beta = 0.5$, $\delta = 0.95$ とする割引関数の値は、$F(0) = 1$, $F(1) = 0.5$

---

2) Lowenstein and Prelec（1992）は双曲割引モデルの時間割引関数を一般化した $F(\tau) = (1+k\tau)^{-\gamma/k}$ を考察している。

3) 後で見るように経済学や心理学のさまざまな実験も、連続時間モデルで考えるのが便利である。指数割引モデルの瞬間的時間割引率は $\log(1/\delta)$ で一定である。

$\times 0.95 = 0.475$, $F(2) = 0.5 \times 0.95^2 = 0.45125$, $F(3) = 0.5 \times 0.95^3 = 0.428688$, ... である。割引率は $\tau = 0$ のとき 0.525, $\tau > 0$ なら 0.05 である。このように，このモデルで $\beta < 1$ であれば，消費者は意思決定時点から見て最初の 1 期間は高い時間割引率で，それ以後は低い時間割引率で，将来の効用を割り引く。

3.3　時間非整合性

双曲割引モデルと準双曲割引モデルには**時間非整合性**（time inconsistency）という性質がある。例えばある消費者が t 期に消費について意思決定をするとし，1 期間を 1 年とする t 期の時点では，t 期の効用に比べて $t+1$ 期の効用を大きく割り引くが，$t+1$ 期の効用と比べると $t+2$ 期の効用は大きく割り引かない。ところが実際に $t+1$ 期になると，$t+1$ の効用に比べて $t+2$ の効用を大きく割り引く。そこで t 期に立てた計画を，$t+1$ 期には遂行したくなくなる，ということになる。貯蓄の例ならば，引退 2 年前の時点で，1 年間は貯蓄を先送りして多く消費し，引退 1 年前に 1 年間の消費を減らして引退の年に所得が減っても消費が減らないようにする貯蓄計画が最適であるとする。しかし，実際に引退 1 年前になると，引退の年の効用を大きく割り引くので，引退 2 年前に立てた計画は最適ではなくなる。このため引退 1 年前にはそれほど貯蓄をせず，引退後に消費が大きく減少することになる。このようにある時点で立てたその時点での最適な計画が，後の時点では最適でなくなることを時間非整合性と呼ぶ。

これに対し指数割引モデルでは割引率が一定である。引退 2 年前に，引退 1 年前と引退の年のために立てた計画での引退 1 年前と引退の年の割引率は，引退 1 年前になったときの，引退 1 年前と引退の年の割引率と同じである。したがって計画を変更する必要がない。オイラー方程式が，計画時と実行時で同じである。指数割引モデルで表現される選好は時間整合的である。

ここで引退 2 年前の時点での割引関数が準双曲的であったとして，もし引退 1 年前の時点になっても，引退 2 年前の時点と同じ割引率 $1 - \delta$ を用いて引退の年の効用を割り引くならば，時間非整合性は生じない。ところが，準双曲割引モデルでは引退 1 年前の時点になると，「現在」が変化するので，割引率 $1 - \beta\delta$ という，引退 2 年前の時点と異なる割引率で引退の年の効用を割り引

くと仮定している。このために時間非整合性が生じる。

　時間を通じた意思決定に関する多くの実験では，後で詳しく説明するように参加者に2つの時点のどちらで報酬を得るか選択してもらう。後の時点で報酬をもらう選択をすると，報酬がより多くなる，という設定である。すると参加者は早い時点での報酬がもらえるよりずっと以前の時点では，遅い時点での報酬を選択していたのに，報酬がもらえる直前になると早い時点での報酬に選択を切り替えるという**選好逆転**（preference reversal）現象が頻繁に見られた。これは時間非整合性が実験で行動に現れる例である。

　双曲割引を持つ主体の意思決定について，大きく分けて2つの類型を考えることができる。**ナイーブ**（naive）な主体は自分が時間非整合性の問題に直面しており，将来の自分は選好が変化していて，現在の自分が立てる計画を実行しようとしないことを理解しないで意思決定を行う。**洗練された**（sophisticated）主体は自分が時間非整合性の問題に直面していることを理解して意思決定を行う。

　ナイーブな主体は，意思決定の時点で，「将来の自分」が「現在の自分」の計画どおりの行動を取ると予測する。準双曲割引モデルでこの場合のオイラー方程式を求めてみよう。意思決定の時点を0期として，0期と1期の消費の限界効用はそれぞれ $\partial u/\partial C_0 = F(0)u'(C_0) = u'(C_0)$，$\partial u/\partial C_1 = F(1)u'(C_1) = \beta \delta u'(C_1)$ となり，限界代替率と相対価格（1＋利子率）が等しいとすると

$$\frac{u'(C_0)}{\beta \delta u'(C_1)} = 1 + r \tag{26}$$

であり，1期と2期の消費の限界代替率と相対価格を等しくすると

$$\frac{u'(C_1)}{\delta u'(C_2)} = 1 + r \tag{27}$$

である。つまり0期の消費からの効用に比べ，1期の消費からの効用を $\beta \delta$ という因子で大きく割り引くのに対し，1期の消費からの効用に比べ，2期の消費からの効用は δ でしか割り引かない。このため，この主体は0期の消費を大きくして貯蓄を1期に先送りする傾向を持つ。実際に1期に意思決定するときには，オイラー方程式は

$$\frac{u'(C_1)}{\beta \delta u'(C_2)} = 1 + r \tag{28}$$

となる。(27)式と(28)式を比べると，この主体は 0 期の意思決定時よりも，1 期の意思決定時では 2 期の消費を大きく割り引くので，貯蓄をさらに先送りする傾向を持つことがわかる。これが貯蓄の先送りの問題のオイラー方程式による表現である。ナイーブな主体は直近の将来の効用を大きく割り引くのに対し，遠い将来の効用はあまり割り引かないので，消費を減らして貯蓄を増やすような苦痛を伴う行動は先送りにする傾向がある。同じモデルで健康に対する効用を考えると，禁煙，禁酒，禁パチンコ，ダイエットなどの先送り行動を考察することができる。学校の宿題のレポートを書くという労苦を伴う行動の先送りも同様である。

3.4 コミットメント

洗練された主体は，意思決定の時点で，「将来の自分」は「現在の自分」の計画どおりには行動しないという先送りの問題を予測している。この場合は，コミットメントが有効である。コミットメントとは，現在の計画を将来に遂行するという約束である。将来には自分の選好が変化するので，工夫が必要になる。例えば，明日は宿題のレポートを書く必要があるが，自分はテレビを見てしまうと予測する場合には，今日の間にテレビをふとんでぐるぐる巻きにして押し入れに入れておくという工夫が考えられる。パチンコ依存症の人が信頼する人に給料をすべて預けるという工夫をした実例がある。結婚もコミットメントの例として考えることができる。恋は基本的には相手の欠点が見えなくなるという感情のひとつであり，他の感情と同じく一時的なものであって永続する性質を持たない。恋する 2 人は永遠に愛し合うことを望むが，恋という感情が去った後には相手を裏切って他の人とまた楽しい恋をしたくなることを含んで多くの誘惑を受けることが予想できる。そこで，2 人が永遠に愛し合うという意思を現時点で持っているなら，お互いに相手を裏切ると多くの費用がかかるコミットメントとして結婚を用いて将来の誘惑に対抗することが考えられる。

　貯蓄の先送り問題での有効なコミットメントの方法として，**非流動資産**への投資がある。資産の**流動性**（liquidity）とは，その資産を現金に換えるときの

費用が少なく容易である程度のことである。現金は流動性が最も高い資産であり，普通預金や当座預金は現金に次いで流動性が高い。満期までに現金化すると費用がかかる定期預金や年金，すぐには買い手が見つからない不動産資産などは流動性が低い。これらの流動性が比較的に低い資産を非流動資産という。来月の自分は貯蓄しないでお金を使ってしまうと予想するなら，非流動資産に投資することでコミットメントを行うことができる。

　双曲割引が実際に人々の行動に影響を及ぼしているというさまざまな証拠が見つかっている。Angeletos et al.（2001）は，レイブソン（D. Laibson）らが米国の人口動態統計，所得・消費・労働などに関する統計を用いて，労働所得，退職時期，扶養家族数などに関するさまざまな家計のライフサイクルを作り出し，現実に妥当性を持つと考えられる効用関数のもとで，さまざまな家計が，どのような消費，貯蓄，資産選択を行うかを1年間を1期間とするシミュレーションとして計算した。彼らは結果を実際の家計の行動と比較した。準双曲割引モデルと指数割引モデルが用いられた。どちらのモデルでも流動資産と非流動資産が存在し，準双曲割引モデルでは洗練された消費者が非流動資産を用いてコミットメントを行うことができるという設定である。

　準双曲割引モデルの β は実験で得られてきた典型的な結果から0.7，δ は50歳から59歳の資産と所得の比が彼らの Survey of Consumer Finance（SCF）データの中位数3.2で，モデルでもそうなるように0.957が選ばれ，指数割引モデルでは同様に資産と所得の比をデータとモデルが一致するように0.944が選ばれた。

　シミュレーションの結果では，資産総額のうち流動資産の割合は，指数割引モデルでは平均51％で，双曲割引モデルでは平均41％である。双曲割引モデルでは非流動資産がコミットメントに用いられるため，流動資産の割合が小さくなっている。SCF のデータでは流動資産をどう定義するかにもよるが，彼らのひとつの定義では平均16％である。現実には流動資産の割合は指数割引モデルの予測よりもかなり小さく，なぜ小さいか双曲割引モデルで完全に説明できるわけではないが，ある程度説明できていることがわかる。

　次に所得の変化が消費の変化に与える影響の割合を限界消費性向と呼ぶが，レイブソンらの実際のデータからあらかじめ予測された限界消費性向の推定値

は消費の定義に依存するが 0.19 から 0.33 の範囲で，ほとんどの推定値は 5% 水準で有意であった[4]。指数割引モデルは前節で説明したように 0 の限界消費性向を予測する[5]。双曲割引モデルのシミュレーションからの限界消費性向は 0.166 であり，モデルは現実での消費と所得の連動をかなりよく説明する。双曲割引モデルがアンケートのデータでの禁煙や禁酒やダイエットの先送り行動を含む健康に関わる行動や借金の行動に説明力を持つことについては，依田・後藤・西村（2009）と池田（2012）を参照されたい。

4 実験で時間選好を測る

　時間選好モデルは，もともと動物を用いた心理実験において検証された。その詳細を，ハトを対象とした異時点間選択の実験を用いて説明したい。

　この実験パラダイムにおいて，ハトは最初「少ない餌」の報酬と「多い餌」の報酬を同じ時間遅れ D でもらえるところから始まる。同じ時間遅れなので，ハトは当然「多い餌」をもらえる行動を選択する。そこで，少ない餌をもらえる時間遅れ D を固定して，多い餌をもらえる時間を徐々に長くしていく。するとハトはある時間遅れ D' で，「少ない餌」をもらえる行動を選択する。つまり，この選択の変化する時刻付近において，（時間遅れ D での少ない餌の割引価値）＝（時間遅れ D' での多い餌の割引価値）という等号が成り立っていると考えることができる。その時間遅れ D' を，少ない餌をもらえる時間遅れ D を変化させて計測すると，そのプロットが近似的に直線上に並ぶ。この直線上では，少ない餌の割引価値と多い餌の割引価値が等しくなっている。

　この直線を，上記の時間割引モデルの点から考えてみよう。消費 C_t に当たるのが，実験での報酬 R_t で，効用関数は線形で $u(R_t) = R_t$ とする[6]。例えば双

---

4) このような所得と消費の連動についてはレイブソンの論文で引用されているように多くの実証結果がある。

5) ただしレイブソンらのモデルでは，借り入れ制約の仮定が置かれているので，シミュレーションではこの消費性向の推定値は 0 ではなく 0.03 であった。

6) 効用関数が線形という仮定を置かない場合は，最近の研究では Andreoni and Sprenger（2012）の Convex Time Budget 法が用いられることが多い。

曲割引を仮定すると，直線上では $R_s/(1+k_yD)=R_l/(1+k_yD')$ という等式が成り立っていることになる。ただし，R_s は少ない餌，R_l は多い餌とする。これを

$$D' = \left(\frac{R_l}{R_s}\right)D + \left(\frac{R_l}{R_s}-1\right)k$$

の形に変形すると，この式が割引モデルから導かれたプロットの直線を表現する。したがって，時間割引モデルから導かれた切片と，実験データから推定された切片の比較から，割引率を推定することができる。つまり，個体の割引率を推定するには，異時点間選択問題を行えばよいのである。

　経済学で広く用いられているアンケート形式の異時点間選択問題も，このパラダイムに基づいている。この場合は，文章を使って質問することになるが，その選択結果のシフトから少ない利得の割引価値と多い利得の割引価値が等しくなっている点を推定し，割引率を導き出すという点は，ハトの実験と同じである。ただし，文章を使うことや，表の提示方法などに起因するフレーミング効果が報告されており，それに対する対策なども提案されている。

5　時間選好に関わる脳機構

　時間選好という概念が心理学から導入されたという点からも，その脳機構に関する研究は比較的古くから行われてきた。

　脳内修飾物質であるセロトニンがこの衝動的選択に関わることは古くから臨床において示唆されており（Soubrié, 1986），また数多くの動物実験によって示されている。セロトニンは生体アミンの一種であり，必須アミノ酸であるトリプトファンの代謝過程で生成される。セロトニン生産ニューロンは，中脳中央部に位置する縫線核群に存在し，ここから大脳皮質，大脳基底核，小脳の広範囲に投射する。体内のセロトニンの約2％が中枢神経系に存在し，睡眠や痛覚，体温調整などの生理機能および不安，衝動性，うつなどの精神機能や薬物中毒に深く関わるとされている。ラットにおいて，セロトニン生産ニューロンの存在する背側縫線核への特異的セロトニンの神経毒注入によるセロトニン経路の

破壊で，時間遅れの後に得られる大きい報酬よりも，すぐに得られる小さい報酬を頻繁に選択する衝動的選択が生じたことが報告されている（Wogar, Bradshaw, and Szabadi, 1993；Bizot et al., 1999；Mobini et al., 2000）。また脳内セロトニン濃度の増加で，この衝動的選択が減少したという報告もある（Poulos, Parker, and Le, 1996；Bizot et al., 1999）。

　これらの実験から，セロトニン濃度が時間割引率に対応するというモデルが提唱されている（Ho et al., 1999）。特定の脳部位が衝動性に関わるという報告も数多くされている。Cardinal et al.（2001）は，ボタン押しで報酬が得られる条件付け課題をラットに行わせた。片方のボタンを押すとすぐに1ペレット分の報酬が得られ，もう一方のボタンを押すと数十秒の時間遅れの後4ペレット分の報酬が得られる。このタスクにおいて線条体の腹側部[7]を破壊されたラットは，時間遅れの後に得られる大きな報酬ではなく，すぐに得られる小さな報酬を選ぶ傾向があったことから，線条体の腹側部が衝動的選択に深く関わる部位であると報告されている。Mobini et al.（2002）の実験では，前頭葉眼窩面皮質を破壊されたラットも衝動的な選択をすることが報告されている。

　Schweighofer et al.（2008）は，人間を対象としたセロトニンの機能を調べる実験を行った（図6-2）。参加者の脳内セロトニンレベルを人為的に操作した状態で，すぐに得られる小さい報酬と，得るまでに時間がかかる大きい報酬のどちらかを選ばせ，そのときの脳活動を測定した。セロトニンは，必須アミノ酸であるトリプトファンから体内で生成されるため，水に溶かした状態で飲んでもらい，脳内のセロトニン濃度が変化するとされる8時間後に実験を行った。セロトニンレベルが低いと，参加者はすぐに得られる小さい報酬を頻繁に選ぶという結果が得られた。また，セロトニンレベルが低いときは，参加者の行動から推定した割引率の値が大きくなった。また，Tanaka et al.（2007）は，同じ実験パラダイムを用いて，参加者の脳活動を測定したところ，セロトニンレベルが低いと，情動に関わる脳回路（線条体下部）が短期報酬予測時により強く活動したのに対し，セロトニンレベルが高いと，認知に関わる脳回路（線条体上部）が長期報酬予測時により強く活動した（図6-3）。セロトニンはうつ

7）　正確には，側坐核のコアと呼ばれる部位に相当する。

図 6-2 実験課題

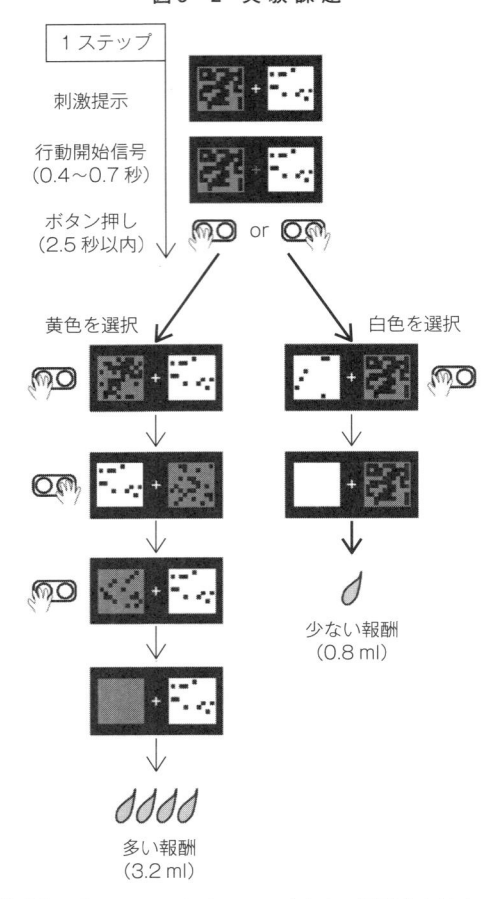

各試行の始まりにおいて，スクリーンには中央の固視点を挟んで，左右に複数の黒色のモザイクで覆われた白色と黄色の正方形が現れる。固視点が赤色になったと同時に参加者は右，左どちらかのボタンを押す。すると次の画面（6秒後）では，選択したボタンに対応する正方形のモザイクの数が減る。このステップを何回か繰り返し，どちらかの正方形のモザイクが完全になくなった時点で，白色の正方形ならジュース1滴，黄色ならジュース4滴が口元のチューブへ送られる。この課題において参加者は，一定時間中により多くの報酬を得ることを要求され，モザイクの初期状態，1ステップ当たりモザイクの減る数と報酬の関係から，どちらの色を選ぶのがよいかを考えながらボタンを選択する。

（出所）　Schweighofer et al. (2008).

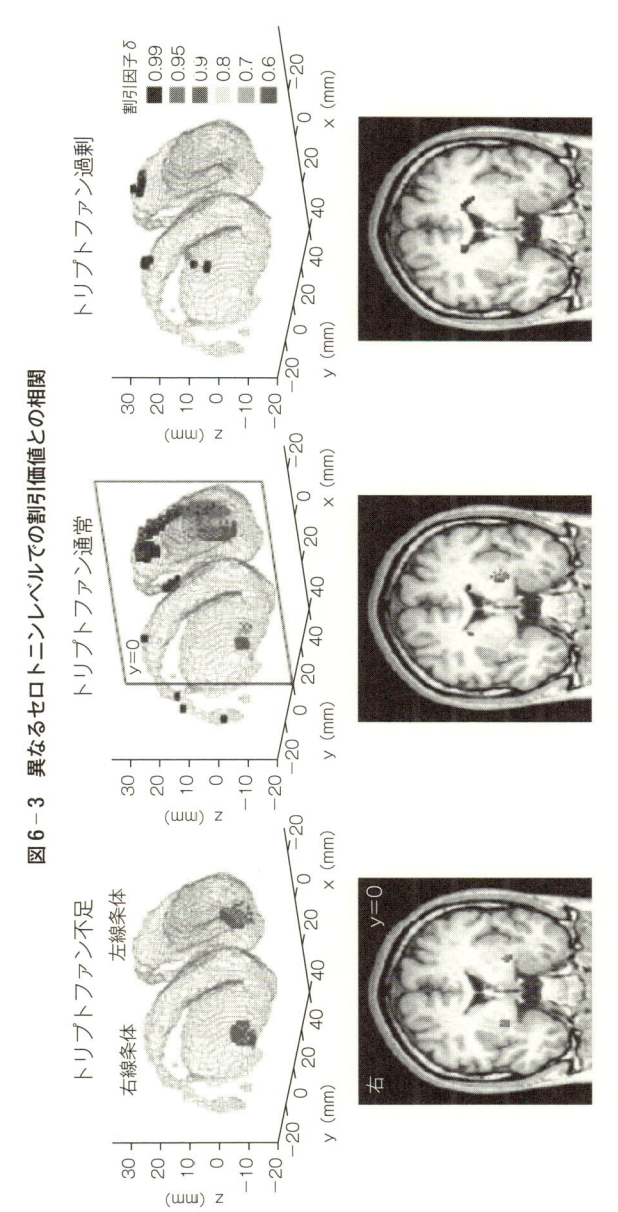

図6-3 異なるセロトニンレベルでの割引価値との相関

理論モデルに基づいた脳活動データ解析の結果。グレースケールが割引因子を示している。

（出所）Tanaka et al. (2007).

割引因子δ
- 0.99
- 0.95
- 0.9
- 0.8
- 0.7
- 0.6

トリプトファン不足　左線条体　右線条体

トリプトファン通常

トリプトファン過剰

や強迫性障害などの精神疾患に関わる物質として近年注目されているが，具体的な仕組みはいまだに明らかになっていない。これらの研究成果は，ニューロエコノミクスの臨床医学への応用だけでなく，衝動性が原因と考えられるような社会問題の予防対策への応用も可能にすると考えられる[8]。

　また，詳細な割引モデルの生物学的基盤を調べた研究も行われている。McClure, Laibson, Loewenstein, and Cohen（2004）は，今日の 10 ドルと 1 カ月後の 110 ドルのどちらを選ぶか，というような異時間点の選択をしているときの参加者の脳活動を fMRI で測定した。その結果，選択する時間にかかわらず，すべての選択で，前頭葉の外側部や頭頂葉などの理性に関わる部分が強く活動していた。一方，目先の選択をしているときは，線条体や前頭葉の内側部など情動に関わる部分がより強く活動していた。この結果は，1 人の人間には理性的に選択をする部位と，衝動的に選択をする部位の両方が存在していることを示唆している。

　ここで紹介した研究例をはじめ，脳科学の知見は，1 人の脳の中にあたかも「複数の基準で選択を行う自己」が存在していることを示唆している。この解釈は，1 人の人間は同じ割引因子で価値を計算するとしてきた，一般的な経済モデルと実際の人間で起こっている現象の乖離を意味している。ここから，生物学的な基盤を取り込んだ経済モデルの提案が期待される。

6 時間選好研究の最近の動向

　第 2 章第 3 節でも述べたが，異時点間選択課題においてすぐにもらえる小さい報酬を選ぶ「衝動的選択」と，さまざまな精神疾患で見られる症状としての「衝動性」の類似性から，疾患患者を対象に時間選好の特徴を調べる研究が行

8）　近年，ドーパミンも時間割引に関与することが示唆される結果が得られている。例えば，サルのドーパミンニューロンの発火が，双曲割引の割引価値を表現しているという報告（Kobayashi and Schultz, 2008）や，ヒトを対象としたドーパミン操作実験では，健常者のドーパミンレベルを上げると割引率が増加したという報告（Pine, Shiner, Seymour, and Dolan, 2010）がある。

われている（Story らのレビューが詳しい。Story, Moutoussis, and Dolan, 2015）。

　ここでは，著者らの実施した注意欠陥・多動性症候群（ADHD）の患者を対象に行った研究を紹介する（Tanaka et al., 2018）。「衝動性」という言葉は，計画性のなさ・危険を冒す傾向・素早い決断（Eysenck and Eysenck., 1977），未熟な反応・反応抑制の失敗（Bezdjian, Baker, Lozano, and Raine, 2009），異時点間選択課題における衝動的選択（Ainslie, 1974）などをも含む多次元な概念である。

　この研究では，ADHD の衝動性の根本にある要因を捉えることを目的とし，報酬と損失の異時点間選択課題を用い，その選択行動を ADHD 患者と健常者で比較した。先行研究では，将来の損失は報酬ほど割り引かない「符号効果」と呼ばれる報酬と損失の割引の非対称性が報告されていた（Thaler, 1981, Lowenstein, 1988）。また筆者らは健常者を対象とした先行研究で，符号効果の見られる群と見られない群では損失に対する脳の活動に差があることを報告していた（Tanaka, Yamada, Yoneda, and Ohtake, 2014）。今回の実験では，健常者では損失の割引率が報酬よりも小さくなる「符号効果」が観測されたが，ADHD 患者では符号効果は見られなかった。この結果は，ADHD 患者の損失への反応の特異性を示唆している。

　そこで，この行動の特異性の要因を調べるために，報酬や損失の大きさと，時間遅れに対する脳活動を別々に評価する解析を行った。その結果，ADHD 患者では損失の大きさに対する線条体と扁桃体の脳活動が健常者と異なることがわかった。

　このように報酬・損失別に，アウトカムの大きさと時間遅れを別々に評価することで，衝動性の根本にある要因を同定することが可能となった。神経経済学のアプローチは，要因の同定を数理モデルなどを用いて定量的に行えるという利点があると考える。

❖ 参 考 文 献

Ainslie, G.（1974）"Impulse Control in Pigeons," *Journal of the Experimental Analysis of Behavior* 21（3），pp. 485–489.

Ainslie, G. (1992) *Picoeconomics: The Strategic Interaction of Successive Motivational States within the Person*, Cambridge University Press.

Andreoni, J. and C. Sprenger (2012) "Estimating Time Preferences from Convex Budgets," *American Economic Review* 102 (7), pp. 3333–3356.

Angeletos, G.-M., D. Laibson, A. Repetto, J. Tobacman, and S. Weinberg (2001) "The Hyperbolic Consumption Model: Calibration, Simulation, and Empirical Evaluation," *Journal of Economic Perspectives* 15(3), pp. 47–68.

Bezdjian, S., L. A. Baker, D. I. Lozano, and A. Raine (2009) "Assessing Inattention and Impulsivity in Children During the Go/NoGo Task," *British Journal of Developmental Psychology* 27 (2), pp. 365–383.

Bizot, J., C. Le Bihan, A. J. Puech, M. Hamon, and M. Thiébot (1999) "Serotonin and Tolerance to Delay of Reward in Rats," *Psychopharmacology* 146 (4), pp. 400–412.

Cardinal, R. N., D. R. Pennicott, C. L. Sugathapala, T. W. Robbins, and B. J. Everitt (2001) "Impulsive Choice Induced in Rats by Lesions of the Nucleus Accumbens Core," *Science* 292 (5526), pp. 2499–2501.

Eysenck, S. B. and H. J. Eysenck (1977) "The Place of Impulsiveness in a Dimensional System of Personality Description," *British Journal of Clinical Psychology* 16 (1), pp. 57–68.

Ho, M. Y., S. Mobini, T. J. Chiang, C. M. Bradshaw, and E. Szabadi (1999) "Theory and Method in the Quantitative Analysis of 'Impulsive Choice' Behaviour: Implications for Psychopharmacology," *Psychopharmacology* 146 (4), pp. 362–372.

Kobayashi, S. and W. Schultz (2008) "Influence of Reward Delays on Responses of Dopamine Neurons," *The Journal of Neuroscience* 28 (31), pp. 7837–7846.

Laibson, D. (1997) "Golden Eggs and Hyperbolic Discounting," *Quarterly Journal of Economics* 112 (2), pp. 443–478.

Loewenstein, G. F. (1988) "Frames of Mind in Intertemporal Choice," *Management Science* 34, pp. 200–214.

Lowenstein, D. and D. Prelec (1992) "Anomalies in Intertemporal Choice: Evidence and an Interpretation," *Quarterly Journal of Economics* 107 (2), pp. 573–597.

McClure, S. M., D. I. Laibson, G. Loewenstein, and J. D. Cohen (2004) "Separate Neural Systems Value Immediate and Delayed Monetary Rewards," *Science* 306 (5695), pp. 503–507.

Mobini, S., S. Body, M. Y. Ho, C. M. Bradshaw, E. Szabadi, J. F. Deakin, and I. M. Anderson (2002) "Effects of Lesions of the Orbitofrontal Cortex on Sensitivity to Delayed and Probabilistic Reinforcement," *Psychopharmacology* 160 (3), pp. 290–298.

Mobini, S., T. J. Chiang, M. Y. Ho, C. M. Bradshaw, and E. Szabadi (2000) "Effects of Central 5-Hydroxytryptamine Depletion on Sensitivity to Delayed and Probabilistic Reinforcement," *Psychopharmacology* 152 (4), pp. 390–397.

Pine, A., T. Shiner, B. Seymour, and R. J. Dolan (2010) "Dopamine, Time, and Impulsivity in Humans," *The Journal of Neuroscience* 30 (26), pp. 8888–8896.

Poulos, C. X., J. L. Parker, and A. D. Le (1996) "Dexfenfluramine and 8-OH-DPAT Modulate Impulsivity in a Delay-of-reward Paradigm: Implications for a Correspondence with Alcohol Consumption," *Behavioral Pharmacology* 7 (4), p. 395.

Schweighofer, N., M. Bertin, K. Shishida, Y. Okamoto, S. C. Tanaka, S. Yamawaki, and K. Doya (2008) "Low-Serotonin Levels Increase Delayed Reward Discounting in Humans," *The Journal of Neuroscience* 28 (17), pp. 4528–4532.

Soubrié, P. (1986) "Reconciling the Role of Central Serotonin Neurons in Human and Animal Behavior," *Behavioral and Brain Science* 9 (2), pp. 319–335.

Story, G. W., M. Moutoussis, and R. J. Dolan (2015) "A Computational Analysis of Aberrant Delay Discounting in Psychiatric Disorders," *Frontiers in Psychology* 6, Article 1948.

Tanaka, S. C., N. Schweighofer, S. Asahi, K. Shishida, Y. Okamoto, S. Yamawaki, and K. Doya (2007) "Serotonin Differentially Regulates Short- and Long-Term Prediction of Rewards in the Ventral and Dorsal Striatum," *PLoS ONE* 2 (12): e1333.

Tanaka S. C., N. Yahata, A. Todokoro, Y. Kawakubo, Y. Kano, Y. Nishimura, A. Ishii-Takahashi, F. Ohtake, and K. Kasai (2018) "Preliminary Evidence of Altered Neural Response during Intertemporal Choice of Losses in Adult Attention-Deficit Hyperactivity Disorder," *Scientific Reports* 8(1), 6703.

Tanaka S. C., K. Yamada, H. Yoneda, and F. Ohtake (2014) "Neural Mechanisms of Gain-Loss Asymmetry in Temporal Discounting," *The Journal of Neuroscience* 34 (16), pp. 5595–5602.

Thaler, R. (1981) "Some Empirical Evidence on Dynamic Inconsistency," *Economics Letters* 8 (2), pp. 201–207.

Wogar, M. A., C. M. Bradshaw, and E. Szabadi (1993) "Effect of Lesions of the Ascending 5-Hydroxytryptaminergic Pathways on Choice between Delayed Reinforcers," *Psychopharmacology* 111 (2), pp. 239–243.

池田新介 (2012) 『自滅する選択——先延ばしで後悔しないための新しい経済学』東洋経済新報社。

依田高典・後藤励・西村周三 (2009) 『行動健康経済学——人はなぜ判断を誤るの

か』日本評論社。

◇◇ 練 習 問 題
（E-1 選択式問題）
　準双曲割引関数を持つ意思決定者Aが，直近の将来を$\beta\delta$で割り引き，遠い将来
は割引因子δで割り引いているとする。ここでβとδは，ともに1より小さい正数
とする。指数的割引関数を持つ意思決定者Bは，割引因子δを持つとする。このδ
の値は，意思決定者Aのδの値とまったく同じであり，2人はその他の点ではまっ
たく同じであるとする。次の2つの問いに答えよ。

1. 2人の意思決定者の比較について最も的確な答えをひとつ選べ。
　　A）　意思決定者Aは，意思決定者Bと比べて非流動資産を多く持つ。
　　B）　意思決定者Aは，意思決定者Bと比べて貯金を多くする。
　　C）　意思決定者Aの所得と消費の相関は，意思決定者Bの相関よりも大きい。
　　D）　意思決定者Aの退職時の消費は，意思決定者Bの退職時の消費よりも大
　　　　きく下落する。
　　E）　A）とB）とC）。
　　F）　A）とC）とD）。

2. 意思決定者Aが非流動資産をより多く持つ理由について，最も的確な答えをひ
　とつ選べ。
　　A）　意思決定者Aは時間非整合性の問題に直面しているが，意思決定者Bは
　　　　時間非整合性の問題に直面していないため。
　　B）　意思決定者Aは，意思決定者Bと比べて貯金を好むため。
　　C）　意思決定者Aの「現在の自分」はコミットメントを用いて，「将来の自
　　　　分」に影響を与えようとするため。
　　D）　非流動資産は，コミットメントのためのひとつの手段として用いること
　　　　ができるため。
　　E）　A）とB）とC）。
　　F）　A）とC）とD）。

（E-2 記述式問題）
　利子率をr，ある消費者のt期の消費をC_t，t期の所得（所与とする）をY_t，と
して次の2つの問いに答えよ。

1. 消費者が2期間だけ生きると仮定して，$U(C_0, C_1)$ を効用関数とする。
   A） 2期間の予算制約式を書け。
   B） 予算制約下の効用最大化を，予算制約を表す線とフィッシャーの無差別曲線を3本描いて表せ。横軸，縦軸にラベルをつけること。
   C） $t=0$ 期に，貯蓄が起こるように，(Y_0, Y_1) の組合せを図に書き入れよ。
   D） 上記の回答に使ったものとは別の色のペンを使って，すでに書いた無差別曲線よりも傾きがもっと急な無差別曲線が同じ予算制約線に接しているように書き入れよ。効用最大化する C_0 が問 B）よりも大きくなり，したがって貯蓄が少なくなっていることを確認せよ。
   E） 効用最大化のための，限界代替率と相対価格が等しい条件を，式に書いて表せ。
   F） 効用関数が，指数割引的であるなら，どのような効用関数となるかを書け。その場合のオイラー条件を書け。

2. 消費者が多期間（T 期間）生きると仮定して，$U(C_0, C_1, ..., C_T)$ を効用関数とする。
   A） 予算制約式を書け。
   B） 効用最大化のための，限界代替率と相対価格が等しい条件を，式に書いて表せ。
   C） 効用関数が，指数割引モデルのようであるなら，どのような効用関数となるかを書け。その場合のオイラー条件を書け。
   D） 効用関数が，準双曲的割引モデルのようであるなら，どのような効用関数となるかを書け。この場合，完全なコミットメントが可能で「$t=0$ の自分」が「将来の自分」たち全員に対して独裁的に，すべての期間の消費を，$t=0$ の予算制約のもとで，自己の効用を最大化するように決定したとする。その場合の隣接する2期間のオイラー条件を書け。（ヒント：C_0, C_1 を含むオイラー条件と，$t>0$ の場合の C_t, C_{t+1} を含むオイラー条件は異なるので，別に書くこと。）

第7章

学習理論と神経経済学の実験

※ は じ め に

　報酬に基づく意思決定や行動に関する研究では，「学習」というのは重要なキーワードである。一方，基本的な経済モデルでは，消費者は環境に関するすべての情報を知っており，それに従って効用を最大化する行動を選択するだけで，学習する要素はないことが多い。しかし，現実の世界では，私たちは環境に関する完全な情報を持っておらず，さまざまな情報から推定したり，または経験から学ぶ必要がある。この学習を伝統的経済学の期待効用理論のもとで理論化する場合には，ある意味で最も論理的に自然なのはベイズ学習理論である[1]。実験でよく用いられるゲーム理論での分析ではベイズ学習理論は複雑であるため，より単純な強化学習（reinforcement learning）と信念学習（クールノー学習や仮想学習など）[2] がよく用いられている。本章では心理学および神経科学でも広く用いられている強化学習理論を中心に紹介する。

1 条件付けと学習理論

われわれ人間をはじめとする動物の行動は，食べ物やお金などの「**報酬**」に

---

1)　経済学でのベイズ学習（合理的学習とも呼ばれる）や他の学習理論については，例えば Evans and Honkapohja（1999）の概観論文を参照。

2)　信念学習については，川越（2010，第 3 章）を参照。

大きく左右される。報酬の効果を実験によって確かめたのが，20世紀初頭から行われた動物を用いた一連の条件付け実験である。ロシアの生理学者パブロフは，犬にベルを鳴らすのと同時に，餌を与えることを繰り返すと，ベルを鳴らすだけで犬は唾液を出すようになることを発見した。これは後に**古典的条件付け**（classical conditioning, または Pavlovian conditioning）と呼ばれる。また，Thorndike（1911）は，レバーを押すと外に出られる仕組みの箱の中にネコを入れ，たまたまレバーを押して箱の外に出て餌を食べることができた，という試行錯誤を繰り返すことで，ネコがレバーを押して外に出るまでの時間が短くなることを発見した。これは後に**道具的条件付け**（instrumental conditioning）と呼ばれる。Skinner（1938）は，これらの条件付けを定式化し，報酬の効果を，「ある刺激と報酬を伴う反応との間の連合を強め（強化），その反応の生起確率の増加をもたらす」と定義した。心理学では，報酬のことを「強化因子」ともいう。

このような実験心理学では，人間や動物の意思決定に関わる脳の働きを理解しようと研究が行われてきた。そこで調べられた報酬の効果などをはじめとする一連の**学習理論**は，さまざまな分野に影響を与えた。人工知能の分野の発展においても，動物の学習理論は大きく貢献した。そのひとつに，**試行錯誤学習**がある。これは，前出のソーンダイク（E. L. Thorndike）の実験を起源とするもので，実験でのネコのように，試行錯誤で学習する「知的な」コンピュータプログラムを作るものである。その後，人工知能，特にその中でも**機械学習**と呼ばれる分野では，人間や動物の学習能力と同様の機能を実現させるためにさまざまな学習アルゴリズムが提唱されている。その中で近年，人間や動物の意思決定に関わる脳の数理モデルとして注目されているのが**強化学習理論**である（Sutton and Barto, 1998）。これは，将来にわたって得られる報酬の総額を最大化するような行動則を試行錯誤で学習するという，いわば前述の道具的条件付けを理想的な環境下で定式化したものに相当する。

2 強化学習理論

　例えばレストランの評価を私たちはどうやって決めていくだろう。初めての
レストランでは，味についての経験がない，つまり予測ができないため，料理
のおいしさそのもので評価することになる。一方，馴染みのレストランでは，
「いつもよりおいしくないな」というように，予測とのずれ（誤差）で評価す
る。この「いつもよりおいしくないな」という負の予測誤差が続けば，その店
に対する評価は落ちて，店に行かなくなるというわけである。

　この評価の過程を強化学習理論で説明することができる。強化学習理論では，
環境とエージェントという2つの概念が存在する。例えば，カードゲームのよ
うな問題では，ゲームのルールや対戦相手が環境に相当し，あなた自身がエー
ジェントとなる。エージェントは，ある時刻 t において，環境から与えられる
状態 $s(t)$ に対して，ある行動 $a(t)$ を取る。すると，環境から報酬 $r(t)$ を与え
られ，次の状態 $s(t+1)$ に遷移する。このような環境で，エージェントである
人間やロボットは将来にわたり得られる報酬総額の期待値を最大化するような
行動を学習する。報酬総額の期待値を**報酬予測**，もしくは**価値関数**と呼ぶ。時
刻 t，状態 $s(t)$ での報酬予測 V は次のように定義される。

$$V(s(t)) = E[r(t) + \delta r(t+1) + \delta^2 r(t+2) + \cdots]$$

（現在の価値）＝（現在の報酬）＋ δ ×（ひとつ後の報酬）＋ δ^2 ×（2つ後の報酬）＋ $\cdots$

　このとき，将来の報酬は割引因子 δ $(0<\delta<1)$ によって，割り引かれている。
つまり，遠い将来に得られる報酬ほど，その価値は少なく見積もられる。これ
は第6章で紹介した時間選好の概念である。

　この価値関数の時間差分が，**報酬予測誤差**と呼ばれるものである。

$$\varepsilon(t) = r(t) + \delta V(s(t+1)) - V(s(t))$$

（報酬予測誤差）＝（現在の価値）－（ひとつ手前で予測した価値）

報酬予測誤差は，現在の価値の予測がどれだけずれているかを示している。最
適な学習則に到達した際には，このずれはゼロになるはずなので，この報酬予

測誤差を学習信号として用いるのが，強化学習理論の代表的な方式である。つまり，報酬予測誤差が正の値であれば，その行動をより取るように，逆に報酬予測誤差が負の値であれば，その行動を取らないように学習則を更新していく。これによって，環境に対する情報がなくても，試行錯誤で最適な行動を学習していくことが可能になるのである。

3 脳の数理モデルとしての強化学習

　この強化学習理論は，最近では，ロボット制御や人工知能などの分野への応用とともに，人間や動物の意思決定に関わる脳の働きを理解しようとするための**脳の数理モデル**としても注目されている。ドーパミンは脳幹にある黒質緻密部と，腹側被蓋野という場所で作られ，脳のいろいろな場所で作用するが，脳損傷や脳卒中などの影響でドーパミンが作られなくなると，パーキンソン病などの運動障害が起こることが知られている。実は，ドーパミンと強化学習理論との関連が近年の実験で明らかにされたのだ。Schultz, Dayan, and Montague (1997) は，ドーパミンニューロン（ドーパミンを作る神経細胞）の活動が，強化学習理論の報酬予測誤差を表していることを，サルを用いた実験で明らかにした。

　彼らは実験で，ライトが光るとサルにジュースを与えるという課題を繰り返した。実験の初期では，ジュースがもらえるタイミングで，ドーパミンニューロンが強く活動したが，実験が進むにつれ，ライトが光るタイミングでドーパミンニューロンが強く活動し，ジュースがもらえるタイミングでは強い活動は見られなくなった。その後，ジュースがもらえるタイミングで，ジュースをあげないと，ドーパミンニューロンの活動が減ることもわかった。これらのドーパミンニューロンの活動は，報酬予測誤差で説明できる。実験の初期（学習前）では，予測がないため，報酬の値そのものが報酬予測誤差になる。これはジュースに反応したドーパミンニューロンの活動に対応する。学習が進むと，ライトが光ることでジュースをもらえることが予測できるため，正の報酬予測誤差が生じる。これはライトのタイミングでのドーパミンニューロンの活動の

増加に対応する。もうすぐもらえる報酬に対する「わくわく感」を表している といってもよい。次に，学習後にジュースを与えないと，報酬予測誤差が負に なる。これはジュースをあげないときのドーパミンニューロンの活動の減少に 対応する。もらえると期待していた報酬がもらえなかった「がっかり感」を表 しているといってもよい。

　この発見により，人間を含む動物の報酬に基づく行動学習を，強化学習理論 で説明しようという動きが盛んになってきた。強化学習は大きく分けて，次の 3つのステップを踏んでいる。(1) 価値付け，(2) 価値に基づく行動選択，(3) 予 測誤差の計算と価値の更新（学習）。それぞれのステップが，脳のどの部位で 実装されているかを調べる研究が行われ，次のような対応が提唱されている。

(1)　価値付け：前頭葉，頭頂葉，線条体
(2)　価値に基づく行動選択：(1) の部位およびその投射先
(3)　予測誤差の計算と価値の更新：ドーパミンとその投射先

　このように，ある機能に対して脳の数理モデルを仮定し，それを実験的手法 で検証することで，人間を含む動物の行動学習や意思決定のメカニズムの解明 を目指すアプローチは**計算論的神経科学**と呼ばれている。この計算論的神経科 学の土台が，のちの神経経済学の発展につながったのである。

4　予測誤差の脳機構

　現在では，このような強化学習などの意思決定モデルに基づく神経科学の研 究も，神経経済学の分野に含まれることが多い。ここでは，代表的なヒトを対 象とした研究をいくつか紹介する。

　McClure, Berns, and Montague（2003）は，古典的条件付けの課題を用いて， 予測誤差に対応する脳活動を fMRI を用いて調べた。参加者はまず MRI スキャ ナに入る前に，画面に刺激が出て，数秒後に報酬がもらえるという課題（ト レーニング試行）を繰り返し行った。この時点で，刺激が出ると何秒後に報酬 がもらえるという条件付けが完了したことになる。その後，MRI スキャナに 移動し，その中で同じような課題を行った。ただし MRI の中では，トレーニ

ング試行に加えて，「予想外」の試行が含まれていた。それは，トレーニング試行よりも遅いタイミングで報酬が出る試行である。この予想外の試行では何が起こっているだろうか。まず，トレーニング課題で予測される報酬のタイミングで報酬が出なかったとき，負の予測誤差が生じているはずである。一方，その後遅れて報酬がやってきたとき，正の予測誤差が生じていると考えられる。そこでそれぞれのタイミングでの脳活動を調べたところ，線条体の活動が予測誤差に対応しているという結果が得られた。つまり，負の予測誤差が生じているタイミングでは線条体の活動は下がり，正の予測誤差が生じているタイミングでは線条体の活動は増加していたのである。このことから，線条体が予測誤差を表現していることが示唆された。

一方 O'Doherty et al.（2003）は，道具的条件付けの課題を用いて，予測誤差に対応する脳活動を fMRI を用いて調べた。参加者は，MRI スキャナの中で画面に表示される2つの図形のうちどちらかを選ぶ。図形には異なる報酬が割り振られており，選択した図形に対応する報酬が得られる。参加者は，どの図形がいくらもらえるかという情報は知らされておらず，試行錯誤で学習していく。このときの参加者の行動から，予測誤差の変動を推定し，脳活動との相関を調べた。その結果，線条体や前頭葉といった部位に，予測誤差と有意な相関が見られた。

これらの結果は，線条体や前頭葉といった部位が，予測誤差を表現している可能性を示唆している。しかしサルを用いた電気生理実験では，予測誤差はドーパミンニューロンの活動と関連があるという結果が出ていた。この一見矛盾する結果は，fMRI の特性によるものと考えられている。fMRI の信号は，ニューロンの出力ではなく，ニューロンへの入力を捉えているのである（Logothetis et al., 2001）。したがって，上記のヒトを対象とした fMRI 実験の結果は，ドーパミンニューロンから線条体や前頭葉に投射されたドーパミンによる作用を見ているという解釈ができる。fMRI 実験では，単に活動のあるなし，相関のあるなしを見るだけでなく，脳の特性，測定手法の特性も考慮に入れて，結果を解釈することが大切だということがわかるだろう。

5 強化学習における時間割引とその脳機構

　強化学習の価値関数には，第6章で紹介した時間選好の概念が含まれている。ここで割引率によって価値の計算とその行動がどうなるかを具体的な例を挙げて見てみよう。ここでは指数関数を用いるが，双曲割引でも基本的な点は同じである。図7-1のAのような小さい罰の後に大きい報酬が来るような状況では，$\delta = 0.3$ の場合は，将来の報酬に対する重みがすぐに減衰するため，$t = 4$ にある大きな報酬に対する重みが小さく，$t = 1, 2, 3$ にある罰に対する重みが大きくなり，$t = 1$ 状態での価値は，$V = -20 + 0.3 \times (-20) + 0.3^2 \times (-20) + 0.3^3 \times 100 = -25.1$ と負になり，この行動は「やらないほうがまし」と判断される。一方，$\delta = 0.9$ の場合は，将来の報酬に対する重みがなかなか減少しないため，価値は $V = 18.7$ と正になり，この行動は「損して得を取る」行動となる。また図7-1のBのような報酬の後に大きい罰が来るような状況では，δ が小さい（$\delta = 0.3$）と価値は正（$V = 47.3$）になるため，「ついやってしまう」行動となるが，δ が大きい（$\delta = 0.9$）と負（$V = -22.9$）になるため，「危ないことはやらない」と判断される。このように，割引因子 δ が小さいと，その行動は「衝動的」な側面を持つといえる。

図7-1　割引係数が強化学習エージェントのふるまいに与える影響

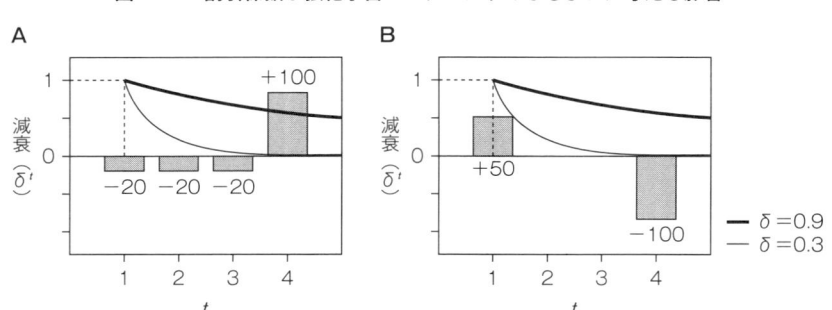

　A：小さい罰の後に大きい報酬が来る場合と，B：報酬の後に大きな罰が来る場合。割引係数の値が小さいと，目先の報酬に対する重みが大きいため，どちらの場合でも最適な行動を取ることができない。

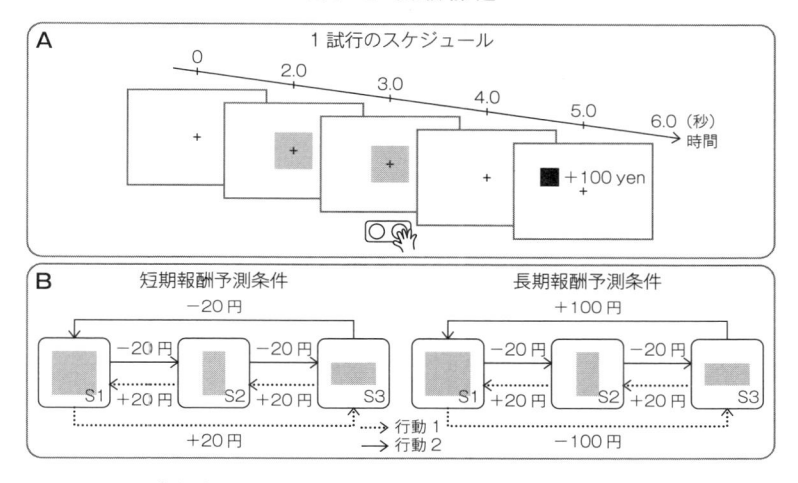

図 7-2　実 験 課 題

A　1 試行のスケジュール

0　2.0　3.0　4.0　5.0　6.0（秒）
時間

+100 yen

B

短期報酬予測条件
−20円
−20円　−20円
S1　+20円　S2　+20円　S3
+20円

長期報酬予測条件
+100円
−20円　−20円
S1　+20円　S2　+20円　S3

⋯→ 行動 1
⟶ 行動 2
−100円

　A：参加者はディスプレイ上に現れる 3 種類の図形に対して，2
つのボタンのどちらを押せばよいかを学習する。図形とボタンの組
合せにより，そのとき得られる報酬金額と，次に現れる図形が決定
される。B：短期報酬予測条件では，常に正の報酬の得られる行動
1 が最適行動である。それに対し長期報酬予測条件では，大きい報
酬を得るためには借金をしなくてはならない，いわゆる「損して得
取る」行動 2 が最適行動となる。

　Tanaka et al.（2004）は，このようなダイナミックな状態遷移で報酬が得ら
れるような課題を行っているときの脳活動を fMRI で測定した。20 人の参加者
は，MRI 装置の中でボタン押し課題を行った（図 7-2 の A）。画面上に提示さ
れる 3 種類の図形に対して，左右それぞれのボタンに応じた報酬と，次に表示
される図形が決定されるという課題になっている（図 7-2 の B）[3]。参加者は
このルールを試行錯誤によって学習し，最終的により多くの報酬を得られるよ
うな行動を取得する。短期報酬予測条件では，参加者は単純に各図形に対して，
より多くの報酬金額を与えるボタンを押すことを学習する。一方，長期報酬予
測条件において大きな正の報酬が得られる図形を呼び出すには，まず小さな負
の報酬を受けるボタンを選ばなければならない。つまり，目先の報酬にとらわ

　3）　テクニカルには「マルコフ決定問題」といわれる。

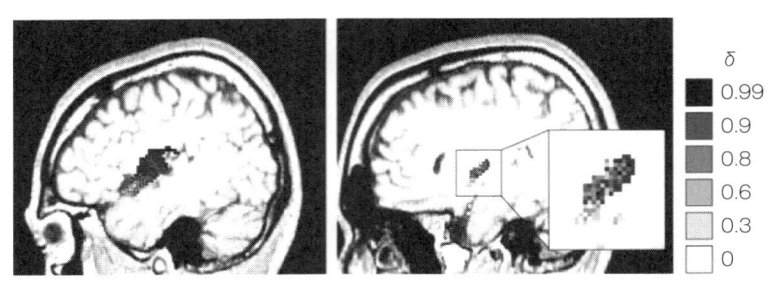

図7-3 理論モデルに基づいた脳活動データ解析の結果

左：島皮質には報酬予測との相関が，右：線条体には報酬予測誤差との相関が見られた。グレースケールが割引因子を示しており，色が薄いほど小さい割引因子に対応している。

れていては，長い目で見て最適な行動を取ることができない。この2つの条件で参加者に交互に学習を行ってもらい，その脳活動を比較した。その結果，短期報酬予測条件では前頭葉の下部や大脳基底核の一部に，長期報酬予測条件では前頭葉の外側部や頭頂葉，大脳基底核，小脳，また脳幹でセロトニンを伝達する細胞を多く含む縫線核に活動の増加が見られた。

次に，脳の各部位がどのような割引因子における報酬予測に関わるかを調べるために，参加者の脳活動データを強化学習モデルに基づいて解析した。その結果，前頭葉と側頭葉の間に位置する島皮質の腹側部から背側部に向けて，小さい割引因子から大きい割引因子での報酬予測値に相関する脳活動のマップを発見した（図7-3左）。また大脳基底核の入力部に当たる線条体では，その腹側部から背側部に向けて，小さい割引因子から大きい割引因子での報酬予測誤差に相関する活動のマップを発見した（図7-3右）。この結果は，島皮質と線条体の間に部位対応連絡が存在するという解剖学的所見とも一致していた（Chikama, McFarland, Amaral, and Haber, 1997）。今回の実験結果は，これまで情動的な機能を司るとされていた線条体腹側部を含むネットワークが短期的な報酬予測に関わり，より高次な認知的機能を司るとされてきた線条体背側部を含むネットワークが長期的な報酬予測に関わるという，並列ネットワークの割引因子での機能分化を示唆している。この複数のネットワークの存在は，第6章で紹介したマクルーア（S. M. McClure）らの研究結果とも一致しているといえる。

◈ 参 考 文 献

Chikama, M., N. R. McFarland, D. G. Amaral, and S. N. Haber (1997) "Insular Cortical Projections to Functional Regions of the Striatum Correlate with Cortical Cytoarchitectonic Organization in the Primate," *The Journal of Neuroscience* 17 (24), pp. 9686–9705.

Evans, G. W. and S. Honkapohja (1999) "Learning Dynamics," in J. B. Taylor and M. Woodford eds., *Handbook of Macroeconomics*, Volume 1A, Elsevier.

Logothetis, N. K., J. Pauls, M. Augath, T. Trinath, and A. Oeltermann (2001) "Neurophysiological Investigation of the Basis of the fMRI Signal," *Nature* 412 (6843), pp. 150–157.

McClure, S. M., G. S. Berns, and P. R. Montague (2003) "Temporal Prediction Errors in a Passive Learning Task Activate Human Striatum," *Neuron* 38 (2), pp. 339–346.

O'Doherty, J. P., P. Dayan, K. Friston, H. Critchley, and R. J. Dolan (2003) "Temporal Difference Models and Reward-related Learning in the Human Brain," *Neuron* 38 (2), pp. 329–337.

Schultz, W., P. Dayan, and P. R. Montague (1997) "A Neural Substrate of Prediction and Reward," *Science* 275 (5306), pp. 1593–1599.

Skinner, B. F. (1938) *The Behavior of Organisms: An Experimental Analysis*, B. F. Skinner Foundation

Sutton, R. S. and A. G. Barto (1998) *Reinforcement Learning: An Introduction*, MIT Press.

Tanaka, S. C., K. Doya, G. Okada, K. Ueda, Y. Okamoto, and S. Yamawaki (2004) "Prediction of Immediate and Future Rewards Differentially Recruits Cortico-Basal Ganglia Loops," *Nature Neuroscience* 7 (8), pp. 887–893.

Thorndike, E. L. (1911) *Animal Intelligence: Experimental Studies*, Macmillan Company.

川越敏司 (2010)『行動ゲーム理論入門』NTT 出版。

第**8**章

社会的選好：基礎編

※ はじめに

　第1章で説明した最後通牒ゲームと独裁者ゲームの実験で見たように，多く
の人々は自分の消費や利得のみを考えて行動するわけではない。実験という特
殊状況ではない現実にも大災害があったときの寄付やボランティア活動など，
多くの人々が利他的行動をすることが観察される。利他的行動を説明するため
の行動経済学の現在の主流は利己的ではない選好のモデルである[1]。ある個人
の選好を表す効用関数に自分の消費や利得だけでなく，他者の消費や利得が変
数として入っているような選好を，**社会的選好**（social preferences）と呼ぶ[2]。
社会的選好は，他者顧慮的選好（other-regarding preferences）とも呼ばれる。
これに対し伝統的経済学の基本モデルでは自分の消費や利得だけが効用関数の
変数に入る利己的な経済人の選好を仮定する。社会的選好モデルを考えるとき
に重要なことは，利他性の存在を示す実験が多くあるのと同時に，市場での取
引をする市場実験では，利己的な経済人を仮定した伝統的経済学のモデルで十
分に説明できる結果が出ることである。社会的選好モデルは，独裁者ゲームな
どでの利他的行動と，市場実験で利他的行動が消えてしまうことの両方を同時

---

1)　第10章で見るように集団の規範や世界観の影響を考える理論でも利他的行動を説明す
　　ることができ，これらの理論を社会的選好理論と代替的，あるいは補完的に用いること
　　ができる。
2)　本章で説明する社会的選好と第12章で説明する社会的厚生関数はまったく異なった概
　　念なので混同しないように注意する必要がある。社会的厚生関数は厚生経済学で個人で
　　はなく社会全体の厚生を評価する関数である。

に説明するものでなければならない。本章ではこれらの一見したところでは利他性について矛盾しているように思える実験結果と，それらを同時に説明する社会的選好モデルを取り上げる。

行動経済学の現在の主流の社会的選好モデルは，Fehr and Schmidt（1999）と Bolton and Ockenfels（2000）らの不平等回避モデルである。このモデルで，利他的行動だけでなく，なぜ市場実験では利他的行動が見られなくなっていくかを含め，多くの実験結果を説明できる。このモデルは選好が所与で安定的でかつ行動の結果だけに依存するとするもので，これは伝統的経済学でも分析されてきた経済外部性のモデルの特殊ケースとなる。したがって市場均衡やゲーム理論の分析も，伝統的経済学の方法をそのまま用いることができる。

しかし伝統的経済学で経済外部性を考えるときには，自分の子孫に対する利他性や，庭園が所有者以外の人たちに与える満足や，たばこの煙が非喫煙者に与える不快感や健康被害などの，自分と自分の子孫以外の幸福にはまったく関心を払わない「利己的な」人間にも普通にあると考えられる外部性に興味が限定されていた。行動経済学での社会的選好は，もっと広い意味での外部性に興味の中心があるのが特徴である。さらに経済人の選好は行動の結果だけに依存すると仮定されているのに対し，行動の背後にある他者の意図や，他者のタイプなどに選好が依存する社会的選好モデルも開発されていて，これらは伝統的経済学の枠からはっきりとはみだすモデルとなっている。

1 他者への関心の存在を示す実験

最後通牒ゲームと独裁者ゲームを含む多くの実験結果によれば，多くの人々は自分の物質的な幸福だけでなく，自分と何らかの関係のある他者の利得にも関心を持っていることを示す。これらの実験は人々が一様ではないことも示す。ある人々は他者の利得に大いに関心を示し，他の人々はほとんど関心を示さない。本節では最後通牒ゲームと独裁者ゲーム以外の他者への関心の存在を示す実験を説明する。

他者への関心の存在に関する結果は頑健で，学生たちの実験室での小さい利

得の実験だけの結果ではない。開発途上国では先進国に比べて物価が安いことを利用して大きな利得で実験しても他人への関心の存在は消えない。最後通牒ゲームと独裁者ゲームで見たように，配分者には，何らかの利他的動機があると考えられる。しかし最後通牒ゲームで受益者が低い配分を拒否することは，利他的動機ではなく，むしろ自分に対して不公平な行動を取る相手への報復行動と考えられる。利他的行動も報復行動も利己的経済人は行わない。

1.1 公共財ゲーム

伝統的経済学の理論では，基本的には外交や防衛や公園などの公共財は，市場での民間の自発的な行為によっては十分に供給されないと予測する。これは公共財の2つの性質による。1番目の性質は非排除性である。公共財は一度供給されれば，そのネットワークから特定の個人を除外することができない。2番目は非競合性である。誰かがその財を消費しても，他の誰かの消費が減少しない。

これら2つの性質のため，各々の受益者が自分は応分の負担をせずに，他の人々の負担にただ乗りして，サービスを享受しようとする誘因がある。これを「ただ乗り（フリーライド）問題」と呼ぶ。例えば囚人のジレンマは公共財ゲームでプレイヤーが2人しかいない特殊ケースである。これは，第1章で紹介した囚人のジレンマと同じ構造を持つ環境ゲームの方がわかりやすい。環境ゲームでは環境が公共財である。各国は他国の環境への貢献にただ乗りしようとする誘因を持つ。伝統的経済学はすべての国が利己的にただ乗りするので，環境への貢献をする国はないことを予測する。

このような伝統的経済学の理論の予測を検証するために，多くの公共財への自発的な寄付行動の実験が行われてきた。例えば囚人のジレンマのゲームの実験が多く行われてきた。ここではもっと一般的に2人より多いプレイヤーのいる公共財ゲームの例として，4人のプレイヤーがいる公共財ゲームの実験を紹介する。

各参加者に，20トークン（代用硬貨）が所得として渡される。トークンは実験の後に1トークンが10円というような交換レートで現金に換えられるので，参加者はトークンを多く集める誘因がある。各参加者が手持ちの資金を4人の

共通プールに寄付した場合に，各参加者が得ることになる個人の収益率を0.4とする。つまり1人が10トークンを寄付した場合には，その人を含めて全員が$10 \times 0.4 = 4$トークンを得る。グループ全体としては，この個人の10トークンの寄付に対し16トークンの利益を得る。例として全員が20トークンの寄付をすれば，それぞれの人に32トークンが配られる。しかし，もし1人の個人だけが20トークンを寄付したときは，それぞれの人に8トークンしか配られない。

　利己的な経済人を仮定すると，このゲームのナッシュ均衡は，どのプレイヤーも共通プールに寄付しないで，それぞれ20トークンを得ることである。つまり参加者全員がただ乗りの誘因を持っているので，まったく公共財に寄付しないというのが伝統的経済学のただ乗り理論の予測である。

　実際にこうしたゲームを単発の実験で試した場合，各参加者は平均して実験で与えられた所得の4割から6割分の寄付をする（これを寄付率と呼ぶ）。「ただ乗り理論」ではこのような実験結果を説明できない。単発ではなく，同じゲームを複数回（例えば10ラウンド）行うような場合には，1回目の寄付率は50％程度であっても，最終的な寄付率は10％程度まで低下する。しかし最終回でも「ただ乗り理論」の予測する「ゼロ」よりはかなり高い寄付率である。

　伝統的経済学からは，利己的な参加者による**学習仮説**（learning hypothesis）という説明がありうる。学習仮説とは，実験に参加した参加者は実験者の説明を聞いただけではゲームの構造を明確に理解していないが，経験を重ねるうちにゲームの構造を学習していく，という仮説である。学習仮説による説明では実験でラウンドを追って寄付率が低下するのは，参加者が，最初はゲームの構造を明確に理解していなかったものの，段々と学習することによって，本来取るべき戦略に収斂していくと考える。しかし，Andreoni（1988）の実験において，学習仮説だけでは説明できない結果が得られた。まず公共財ゲームの経験のある熟練したプレイヤーを参加者として含めた場合でも，ゲーム開始当初の寄付率は高い。また10ラウンド繰り返した後にもう一度新たな10ラウンドのゲームを開始する場合にも，最初の数回は寄付率が高い。これらの結果は利己的経済人の学習仮説では説明できないので，社会的選好など他の要因による説明を考えざるをえない。

Fehr and Gächter（2000）は，すべてのプレイヤーに他のプレイヤーの所得を減少させられるという懲罰（punishment）の機会を与えた。懲罰するとは自分自身にも懲罰の額に比例した費用がかかるという設定である。純粋に利己的な経済人には費用のかかる懲罰を行使する誘因はない。彼らの研究の参加者はチューリッヒ大学の学生たちで，懲罰の機会を与えた場合，懲罰なしの場合と異なり，複数回ゲームでも平均寄付率が高めに安定して推移した。また，懲罰なしの標準的な公共財ゲームでは，寄付率がだんだん低くなる傾向があったのに対し，懲罰ありの場合は，寄付率がだんだん高くなる傾向があった。ただ乗り行為に対して懲罰をするプレイヤーがいるために，寄付率が高くなると思われる。この後の国際比較で，これらの実験結果は多くの国々で頑健なものと，そうでないものが見つかっていることを第 10 章で説明する。

1.2　信頼ゲーム

信頼ゲーム（trust game）では，プレイヤー 1 は，プレイヤー 2 の利得を増やす投資をすることができる。プレイヤー 2 は，プレイヤー 1 に自発的にいくらかお返しをすることができる。まったくお返しをしないという選択もある。

Berg, Dickhaut, and McCabe（1995）では，この実験は次のように行われた。2 つの部屋 A, B にいる参加者たちは，10 ドルを参加の謝礼として受け取った。部屋 A にいる参加者たちは，部屋 B にいる匿名の自分の実験パートナーに，10 ドルのうちどれだけ金額を送るかを選択する。送られた金額は 3 倍にして部屋 B にいる参加者に渡される。部屋 B にいる参加者（プレイヤー 2）は，送られた金額のうち，どれだけを部屋 A にいる自分のパートナー（プレイヤー 1）に返却するか決断する。

伝統的経済学の理論では，プレイヤー 2 が純粋に利己的ならまったくお返しをしないはずである。理論的にはプレイヤー 2 がまったくお返しをしないと予測するなら，プレイヤー 1 は，まったく投資しないはずである。実際の実験では，多くの参加者がプレイヤー 1 として，お返しがあると予測して投資する。また，ほとんどの場合，プレイヤー 2 は，実際にお返しをする。

2 市 場 実 験

2.1 スミスの市場実験

本節では他人への関心が見られないと思えるような市場実験の結果を説明する。Chamberlin（1948），Smith（1962, 1964）が仮想財を用いた市場実験を始めた。スミス（V. Smith）は2002年に実験経済学でノーベル経済学賞を受賞した。

チェンバリン（E. H. Chamberlin）の実験では参加者たちは，2, 3分のうちに仮想財を交換するためのパートナーを探し，価格について交渉した。チェンバリンの実験の典型的な結果は，伝統的経済学の予測する市場均衡から遠く離れたものだった。主要な結果は2つあった。第1に価格に大きな変動があった。第2に実験では交換された財の量が，理論的に予測された市場均衡での取引量よりも多かった[3]。

スミスはこのような結果は買い値と売り値の情報が公開されていないためと考えた。そこで Smith（1962, 1964）は，チェンバリンの実験に2つの重要な変更を加えた。第1に同じ参加者での実験を数ラウンド繰り返し，経験から学べるようにした。第2に口頭ダブル・オークションという競売方法を用いた。口頭ダブル・オークションでは買い手が買い値のオファーをいい，その買い値は公開される。売り手はそのオファーを受諾することができる。売り手は売り値のオファーをいい，その売り値は公開される。買い手はそのオファーを受諾することができる。Smith は，口頭ダブル・オークションを用いると，経験をつんだ参加者たちが，伝統的経済学の理論が予測する市場結果をほぼ達成することを示した。

Smith（1964）で使われた実験手順を見ておこう。大学のクラスの学生たちに，意思決定の実験への参加を要望した[4]。白いカードを受け取った参加者は

---

3) 取引量が多くなったひとつの理由は，参加者が交換取引をしてもしなくても利益が同じである場合は，できるだけ多くの取引を行うように指示されていたことである。

4) 現在の米国の倫理規定では，研究発表を目的にした実験には自由意思の参加のルールがある。この規定からクラスでの実験は強制と解釈される場合が多く，原則的に許されていない。

仮想財 1 単位を保有している売り手となる。白いカードに書いてある数字が売り手の費用に当たり，この数字より高い価格で買い手に売ると利益が生じる。第 1 章で導入した WTA は費用に一致する。この費用の数字は，カードを受け取った参加者しか知らない。さまざまな費用が参加者に与えられた。黄色いカードを受け取った参加者は買い手となる。1 回の実験で各買い手は 1 単位だけ仮想財を買うことができる。カードに書いてある数字が買い手の留保価格に当たり，この数字より低い価格で売り手より買うと，買い手に利益が生じる。第 1 章で導入した WTP は留保価格に一致する。この留保価格の数字は，カードを受け取った参加者しか知らない。さまざまな留保価格が参加者に与えられた。

この実験設定では，伝統的経済学に基づく市場均衡理論で，各参加者が個人では市場価格に影響を与えることができないという完全競争の仮定のもとで市場均衡の分析を行うことができる（章末の補論 1 を参照）。実験ではこの設定で同じ参加者グループによる口頭ダブル・オークションによる市場取引が 5 回行われた[5]。Smith（1964）の実験結果では 1 回目の市場取引では観察される取引価格が理論予測値から大きく離れていたのに対し，4, 5 回目の取引ではほぼ取引価格は理論予測値に近かった。

2. 2 ホルトらの市場実験

スミスの用いた口頭ダブル・オークションの手法が発展して標準化されたものが Plott（1982）に説明されている。Holt, Langan, and Villamil（1986）の実験では，この標準的手法を用い，またスミスの実験とは留保価格と費用の設定を変え，すべての買い手が同じ留保価格を持ち，すべての売り手が同じ費用を持つようにした。本書の目的にとって重要なことは，ホルト（C. A. Holt）らの実験設定では，市場均衡理論は極端に不平等な結果を予測することである。

彼らの実験のひとつでは仮想財 1 単位の費用は 5.70 ドルで，留保価格は 1 単位 6.80 ドルであった。この設定の枠内でさらに 2 つの実験設定があり，この 2 つの設定の違いにより実験セッションは第 1 週と第 2 週と呼ばれた。第 1 週と第 2 週の違いは売り手の財の初期保有の量と，買い手の留保価格が有効で

5）　ひとつのグループだけは，比較のために 6 回取引をした。

表8-1　ホルトらの市場実験の設定

第1週

	①	②	③	④	全員
売り手	3	3	3	2	11
買い手	4	4	4	4	16

第2週

	①	②	③	④	全員
売り手	4	4	4	4	16
買い手	3	3	3	2	11

(注) 売り手は初期保有の数，買い手は留保価格が有効である限度の数。

ある限度の量である。表8-1にこの違いがまとめてある。第1週には4人の売り手のうち3人にそれぞれ3単位，1人に2単位の初期保有が与えられた。市場全体では11単位の財の供給が可能であった。第2週にはそれぞれの売り手に4単位の初期保有が与えられた。市場全体では16単位の財の供給が可能であった。第1週にはそれぞれの買い手に4単位まで留保価格が1単位6.80ドルで，この限度を超えると留保価格は0ドルと設定された。価格が正であるかぎりどんなに価格が低くとも，市場全体で最大16単位を超える財に対する需要が生じない設定である。第2週には4人の買い手のうち3人にそれぞれ3単位までの留保価格の限度，1人に2単位と設定した。価格が正であるかぎりどんなに価格が低くとも，市場全体で最大11単位を超える財に対する需要が生じない設定である。

　伝統的経済学に基づく市場均衡理論で，各参加者が個人では市場価格に影響を与えることができないという完全競争の仮定のもとで市場均衡を分析してみよう。まず市場供給曲線を導出する。各売り手は財の費用がWTAなので，価格が5.70ドルより低ければ，各売り手は財を手放そうとはしない。価格が5.70ドルより高ければ，財の初期保有を全部市場で売ろうとする。ある売り手が自分の持つ初期保有を全部市場で売ってしまったときには，価格がどんなに高くとも売るための財を持っていないので市場に供給することができない。価格がちょうど5.70ドルであれば，各売り手は財を売ることと財を売らないことについて無差別であるが，財の初期保有が供給量の限度である。この個人の供給

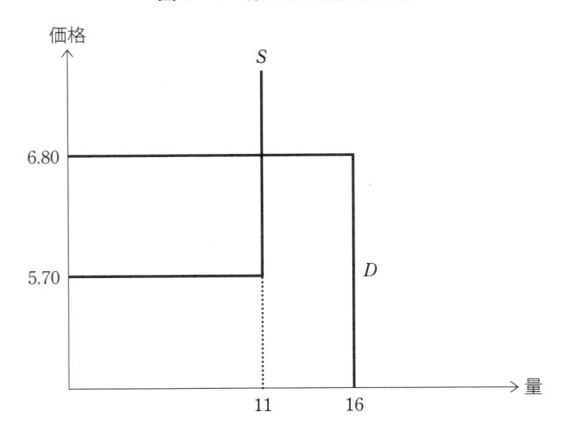

図8−1　第1週の市場均衡

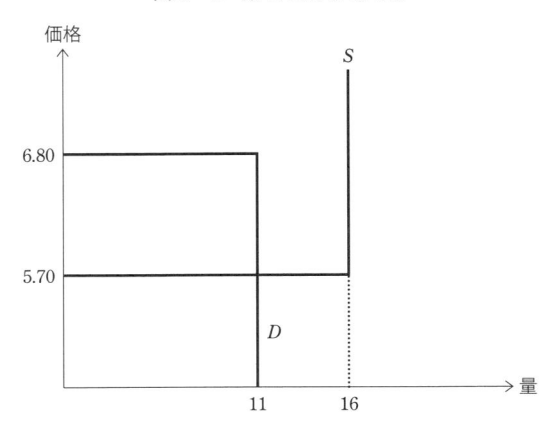

図8−2　第2週の市場均衡

を売り手全員について足したものが，各価格水準での市場供給となる。市場供給曲線は，価格水準を変えてそれぞれの市場供給を計算することで得られる。価格が 5.70 ドルより低ければ市場供給は 0 であり，価格が 5.70 ドルより高ければ市場供給は 4 人の売り手の初期保有の合計である。価格がちょうど 5.70 ドルであれば，市場供給は 0 から 4 人の売り手の初期保有の合計までのどの数であってもよい[6]。第 1 週では初期保有の合計は 11 単位，第 2 週では 16 単位になる。第 1 週の市場供給曲線は図 8 − 1 の S 曲線で表される。市場供給曲線

は価格が 5.70 ドルのときに量が 0 から 11 では水平であり，無限に弾力的な供給曲線である。しかし供給量が 11 に達すると，市場供給は 11 単位より増えないので，供給曲線は 11 単位で 5.70 ドル以上の価格では垂直になる。第 2 週の市場供給曲線は図 8-2 の S 曲線で表される。市場曲線は価格が 5.70 ドルのところで量が 0 から 16 では水平であり，無限に弾力的な供給曲線である。しかし量が 16 に達すると，市場供給は 16 単位より増えないので，供給曲線は 16 単位で 5.70 ドル以上の価格では垂直になる。

　次に市場需要曲線を導出する。各買い手は財の費用が WTP なので，価格が 6.80 ドルより高ければ，財を買おうとはしない。価格が 6.80 ドルより低ければ，各買い手は留保価格が 0 ドルになる最高限度まで財を買おうとする。価格がちょうど 6.80 ドルであれば，各買い手は財を買うことと財を買わないことについて無差別であるが，留保価格が 0 ドルになる限度を超えて買おうとはしない。この個人の需要を買い手全員について足したものが，各価格水準での市場需要となる。市場需要曲線は，それぞれの価格水準での市場需要を計算することで得られる。価格が 6.80 ドルより高ければ市場需要は 0 であり，価格が 6.80 ドルより低ければ市場需要は 4 人の買い手の限度量を足したものである。価格がちょうど 6.80 ドルであれば，市場需要は 0 から 4 人の限度量合計までのどの数であってもよい。市場需要曲線は，第 1 週では限度量合計は 16 単位，第 2 週では 11 単位になる。第 1 週の市場需要曲線は図 8-1 の D 曲線で表される。市場曲線は価格が 6.80 ドルのところで量が 0 から 16 までは水平であり，無限に弾力的な需要曲線である。しかし量が 16 に達すると，市場需要は 16 単位より増えないので，需要曲線は 16 単位で 6.80 ドル以下の価格では垂直になる。第 2 週の市場需要曲線は図 8-2 の D 曲線で表される。市場需要曲線は価格が 6.80 ドルのところで量が 0 から 11 までは水平であり，無限に弾力的な需要曲線である。しかし量が 11 に達すると，市場需要は 11 単位より増えないので，需要曲線は 11 単位で 6.80 ドル以下の価格では垂直になる。

　市場で需要と供給が一致する市場均衡価格は，市場での供給曲線と需要曲線の交点での縦軸の価格として得られる。図 8-1 に示されるように第 1 週では

6）　厳密には実験での市場供給も需要も自然数であるが，ここでは簡単化のため実数として市場供給曲線と市場需要曲線を描くことにする。

6.80 ドルであり，図 8-2 に示されるよう第 2 週では 5.70 ドルである。本書の目的にとって重要なことは市場取引から売り手と買い手の得る利益の違いである。第 1 週のように市場均衡価格で需要の方が最高水準の供給よりも多い場合は，売り手のみが市場取引から利益を得，買い手はまったく利益を得ない。第 2 週のように市場均衡価格で供給の方が最高水準の需要よりも多い場合は，買い手のみが市場取引から利益を得，売り手はまったく利益を得ない。これが市場均衡理論の予測である。実験結果は，ほぼこの理論予測どおりになった。

3 最後通牒ゲームへの競争の導入

Roth, Prasnikar, Okuno-Fujiwara, and Zamir（1991）は最後通牒ゲームに競争を導入した。ロス（A. E. Roth）らはこれを市場セッティングと呼んだ。市場セッティングでは n 人の配分者が，1 人の受益者に配分する率をオファーする。受益者は，一番高い率のオファーを受諾するか拒否するかを意思決定する。他のオファーは自動的に拒否する。米国，イスラエル，スロヴェニア，日本の 4 カ国で実験した。実験は各セッションで何回かのラウンドを繰り返した。4 カ国とも，最大の配分率は 1 に急速に収束した。受益者がすべての利得を得，配分者は，何も得ないという前節の市場均衡のように不公平な結果となった。

Güth, Marchand, and Rullière（1997）は受益者に競争を導入した。1 人の配分者が n 人の受益者にオファーした。各受益者は，配分率がこの水準以下なら拒否するというカットオフ水準を選択する。もし複数の受益者のカットオフ水準がオファーの配分率よりも低ければ，そのうち 1 人が無作為に選ばれた。5 回のラウンドの後，カットオフ水準の平均は 5% よりも低く，71% の受益者はカットオフ水準を 0 に設定した。このように人々は不公平なオファーを標準的な最後通牒ゲームでは拒否するが，競争がある状況では受諾する。

4 社会的選好モデル

4.1　3つの社会的選好モデル

　第1節で見たように，多くの人々は他者の利得にも関心を持っていることを示す行動をし，第2,3節で見たように競争的な状況では他者の利得への関心は持っていないかのように行動する。これらの2つの実験結果と整合的なモデルとしてさまざまな社会的選好モデルが提唱されてきた。大きく分けて3種類の社会的選好モデルがある。**インテンション・ベースト社会的選好**（intention-based social preferences）と，**タイプ依存社会的選好**（type dependent social preferences）と，**アウトカム・ベースト社会的選好**（outcome-based social preferences）である。

　インテンション・ベースト社会的選好は，Rabin（1993）のモデルのように他人の親切な意図による行動に対しては，親切な行動で応じ，他人の敵対的な意図に対しては，敵対的な行動で応じたい，という相互応報的な選好である。相互応報に結果よりも意図を重視する。タイプ依存社会的選好は Levine（1998）のモデルのように「良い」人に対しては，親切な行動で応じたいが，「悪い」人に対しては敵対的な行動で応じたい，という選好である。これに対し，アウトカム・ベースト社会的選好は，人の意図やタイプではなく，消費や利得の結果だけに注目する。これらのモデルにはそれぞれメリット・デメリットがあるが，本書では現在のところ特に多くの研究で用いられているアウトカム・ベースト社会的選好モデルを紹介する。

　アウトカム・ベースト社会的選好モデルは，意図などのプロセスではなく消費や利得などの結果だけに依存した選好を考えるので，伝統的経済学で考察されてきた**経済外部性**の一種であるといえる。ある主体の消費や生産などの経済活動が，取引を通じずに直接に他の主体の選好に影響するとき，経済外部性があるという。生産活動から生じる公害や，ある人のタバコの消費が周りの人々の効用を下げるなら経済外部性がある。アウトカム・ベースト社会的選好モデルでは，ある人の消費や利得が高いほど別の人の効用が高いという利他性を考えるが，これは経済外部性の一種である。したがってアウトカム・ベースト社

会的選好モデルは，伝統的経済学と行動経済学の境界の領域に属している。伝統的経済学ではある人のタバコの消費が周りの他の人に不快感を与えるというような利己的な人でも感じる外部性や，子の効用が高いと親の効用も高いというような親子間の利他性が主要な分析の対象であったのに対し，行動経済学では実験結果を説明するために他人に対する利他性なども分析の対象になっているところが異なっている。

4.2 純粋利他性モデル

伝統的経済学で特に重要なアウトカム・ベースト社会的選好モデルは Barro (1974) と Becker (1974) の**純粋利他性モデル**である。純粋利他性モデルでは，他の人の効用レベルが，別の人の効用関数に独立変数として入っている。例えば典型的な応用例である親の子に対する利他性モデルで，親の効用関数を U，子の効用関数を V，親の消費を C_0，子の消費を C_1 とすると，

$$U(C_0, V(C_1))$$

が親の効用関数である[7]。

ここで本章でこれまで取り上げた実験結果を純粋利他性モデルで説明できるかどうか検討するために，自分の子に対する利他性ではなく，他人に対する利他性にこのモデルを応用してみよう。ある実験参加者が他人（例えば実験でたまたまパートナーとなった人）に利他性を持つモデルとして主体の効用関数を U，他人の効用関数を V，実験の参加者の利得を C_0，他人の利得を C_1 とすると，

$$U(C_0, V(C_1))$$

が純粋利他性モデルでの参加者の効用関数である。このモデルで独裁者ゲームでの多くの参加者たちの利他的な行動を説明できるが，最後通牒ゲームで受益者が低いオファーを拒否する行動は説明できない。

純粋利他性モデルと関連の深いアウトカム・ベースト社会的選好モデルとし

---

7) このモデルでさらに子の効用関数にその子の効用関数が独立変数として入っていれば，親と子孫全部を合わせてマクロ経済学でよく用いられる無限期間の効用関数を考えることができる。

て Andreoni（1989, 1990）の**ウォーム・グロー・モデル**（warm glow model）がある。このモデルでは他人の効用レベルだけではなく，参加者が他人にお金を与えるという行動自体にも効用を感じる。一見したところ純粋利他性モデルと大きな違いがないようであるが，実はさまざまな重要な違いがある。例として第12章で国の財政問題を考察するときに重要なリカード等価定理が純粋利他性モデルでは成立するが，ウォーム・グロー・モデルでは成立しないことを見る。

4.3 不平等回避モデル

　独裁者ゲームや最後通牒ゲームの結果を説明し，かつ競争がある場合も含む本章で紹介した実験のほとんどを説明することができるアウトカム・ベースト社会的選好モデルとして，Fehr and Schmidt（1999）と Bolton and Ockenfels（2000）の**不平等回避モデル**（inequality aversion model）がある。前者は線形効用関数を用い，後者は非線形効用関数を用いるなど，重要な違いがあるが，ほとんどの応用ではどちらの理論を用いてもほぼ同様の結果が得られる。そこで，本書ではより説明の簡単な Fehr and Schmidt（以後，本書では F&S）のモデルを中心に説明する。F&S モデルはさまざまな実験の結果を統一的に説明することを目的にしている。

　N 人の参加者がいる実験のゲームで，プレイヤー i がゲームで得る利得を x_i とする。プレイヤー i の効用関数は x_i だけではなく，他のプレイヤーたちが得る利得にも依存する。他のプレイヤーたちの得る利得をベクトル

$$x_{-i} = (x_1, x_2, ..., x_{i-1}, x_{i+1}, ..., x_N)$$

として，プレイヤー i の効用関数は

$$U_i(x_i, x_{-i}) = x_i - \alpha_i \frac{1}{N-1} \sum_{j=1}^{N} \max\{x_j - x_i, 0\} - \beta_i \frac{1}{N-1} \sum_{j=1}^{N} \max\{x_i - x_j, 0\} \qquad (1)$$

と仮定する。ただし効用関数のパラメータ，β_i，α_i は

$$\beta_i \leq \alpha_i, \quad 0 \leq \beta_i \leq 1$$

の条件を満たす。

　この F&S モデルを説明するために，まず $N=2$ の2人のプレイヤーがいる

ゲームの場合を考える。この場合のF&Sモデルは

$$U_i(x_i, x_{-i}) = x_i - \alpha_i \max\{x_j - x_i, 0\} - \beta_i \max\{x_j - x_i, 0\} \tag{2}$$

となる[8]。

プレイヤー1にとって自分に不利な不平等がある場合 $(x_2 > x_1)$ の彼の効用関数は

$$U_1(x_1, x_2) = x_1 - \alpha_1(x_2 - x_1) \tag{3}$$

である。右辺の1番目の項は彼が不平等には関係なく自身の利得から得ている効用を表し、2番目の項はプレイヤー2に比べて自分の利得が低い不平等があると彼の効用が下がることを表す。このように不平等があると効用が下がる理由は彼が自分に対する不平等に不満を感じるからである[9]。x_2 が一定のとき、x_1 が増えると、不平等の是正効果もあり効用が増える。x_1 が一定のとき、x_2 が1単位増えると、不平等の悪化のため α_1 だけ効用が減る。したがってパラメータ α_1 の値はプレイヤー1の不平等に対する不満の程度を表す。α_1 が0であれば自分に不利な不平等があっても不満を感じず効用も下がらない。α_i の値が大きければ、自分に不利な不平等に対して大きな不満を感じる。α_i の値が1より大きい場合も考えられる。

プレイヤー1にとって自分に有利な不平等がある場合 $(x_1 > x_2)$ の彼の効用関数は

$$U_1(x_1, x_2) = x_1 - \beta_1(x_1 - x_2) \tag{4}$$

である。右辺の1番目の項は先の場合と同じく不平等に関係しない効用であり、2番目の項は彼がプレイヤー2に比べて自分の利得が高い不平等があると彼の効用が下がることを表す。このように不平等があると効用が下がる理由は彼が自分に有利な不平等に罪悪感を感じるからである[10]。x_2 が一定のとき x_1 が増

---

8)　$\max\{a, b\}$ は a, b の2つの数のうち大きい数を表す。

9)　あるいは純粋に公平を好むということも考えられるが、パラメータの説明を簡潔にするために不満を持つ場合だけを考えることにする。

10)　先と同様に純粋に公平を好むということも考えられる。

えると，効用が $(1-\beta_1)$ だけ増える。ここでもし $\beta_1>1$ であれば，効用はむしろ減ることになるが，そのような選好を持つ人がいることは考えにくいので，$\beta_1\leq1$ という仮定を置く。x_1 が一定のとき，x_2 が1単位増えると，不平等の是正効果で β_1 だけ効用が増える。したがってパラメータ β_1 の値はプレイヤー1の自分に有利な不平等に対する罪悪感の程度を表す。不平等を嫌うというモデルなので $\beta_1\geq0$ を仮定する。β_1 が0であれば自分に不利な不平等があっても効用が下がらない。β_1 の値が大きければ，自分に有利な不平等に対してより大きく効用が低下する。ここで自分に対して有利な不平等から生じる効用の低下が，自分に対して不利な不平等から生じる効用の低下を上回るような選好を持つ人は考えにくいので $\beta_1\leq\alpha_1$ を仮定する。

　$N>2$ の場合に，自分にとって不利な不平等と有利な不平等が同時に存在しうる。自分にとって不利な不平等がある他のプレイヤーの利得と自分の利得の差を合計して $(N-1)$ で割った商にパラメータ α_1 を掛けた値だけ効用が低下する。自分にとって有利な不平等に対してはパラメータ β_i を掛ける。この場合にも，プレイヤー i 自身の利得が増加したときに，効用が増加することを保証するために，$\beta_i\leq1$ という仮定を置く。不平等を嫌うというモデルなので $\beta_i\geq0$ を仮定する。自分に対して有利な不平等から生じる効用の低下が，自分に対して不利な不平等から生じる効用の低下を上回るような選好を持つ人は考えにくいので $\beta_i\leq\alpha_i$ を仮定する。

　F&S モデルで人々がパラメータ α_i,β_i について異なった値を持つとすると，前節で解説した実験で観察されたさまざまな行動を説明することができる。独裁者ゲームで配分者として受益者に0の利得を配分したり，公共財ゲームでまったく公共財に貢献しない人たちの効用関数は，$\alpha_i=\beta_i=0$ のパラメータを持ち，他のプレイヤーの利得にはまったく関心を持たない利己的な経済人の効用関数を持っていると考えられる。これに対し，独裁者ゲームで受益者に自分と同じだけの利得を配分することを選択する人たちは，$\beta_i=1$ というような自分に有利な不平等に対して強い嫌悪を示し，平等な配分を好むパラメータを持つと考えられる。多くの人々は $0<\beta_i<1$ という中間的な不平等回避のパラメータを持ち，自分に不利な不平等を少なくとも自分に有利な不平等と同様に嫌うので，最後通牒ゲームの受益者として自分の利得を減らしてもオファーを

拒否することになる。

　F&S モデルを用いて，競争が導入されると，人々が選択する行動から不平
等回避の傾向がなぜ観察されなくなるかを理解することができる。不平等回避
選好を持つ人は，自分の行動が不平等な結果に影響する場合は，不平等回避の
行動を取るが，競争的な状況で，自分の行動が不平等な結果に影響を与えない
か，ほとんど与えない場合には，自分の利得を最大化するように行動するので，
選好の不平等回避の部分は，その人の行動に影響を与えなくなる（章末の補論
2 参照）。

　F&S モデルとほぼ同時期に構築された Bolton and Ockenfels（2000）の
Equity, Reciprocity and Competition モデル（ERC モデルと呼ばれている）も，
前節で解説したさまざまな実験で観察された，競争がないときの不平等回避の
行動と，競争があるときの不平等を無視する行動を同時に説明する。彼らのモ
デルでのプレイヤー i の効用関数は，$x_i \geq 0$（$i = 1, ..., N$）の利得のベクトルに
対し

$$v_i(x_i, \ \sigma_i(x_i, x_{-i}, N)) \tag{5}$$

$$\sigma_i = \begin{cases} \dfrac{x_i}{\sum_{j=1}^{N} x_j} & \text{if } \sum_{j=1}^{N} x_j > 0 \\ \dfrac{1}{N} & \text{if } \sum_{j=1}^{N} x_j = 0 \end{cases} \tag{6}$$

である。ここで σ_i はプレイヤー i の利得のシェアである。$\sigma_i(x_i, x_{-i}, N)$ は，不
平等回避を表現する関数で，x_i が所与のとき効用は $\sigma_i = 1/N$ のときに最大化
され，σ_i が所与で x_i が増加すると効用は増加するか不変であると仮定される。
ここで $\sigma_i = 1/N$ となるのは，正の x_i が存在し，$x_i/\sum_{j=1}^{N} x_j = 1/N$ となる場合と，
x_j がすべての j について 0 となる場合がある。プレイヤー i が正の利得を得て
いるとき，自分の利得の全体の利得に対する割合が $1/N$ と一致しているとき
に，最も効用が高く，$1/N$ から乖離している不平等な状態だと効用が低くなる，
という考えである。

　F&S モデルも ERC モデルもアウトカム・ベーストの不平等回避モデルであ
る。これら 2 つのモデルはほとんどの実験について，同様の理論予測を持つ。
2 つのモデルの本質的な違いは，F&S モデルではプレイヤー i は，他の各プレ

イヤー個人の個々の利得と自分の利得を比べるのに対し，ERC モデルでは，プレイヤー i は，自分の利得とグループ全体の利得を比較する。自分の利得の全体に対する割合が，平等な規範といえる $1/N$ に，どれだけ近いかで不平等を判断する[11]。

5 社会的選好の神経経済学

近年，このような社会的選好の脳機構が盛んに調べられており，時間選好や効用理論といった経済モデルの研究とともに，神経経済学の大きな柱のひとつとなっている。

5.1 信頼ゲームにおける裏切りと報酬系

ここでは，信頼ゲームで信頼を裏切られたときの脳活動を調べた研究を紹介する（de Quervain et al., 2004）。実験では，プレイヤー 1 が参加者となり，異なる 7 人のプレイヤー 2 と 1 回ずつディスプレイ越しに対戦する。このプレイヤー 2 は実験者が用意した者で，うち 3 人はステップ 2 でプレイヤー 1 にお金を返し，残りの 4 人はまったく返さない（着服する）ように指示されている。1 人ずつの対戦後，参加者であるプレイヤー 1 は，プレイヤー 2 に対して，どれぐらい公平だったか，どれぐらい罰したいかという質問に答える。この質問に答えている間の脳活動を，PET（positron emission tomography：陽電子放射断層撮影）という装置で測定した。

罰を与えるときに，「意図的な裏切りかどうか」，「罰を与えることにコストがかかるか」という条件を提示し，条件間での脳活動を比較した。その結果，「意図的な裏切り」に対して実際の罰を与えたときに，線条体がより強く活動していたことがわかった。さらに，この線条体の活動の強さと実際に与えた罰の大きさを比べて見てみると，正の相関があったことがわかった。つまり，線条体の活動が大きい人ほど，実際に大きな罰を与えているということを示して

---

11) この F&S モデルと ERC モデルの違いについて実験で検証した研究に Falk, Fehr, and Fischbacher（2005）がある。

いる。この意図的な裏切りに対して大きな罰を与えるときに線条体というういわゆる報酬に関わる場所が強く関わっているという結果は，大きな罰を与えるのと大きな報酬を感じるのは似たような状態なのではないかということを示しているといえよう。一方，罰を与える際に，コストをかけるかかけないかという判断に関しては，前頭葉の一部である腹内側前頭前野が関わっていたこともわかった。この部位はいわゆる「目的志向型」の行動に関わるといわれており，罰を与える際のコスト（負の効用）とそれによって得られる正の効用のトレードオフを行っているという解釈ができる。

5.2 最後通牒ゲームと不公平

最後通牒ゲームでは，どれだけ理不尽な提案でも受け入れた方が，自分の利得は多くなるはずである。しかし拒否するということは，自分の利得から得られる効用よりも，相手の不公平な提案を受け入れることで生じる負の効用が大きかったと解釈することができる。それではこのとき，脳の中では何が起こっているのだろうか。

Sanfey et al.（2003）は，相手が不公平な提案をしたときの脳活動を fMRI で測定し，島皮質と背外側前頭前野（DLPFC）がより強く活動したことを明らかにした。島皮質は，損失や罰といった負の特性に関わることが知られており，不公平な提案による負の効用を反映していると解釈することができる。実際，相手の提案を拒否したときの方が，受け入れたときよりも島皮質の活動が大きかったという結果が出ている。一方，DLPFC は，相手の提案を拒否したときと受け入れたときで，活動に差は見られなかった。このことは，DLPFC では「より多い利得を得る」という目的を達成するために，「自分の利得から得られる効用」と「相手の不公平な提案を受け入れることで生じる負の効用」のトレードオフが生じているのではないかという解釈が可能である。

チューリッヒ大学の Fehr らは，この最後通牒ゲーム中の DLPFC の働きを調べるために，反復経頭蓋磁気刺激法（rTMS: repetitive transcranial magnetic stimulation）という磁場を発生させる装置を用いた手法で DLPFC の活動を人為的に低下させ，不公平な提案をされたときの行動の変化を見た（Knoch et al., 2006）。その結果，右の DLPFC を刺激すると，最も不公平な提案を受け入

れる割合が，脳の他の場所を刺激した場合よりも有意に高くなることがわかった。このときに，相手がどれだけ不公平かを質問しており，右の DLPFC に刺激を受けた人たちは，その提案が不公平だということはわかっているのに受け入れてしまうという現象が起きていた。この結果から，DLPFC は「自分の利得から得られる効用」のみを考える利己的な自分を抑えるという働きをしているが，rTMS による活動の低下によって，その抑制が効かなくなっているのではないか，という解釈が可能である。

5.3 不公平に関する神経経済学

Tricomi, Rangel, Camerer, and O'Doherty（2010）は，自分より悪い環境の人がよくなったことで感じる正の効用を次のような実験で明らかにした。2 人で行う実験において，参加者 2 人は最初 30 ドルずつもらう。さらにくじ引きをして，「rich」をひいた参加者は 50 ドル追加されることで，80 ドルと 30 ドルという所得差を作り出す。その状況で fMRI に入り，自分に 30 ドル追加される，相手に 30 ドル追加される，というくじを引いて当たったときの脳活動を調べた。その結果，自分がお金をもらえたときだけでなく，「rich」を引いた参加者は，相手にお金が入ったときにも線条体が活動していたことがわかった。一方，「rich」を引かなかった参加者は相手にお金が入ったときに，線条体は活動していなかった。線条体は，報酬に関わるという先行研究を考慮すると，他者の利得による格差の減少が，効用を増やす方向に作用していると解釈することができる。

Haruno and Frith（2010）は，自分と他者とで利得を分配するゲーム中の脳活動と，他者と自分の利得の差に対する選好の個人差との関係を調べた。分配のパターンは，(1) 自分と相手の所得の差額が最小で，自分と相手の総額が最大になる，(2) 自分の所得が最大になる，(3) 相手との差額が最大になる，という 3 通りを用意した。この際，一貫して (1) のパターンを選んだ参加者を「向社会的」（prosocial），(2) を選んだ参加者を「個人主義的」（individualistic），(3) を選んだ参加者を「競争的」（competitive）とし，脳活動を比較した。その結果，向社会的な参加者は，分配の差が大きいほど扁桃体という脳の場所が強く活動した。一方，個人主義的な参加者ではそのような相関は見られなかった。

このことから，向社会的な参加者は，所得の差，つまり「不公平」の度合いを扁桃体で判断していることが示唆される。ちなみにこの実験では，大学生の参加者のうち，約 65％が向社会的，約 34％が個人主義的，1％程度が競争的な社会的選好を持っていた。

5.4 社会的感情の神経経済学

社会的な状況での意思決定には，食べ物や貨幣などの物的・金銭的報酬だけではなく，他人からの評価や他人への妬みといった「社会的な感情」も重要な要素となる。これらの感情が脳の中では「報酬」として処理されていることを示す実験結果が続々と報告されている。Izuma, Saito, and Sadato（2008）は，社会的報酬と金銭的報酬の関係を fMRI 実験によって調べた。参加者に，他人が参加者を評価した文章を読ませ，そのときの脳活動を調べたところ，「信頼できる」などのよい評価を提示されたときは線条体が活動し，評価が高いほどその活動も強くなった。この結果は，他者からの評判という社会的報酬が，金銭的報酬と同じシステムで処理されていることを示唆している。また，Takahashi et al.（2009）は，妬みという社会的感情が脳でどのように処理されているかを fMRI 実験によって調べた。参加者が実験中に読むシナリオに，参加者と同性で，進路や人生の目標や趣味が共通で，かつ参加者より成績優秀でいい車に乗っているというような，妬みの対象となる人物を登場させる。そのシナリオの中で，妬みの対象になる人物に不幸が起こると，線条体が活動したと報告している。このように，「社会性」が関係する意思決定の脳機能を調べる研究は「社会性神経科学（social neuroscience）」とも呼ばれ，神経経済学でも大きな位置を占めている。

補論 1　市場実験の理論分析

本文で説明した Smith（1964）の実験設定では，各売り手と買い手が市場価格に影響を与えることができない完全競争のもとでの市場均衡を需要曲線と供給曲線を描いて分析することができる。例えば，7 人の売り手が，10 円，20 円，

30 円，40 円，50 円，60 円，70 円の費用を書いたカードを受け取り，7 人の買い手が 10 円，20 円，30 円，40 円，50 円，60 円，70 円の費用を書いたカードを受け取ったとする。まず需要曲線は，価格が 70 円より高いと買い手は誰も買わないので，市場需要は 0。価格が 70 円のときは，留保価格 70 円の買い手は，何も買わないか，1 個買うかどちらでも利得が同じなので，0 個から 1 個まで水平の需要曲線となる。価格が 70 円より低く 60 円より高いかぎり留保価格 70 円の買い手のみが 1 個を買って正の利得を得るので，市場需要は 1 個である。価格が 60 円のときには，留保価格 60 円の買い手は何も買わないか，1 個買うかどちらでも利得が同じなので，1 個買いたい留保価格 70 円の買い手の需要を加えて，市場需要は 1 個から 2 個である。価格が 60 円より低く 50 円より高いと，留保価格 70 円と 60 円の買い手は，それぞれ 1 個ずつ買うことによって利得が増えるので，市場需要は 2 個である。このように価格が下がっていくにつれ，市場需要曲線は階段状に増えていく。

　次に供給曲線は，価格が 10 円より低いと売り手は誰も売らないので，市場供給は 0。価格が 10 円のときは，費用 10 円の売り手は，何も売らないか，1 個売るかどちらでも利得が同じなので，0 個から 1 個まで水平の供給曲線となる。価格が 10 円より高く 20 円より低いかぎり費用 10 円の買い手のみが 1 個を売って正の利得を得るので，市場供給は 1 個である。価格が 20 円のときには，費用 20 円の買い手は何も売らないか，1 個売るかどちらでも利得が同じなので，1 個売りたい費用 10 円の売り手の供給を加えて，市場供給は 1 個から 2 個である。価格が 10 円より高く，20 円より低いと，費用 10 円と 20 円の売り手は，それぞれ 1 個ずつ売ることによって利得が増えるので，市場供給は 2 個である。このように価格が上がっていくにつれ，市場供給曲線は階段状に増えていく。

　図 8 A – 1 のように需要曲線と供給曲線は，40 円の価格のときに交わる。市場均衡価格は 40 円である。この価格で，費用 40 円のカードを持つ参加者は，財を売ることと売らないことに無差別である。費用 40 円のカードを持つ参加者は，財を買うことと買わないことに無差別である。このため，市場均衡は 2 つ存在しており，均衡価格 40 円で，均衡での取引数量は 3 個，または 4 個である。

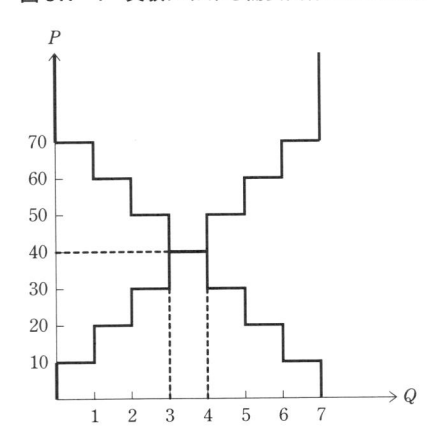

補論 2　不平等回避モデルと競争

　参加者たちが，F&S モデルの不平等回避の選好を持つとき，競争の有無で最後通牒ゲームでのサブゲーム完全均衡がどのように変わるかについて，Fehr and Schmidt（1999）は次のように分析している。

　まず通常の最後通牒ゲームで 2 人のプレイヤーが F&S 選好を持ち，配分者がプレイヤー 1 で，選好のパラメータが (α_1, β_1)，受益者がプレイヤー 2 で，選好のパラメータが (α_2, β_2) であるとする。プレイヤー 1 にとって自分に不利な不平等がある場合：$x_2 > x_1$

$$U_1(x_1, x_2) = x_1 - \alpha_1(x_2 - x_1)$$

プレイヤー 1 にとって自分に有利な不平等がある場合：$x_1 > x_2$

$$U_1(x_1, x_2) = x_1 - \beta_1(x_1 - x_2)$$

プレイヤー 2 も同様である。

　最後通牒ゲームの場合は配分率 s が 0.5 以上であるか以下であるかによって

場合分けをして，効用を s の関数として書くことができる。$s \geq 0.5$ の場合

$$U_1(s) = (1-s) - \alpha_1(2s-1)$$
$$U_2(s) = s - \beta_2(2s-1)$$

となり，$s \leq 0.5$ の場合

$$U_1(s) = (1-s) - \beta_1(1-2s)$$
$$U_2(s) = s - \alpha_2(1-2s)$$

となる。受益者が拒否すれば，$U_1 = U_2 = 0$。

　受益者の取る戦略を考える。$s \geq 0.5$ であれば，（$\beta_2 \leq 1$ だから）$U_2(s)$ は非負なので，受益者は受諾する。この場合，受益者は自分に有利な不平等なので，たとえ不平等が大きくとも拒否して，2人とも0の利得を得るよりは受益することを好む。$s < 0.5$ の場合，受益者は

$$U_2(s) = s - \alpha_2(1-2s)$$

が非負であれば受諾し，負であれば拒否する。したがって受益者は

$$s \geq \frac{\alpha_2}{1+2\alpha_2}$$

であれば受諾，s が右辺よりも小さければ拒否する。

　サブゲーム完全均衡を調べるために，受益者の行動を予測している配分者の行動を考える。配分者は $s > 0.5$ をオファーするくらいなら，$s = 0.5$ をオファーすれば，受益者は受諾し，効用が上昇する。$s > 0.5$ は均衡ではありえない。$s \leq 0.5$ で均衡を探せばよい。$\beta_1 > 0.5$ であれば，配分者の効用は $s \leq 0.5$ であるかぎり，s が増加すると増加する。$\beta_1 > 0.5$ であれば，配分者が，$s = 0.5$ をオファーし，受益者が受諾するのが唯一のサブゲーム完全均衡である。配分者の不平等回避の傾向が $\beta_1 > 0.5$ の意味で強ければ，配分者は完全に平等な $s = 0.5$ という配分率をオファーし，それが受諾される。$\beta_1 < 0.5$ であれば，配分者の効用は s が減少すると増加する。配分者の不平等回避の傾向が弱ければ，配分者はできるだけ低い s をオファーすることを好む。しかし，あまり低いと受諾者が拒否してしまう。配分者は受諾される下限である $s = \alpha_2/(1+2\alpha_2)$ をオ

ファーする。$\beta_1 < 0.5$ であれば，配分者が，$s = \alpha_2/(1 + 2\alpha_2)$ をオファーし，受益者が受諾するのが唯一のサブゲーム完全均衡である。$\beta_1 = 0.5$ であれば，配分者の効用は $s \leq 0.5$ であるかぎり，s が増加しても減少しても変わらない。配分者は $\alpha_2/(1 + 2\alpha_2) \leq s \leq 0.5$ の区間に属する s をひとつオファーし，受益者がそれを受諾するとサブゲーム完全均衡となる。この場合は，多くの均衡が存在する。

まとめると，$\beta_1 > 0.5$ であれば，配分者が $s = 0.5$ をオファーし，受益者が受諾する。$\beta_1 < 0.5$ であれば，配分者が $s = \alpha_2/(1 + 2\alpha_2)$ をオファーし，受益者が受諾する。$\beta_1 = 0.5$ であれば，配分者は $\alpha_2/(1 + 2\alpha_2) \leq s \leq 0.5$ の区間に属する s をひとつオファーし，受益者がそれを受諾する。このように，F&S モデルは不平等回避の選好によって，実際の実験結果を説明することができる。

次に競争を導入した場合を見ておこう。本文で説明した Roth, Prasnikar, Okuno-Fujiwara, and Zamir（1991）のように配分者が複数いて競争が導入された最後通牒ゲームを考える。n 人のプレイヤーのうち，$n-1$ 人が配分者として競争する。配分者 i は，配分率 s_i（$0 \leq s_i \leq 1$）をオファーする（$i = 1, ..., \mathrm{n}-1$）。受益者（$i = n$）は，最も高いオファー $s_{\max} = \max(s_i)$ を受諾するか拒否するか決断する。$s_{\max}$ よりも低い s_i のオファーは自動的に拒否される。もし，複数の配分者が $s_{\max}$ をオファーした場合は，無作為に 1 人の配分者のオファーだけが選ばれる。受益者が $s_{\max}$ を拒否した場合には，すべての参加者の利得は 0 となる。受益者が $s_{\max}$ のオファーを受諾した場合には，受益者の利得は $s_{\max}$ となり，そのオファーを出した配分者の利得は $(1 - s_{\max})$ となる。ここで，利得が $Ys_{\max}$ であるとしても，F&S の選好を Y で割って標準化して，同じ結果が得られる。各プレイヤーは F&S 効用関数を持つとするが，もし，利得が得られるのが確実でない場合には，F&S 効用関数の期待値を最大化するように行動すると仮定する。

まず 2 人以上の配分者が $s_{\max} = 1$ のオファーを出していれば，均衡であることを見る。受益者は $s_{\max} \geq 0.5$ のオファーを受諾すると正の効用を得るので，そのようなオファーは受諾する。これを確かめるには

$$s_{\max} - \frac{1}{n-1}\beta_n(2s_{\max} - 1) - \frac{n-2}{n-1}\beta_n(s_{\max} - 0) \geq 0 \qquad (\text{A-1})$$

であることを見ればよい。(A-1)式が成立するための必要十分条件は

$$(n-1)s_{\max} \geq \beta_n (ns_{\max} - 1) \qquad \text{(A-2)}$$

ここで，$\beta_n \leq 1$ であるから，

$$(n-1)s_{\max} \geq (ns_{\max} - 1)$$

であれば，(A-2)式は成立する。$s_{\max} \leq 1$ であるので，(A-2)式が成立すること
が確かめられた。したがって，受益者は $s_{\max} = 1$ のオファーを受諾する。$s_{\max} = 1$ のオファーを出している配分者の 1 人は，0 の利得を得，受諾する受益者に
比べ，自分に不利な不平等があるが，もう 1 人以上の配分者がオファーを出し
ているので，利得についても不平等についても，オファーを減らすことによっ
て効用をより高めることはできない。1 より小さいオファーを出している配分
者も，オファーを高めても低めても，同じ 0 の利得を得，不平等も同じである。
したがって，まず 2 人以上の配分者が $s_{\max} = 1$ のオファーを出していれば，そ
のオファーは受諾され，均衡である。

　次に他には均衡がないことを見る。もし，$s_{\max} < 0.5$ のオファーが拒否された
場合，それは均衡ではない。なぜ均衡ではないかを見るために，配分者の 1 人
の行動を考える。他の配分者たちの戦略と，拒否する受益者の戦略を所与とし
て，その配分者が，$s = 0.5$ のオファーを出すとする。このオファーは受益者に
受諾される。すると配分者は自分の利得が 0 より上がる。これで均衡ではオ
ファーが必ず受諾されることがわかった。

　もしも $s_{\max} < 1$ の均衡があったとする。もし $s_{\max}$ よりも低いオファーを出し
た配分者がいたとすると，この配分者は，$s_{\max}$ のオファーを出すことで，不公
平状況は変えずに，自分の期待効用を上げることができる。これは矛盾である。

　このように，F&S モデルは，競争を導入したときに，なぜ不平等回避の選
好が行動に与える効果が消えてしまうかを説明することができる。

※ 参 考 文 献

Andreoni, J.（1988）"Why Free Ride?: Strategies and Learning in Public Goods

Experiments," *Journal of Public Economics* 37 (3), pp. 291–304.

Andreoni, J. (1989) "Giving with Impure Altruism: Applications to Charity and Ricardian Equivalence," *Journal of Political Economy* 97 (6), pp. 1447–1458.

Andreoni, J. (1990) "Impure Altruism and Donations to Public Goods: A Theory of Warm-Glow Giving," *Economic Journal* 100 (401), pp. 464–477

Barro, R. J. (1974) "Are Government Bonds New Wealth?" *Journal of Political Economy* 82 (6), pp.1095–1117.

Becker, G. (1974) "A Theory of Social Interactions," *Journal of Political Economy* 82 (6), pp. 1063–1093.

Berg, J. E., J. Dickhaut, and K. McCabe (1995) "Trust, Reciprocity, and Social History," *Games and Economic Behavior* 10 (1), pp. 122–142.

Bolton, G. E. and A. Ockenfels (2000) "ERC: A Theory of Equity, Reciprocity, and Competition," *American Economic Review* 90 (1), pp. 166–193.

Chamberlin, E. H. (1948) "An Experimental Imperfect Market," *Journal of Political Economy* 56(2), pp. 95–108.

de Quervain, D. J., U. Fischbacher, V. Treyer, M. Schellhammer, U. Schnyder, A. Buck, and E. Fehr (2004) "The Neural Basis of Altruistic Punishment," *Science* 305 (5688), pp. 1254–1258.

Falk, A., E. Fehr, and U. Fischbacher (2005) "Driving Forces behind Informal Sanctions," *Econometrica* 73 (6), pp. 2017–2030.

Fehr, E. and S. Gächter (2000) "Cooperation and Punishment in Public Goods Experiments," *American Economic Review* 90(4), pp. 980–994.

Fehr, E. and K. M. Schmidt (1999) "A Theory of Fairness, Competition, and Cooperation," *Quarterly Journal of Economics* 114 (3), pp. 817–868.

Güth, W., N. Marchand, and J.-L. Rullière (1997) "On the Reliability of Reciprocal Fairness: An Experimental Study," Discussion Papers No. 1997, 80, SFB373, Humboldt University of Berlin.

Haruno, M. and C. D. Frith (2010) "Activity in the Amygdala Elicited by Unfair Divisions Predicts Social Value Orientation," *Nature Neuroscience* 13 (2), pp. 160–161.

Holt, C. A., L. W. Langan, and A. P. Villamil (1986) "Market Power in Oral Double Auctions," *Economic Inquiry* 24 (1), pp. 107–123.

Izuma, K., D. N. Saito, and N. Sadato (2008) "Processing of Social and Monetary Rewards in the Human Striatum," *Neuron* 58 (2), pp. 284–294.

Knoch, D., A. Pascual-Leone, K. Meyer, V. Treyer, and E. Fehr (2006) "Diminishing Reciprocal Fairness by Disrupting the Right Prefrontal Cortex," *Science* 314 (5800), pp. 829–832.

Levine, D. K. (1998) "Modeling Altruism and Spitefulness in Experiments," *Review of Economic Dynamics* 1 (3), pp. 593–622.

Plott, C. R. (1982) "Industrial Organization Theory and Experimental Economics," *Journal of Economic Literature* 20 (4), pp. 1485–1527.

Rabin, M. (1993) "Incorporating Fairness into Game Theory and Economics," *American Economic Review* 83 (5), pp. 1281–1302.

Roth, A. E., V. Prasnikar, M. Okuno-Fujiwara, and S. Zamir (1991) "Bargaining and Market Behavior in Jerusalem, Ljubljana, Pittsburgh, and Tokyo: An Experimental Study," *American Economic Review* 81 (5), pp. 1068–1095.

Sanfey, A. G., J. K. Rilling, J. A. Aronson, L. E. Nystrom, and J. D. Cohen (2003) "The Neural Basis of Economic Decision-Making in the Ultimatum Game," *Science* 300 (5626), pp. 1755–1758.

Smith, V. L. (1962) "An Experimental Study of Competitive Market Behavior," *Journal of Political Economy* 70(2), pp. 111–137.

Smith, V. L. (1964) "Effect of Market Organization on Competitive Equilibrium," *Quarterly Journal of Economics* 78(2), pp. 181–201.

Takahashi, H., M. Kato, M. Matsuura, D. Mobbs, T. Suhara, and Y. Okubo (2009) "When Your Gain Is My Pain and Your Pain Is My Gain: Neural Correlates of Envy and Schadenfreude," *Science* 323 (5916), pp. 937–939.

Tricomi, E., A. Rangel, C. F. Camerer, and J. P. O'Doherty (2010) "Neural Evidence for Inequality-Averse Social Preferences," *Nature* 463 (7284), pp. 1089–1091.

◈ 練 習 問 題
（E-1 選択式問題）

1. 4 人の参加者の公共財ゲームで，最初に 20 トークンずつ各参加者が受け取り，共通プールに寄付した場合の個人の収益率を 0.4 とする。参加者が互いに罰するような機会はない標準的な公共財ゲームの実験の理論的予測と結果について，最も的確な答えをひとつ選べ。

    A） 参加者たちがホモ・エコノミカスのように行動するなら，ナッシュ均衡では，全員が 20 トークンの寄付をし，それぞれ 32 トークンを得ると予測される。

    B） 参加者たちがホモ・エコノミカスのように行動するなら，ナッシュ均衡では，各参加者はフリーライドの誘因を持っているので誰も寄付しないことが予測される。

    C） 単発の実験では，平均して所得の約 1％の寄付をする。

D） 単発の実験では，平均して所得の約 4 割から 6 割の寄付をする。

E） 同じゲームを 10 ラウンド行う場合は，寄付率はだんだん減少して 10%
程度まで低下する。

F） 同じゲームを 10 ラウンド行う場合は，寄付率はだんだん上昇していく。

G） A）と C）と F）。

H） A）と D）と C）。

I） B）と D）と E）。

J） B）と D）と F）。

2. 4 人の参加者の公共財ゲームで，最初に 20 トークンずつ各参加者が受け取り，
共通プールに寄付した場合の個人の収益率を 0.4 とする。参加者が互いに罰す
るような機会はない標準的な公共財ゲームの実験結果を説明する学習仮説につ
いて，最も的確な答えをひとつ選べ。

A） 学習仮説では，参加者たちは最初はゲームの構造をよく理解していない
ために，ホモ・エコノミカスを仮定した理論よりも高い寄付率で寄付をす
るが，ラウンドを追って構造を学習すると，理論の予測どおりに，寄付率
が 0 に収斂していくことを予測する。

B） 学習仮説では，参加者たちは最初はゲームの構造をよく理解していない
ために，ホモ・エコノミカスを仮定した理論よりも低い寄付率で寄付をす
るが，ラウンドを追って構造を学習すると，理論の予測どおりに，寄付率
が高くなっていくことを予測する。

C） 公共財ゲームの経験のある熟練したプレイヤーを参加者として含めても，
ゲーム開始時の寄付率は高い。これは学習仮説に反している。

D） 公共財ゲームの経験のある熟練したプレイヤーを参加者として含めても，
ゲーム開始時の寄付率は高い。これは学習仮説と整合的である。

E） 10 ラウンド繰り返した後に，もう一度新たな 10 ラウンドのゲームを開
始する場合には，最初の寄付率が高い。これは学習仮説に反している。

F） 10 ラウンド繰り返した後に，もう一度新たな 10 ラウンドのゲームを開
始する場合には，最初の寄付率が高い。これは学習仮説と整合的である。

G） A）と C）と E）。

H） B）と D）と F）。

3. Fehr and Gächter（2000）の公共財ゲームの実験では，すべてのプレイヤーに
他のプレイヤーの所得を減少させることができるという懲罰の機会が与えられ
た。懲罰は自分自身にも懲罰の額に比例した費用がかかるという設定であった。
この懲罰ルール付き公共財ゲームの実験結果とその解釈について，最も的確な

答えをひとつ選べ。
- A） 参加者が純粋に利己的なホモ・エコノミカスのように行動するなら，フリーライドするプレイヤーを他のプレイヤーが罰すると予測できる。
- B） 参加者が純粋に利己的なホモ・エコノミカスのように行動するなら，フリーライドするプレイヤーを他のプレイヤーが罰することはないと予測できる。
- C） 懲罰の機会を与えた場合，与えない場合よりも寄付率が高くなった。
- D） A）と C）。
- E） B）と C）。

4. 標準的な信頼ゲームでは，プレイヤー 1 がある金額（ここでは 1000 円とする）を受け取り，そのうちのいくらの金額をプレイヤー 2 に送るかを選択する。送られた金額は 3 倍にしてプレイヤーに渡される。プレイヤー 2 は，受け取った金額のうち，どれだけをプレイヤー 1 に送り返すかを選択する。実験の理論的予測について，最も的確な答えをひとつ選べ。
- A） プレイヤー 2 が純粋に利己的なホモ・エコノミカスのように行動するなら，プレイヤー 2 は受け取り額の 50% の金額をプレイヤー 1 に送り返すことが予測される。
- B） プレイヤー 2 が純粋に利己的なホモ・エコノミカスのように行動するなら，プレイヤー 2 はまったく何もお返しをしないことが予測される。
- C） プレイヤー 1 が，プレイヤー 2 は純粋に利己的なホモ・エコノミカスのように行動するだろうと考えるなら，プレイヤー 1 は 1000 円全額を送ることが予測される。2 人で最高額の 3000 円を得ることができるからである。
- D） プレイヤー 1 が，プレイヤー 2 は純粋に利己的なホモ・エコノミカスのように行動するだろうと考えるなら，プレイヤー 1 は 1000 円のうち 500 円を送ることが予測される。
- E） プレイヤー 1 が，プレイヤー 2 は純粋に利己的なホモ・エコノミカスのように行動するだろうと考えるなら，プレイヤー 1 はまったく何も送らないことが予測される。
- F） A）と C）。
- G） A）と D）。
- H） B）と E）。

5. 前問の標準的な信頼ゲームの実験結果について，最も的確な答えをひとつ選べ。
- A） 多くの参加者は，プレイヤー 1 として，お返しがあると予測して 1000 円のうちのいくらかをプレイヤー 2 に送る。

B） プレイヤー1の参加者として，お返しがあると予測して1000円のうちのいくらかをプレイヤー2に送る人はいない。

C） プレイヤー2の参加者として，お返しをする人はいない。

D） プレイヤー1から送金を受けたほとんどのプレイヤー2は，お返しをする。

E） A）とC）。

F） A）とD）。

G） B）とC）。

6. Smith（1962, 1964）の市場取引実験について，最も的確な答えをひとつ選べ。

A） 口頭ダブル・オークションという競売方法を用い，実験を数ラウンド繰り返すと，数回目のラウンドから，ホモ・エコノミカスを仮定した市場均衡理論とほぼ整合的な実験結果が得られた。

B） 口頭ダブル・オークションという競売方法を用いると，実験の最初のラウンドでも，ホモ・エコノミカスを仮定した市場均衡理論とほぼ整合的な実験結果が得られた。

C） 買い値と売り値の情報を公表しない競売方法でも，実験の最初のラウンドでも，ホモ・エコノミカスを仮定した市場均衡理論とほぼ整合的な実験結果が得られた。

D） 買い値と売り値の情報を公表しない競売方法でも，実験を数ラウンド繰り返すと，数回目のラウンドから，ホモ・エコノミカスを仮定した市場均衡理論とほぼ整合的な実験結果が得られた。

（E-2 記述式問題）

1. 7人の買い手がそれぞれ留保価格10円，20円，30円，40円，50円，60円，70円を持ち，7人の売り手がそれぞれ費用10円，20円，30円，40円，50円，60円，70円を持つ市場実験で，各買い手は2単位以上を買うと留保価格が0円，各売り手の初期保有は1単位とする。市場均衡での価格と取引数量はそれぞれいくらか階段状グラフで需要供給曲線を描いて答えよ。さらに図を説明せよ。

2. すべての買い手が同じ留保価格100円を持ち，すべての売り手が同じ費用50円を持つ市場実験について，次の2つの質問に答えよ。各買い手は2単位以上を買うと留保価格が0円，各売り手の初期保有は1単位とする。

A） 買い手が10人，売り手が30人いる場合の，市場均衡での価格と取引数量はいくらか。需要供給曲線のグラフを描いて答えよ。

B） 買い手が30人，売り手が10人いる場合の，市場均衡での価格と取引数

量はいくらか。需要供給曲線のグラフを描いて答えよ。

3. 付録にある「公共財ゲームと独裁者ゲームと最後通牒ゲーム」の課題を授業中に行った実験とアンケート調査の 48 人の結果が，Microsoft Excel ファイルとして「公共財実験データ」の教材タイトル名で，本教科書のためのウェッブページ（http://yuhikaku-nibu.txt-nifty.com/blog/2014/03/behavioral_econ.html）にアップロードされている。問 4 については，受諾を 1, 拒否を 2 と入力している。下記の 4 問について Excel の AVERAGE と MEDIAN の関数を用いて計算し答えよ。

A） 問 1 の公共財への貢献率の平均と中央値を計算せよ。

B） 問 2 の独裁者ゲームの配分率の平均と中央値を計算せよ。

C） 問 3 の最後通牒ゲームの配分率の平均と中央値を計算せよ。

D） 問 4 の最後通牒ゲームの受益者のカットオフ水準の平均と中央値を計算せよ。

第**9**章

第 **9** 章

社会的選好：発展編

❀ は じ め に

前章では，2000 年ごろまでの社会的選好に関わるさまざまな実験結果を説明することのできる不平等回避モデルを中心に社会的選好の基礎を説明した。本章では，その後の実験と理論の発展を簡単に概観[1] するとともに，社会的選好だけでなく次章で説明する規範に関係の深い贈与交換ゲームの実験と，フィールド実験とラボ実験の比較についても説明する。

1 社会的選好と価格理論

もし人々がアウトカム・ベースト社会的選好を表現する効用関数を予算制約のもとで最大化しているなら，伝統的経済学の**価格理論**の純粋に利己的な効用関数を別の効用関数に変えるだけで応用することができる。そうであれば他人に対する贈与も，自分のための消費と同様に価格や所得に反応するはずである。Andreoni and Miller (2002)は，独裁者ゲームを修正して，この問題に取り組んだ。

X_1 を配分者の取り分，X_2 を受益者の取り分とする。$U(X_1, X_2)$ を配分者の効用関数，$P_1 X_1 + P_2 X_2 = Y$ を予算制約とする。標準的な独裁者ゲームでは $P_1 =$

---

1) この発展について本章よりも詳しい概観論文のひとつとして Cooper and Kagel (2016) がある。

$P_2 = 1$ である。Andreoni and Miller は，P_1 と P_2 と Y を変化させた。

　理論分析のためには，伝統的経済学の顕示選好の理論を応用する。A，B，C をそれぞれ財の束とする（独裁者ゲームでは (X_1, X_2) が財の束）。もし，予算制約下で効用が最大化されているなら，次の**顕示選好の一般公理**（generalized axiom of revealed preference：GARP）が成立する。「A と C がある予算制約のもとで選択可能なときに A が選ばれ，C と B がある予算制約のもとで選択可能なときに C が選ばれたとする。もしある予算制約下で B が選ばれたなら，A は厳密に予算制約内にはない。」逆に予算制約と選ばれた財の束のデータで顕示選好の一般公理が成立していれば，そのデータと整合的で通常の仮定（準凹性）を満たす効用関数が存在する。

　実験では，1 人の被験者は少なくとも 8 つの異なる (P_1, P_2, Y) に対して選択をし，約 90% の被験者は，顕示選好の一般公理を満たした。約 23% の被験者はまったくお金を受益者に与えなかった。14.2% の被験者は，いつも所得を自分と受益者に 2 等分して配分した。6.2% の被験者は，自分であれ受益者であれ，価格が安い方に，すべての所得を与えた。残りの 57% の被験者は，贈与のための価格 (P_2) が安くなると，より多く受益者に与える傾向があった。

　Andreoni and Miller の実験結果は，個人の消費を理解するために価格理論が有効であるのと同様に，個人の寄付行動などを理解するためにも価格理論が有効である場合があることを示している。例えば，自分のための消費については，価格が低くなった財により多くの消費がある傾向があるように，同じ寄付額が，より多くの他人の消費の増加につながる場合，寄付額が多くなる傾向が予測できる。

2　アウトカム・ベースト社会的選好モデルの限界と修正の方向性

　前節で説明した Andreoni and Miller の研究は不平等回避モデルのようなアウトカム・ベースト社会的選好モデルが価格理論とともに，2000 年ごろまでの実験よりもさらに多くの応用ができる可能性を示唆した。しかし，2000 年以降の多くの実験研究は，アウトカム・ベースト社会的選好モデルでは説明で

きない実験結果が得られた。これらは，インテンション・ベースト社会的選好モデルの必要性や，社会的選好だけではなく，価値観・倫理観や規範など次章で説明する要素も，人々のさまざまな行動の動機となっていることを示唆するものであった。

2.1 意図の重要性

前章で紹介した Fehr and Schmidt（1999）と Bolton and Ockenfels（2000）の不平等回避モデルのようなアウトカム・ベースト社会的選好モデルでは，ある人の意思決定は他の人たちの行動の結果だけから影響を受け，行動の背後にある意図などの結果以外の要因からは影響を受けないことが仮定されている。これに対し，インテンション・ベースト社会的選好モデルでは，ある人の意思決定は他の人たちの意図によっても影響を受ける。

Falk, Fehr, and Fischbacher（2003）は意図の役割を 4 つのミニ最後通牒ゲームで検証した。配分者の利得が 8，受益者の利得が 2 となるような配分者のオファーを（8, 2）と書くこととする。配分者は（8, 2）か，あるいは，ゲームによって異なるもうひとつの配分のどちらかを選んでオファーする。もうひとつの配分は，（5, 5），（10, 0），（2, 8），（8, 2）の 4 種類であった。このため，ゲームも 4 種類となる。このもうひとつの配分をそれぞれのゲームの名前とすることとする。例えば，（5, 5）のゲームとは，配分者が（8, 2）か（5, 5）のどちらかを選んでオファーするミニ最後通牒ゲームである。この（5, 5）のゲームで（5, 5）という平等な配分が可能なときに，（8, 2）という不平等な配分を選ぶということは，利己的な意図があると考えられる。これに対し，（10, 0）のゲームで（10, 0）という利己的な配分と比べれば，（8, 2）の配分は相対的に利他的な意図がある。（2, 8）のゲームでは，配分者は（2, 8）という自分に不平等な配分と，（8, 2）という受益者に不平等な配分のどちらかを選ぶことを強制されている。（8, 2）のゲームとは，（8, 2）か（8, 2）を選ぶということで，要するに（8, 2）の配分だけが可能なので，配分者には何の選択も与えられていないことになる。

アウトカム・ベースト社会的選好モデルは，受益者は 4 つのゲームで（8, 2）のオファーに対し同じ行動をすると理論予測する。これに対し，インテンショ

ン・ベースト社会的選好モデルでは，意図が大切なので，(5,5) のゲームでは，他のゲームよりも多くの受益者が (8,2) のオファーを拒否すると予測する。

　実験結果について，まず受益者の (8,2) のオファーの拒否率を見ていくと，(5,5) のゲームでの拒否率が最も高く (2,8)，(8,2)，(10,0) のゲームで順に下がっていた。(5,5) のゲームでは 45 人中 20 人 (44.4 %) が (8,2) のオファーを拒否し，(2,8) のゲームでは 26.7 %，(8,2) のゲームでは 18 %，(10,0) のゲームでは 8.9 %が拒否した。また，配分者は，このようになることを予測していると思われ，(8,2) のオファーをする率は，(5,5)，(2,8)，(10,0) のゲームで 31 %，73 %，100 %であった。

　これらの実感結果から，多くの人々が，不平等について結果だけでなく，相手の意図も考えて行動していることがわかる。しかし (8,2) のゲームで，(8,2) というオファーしかできないときにも 18 %の受益者がオファーを拒否した。これは，意図に関わりない純粋な不平等回避の性質も持っている人たちの存在を示している。

2.2　社会的厚生と不平等回避

　不平等回避モデルのような社会的選好の理論がさまざまな実験結果を説明するために開発されたのに対し，第 12 章で詳しく説明する**社会的厚生関数**は，個人の行動ではなく，個人や政府などが社会状態を評価する際の倫理観や価値観を表現するために開発されたものである。しかし，社会的厚生関数も「社会」を実験参加者に限定して，実験参加者がこの関数を最大化するように行動すると仮定すれば，実験での個人の行動を説明するために使うことができる。本章では簡単化のために，経済効率性を表す実験参加者の利得の和という社会的厚生関数と，利得が最小の実験参加者が得る利得という社会的厚生関数のみを考察する。Charness and Rabin (2002) は，効率性や最も恵まれない人の利得を重視するというような社会的厚生に関わる選好が不平等回避よりも実験参加者の行動を説明するのに重要であることを示す実験結果を示し，議論が始まった。

　ここでは，Engelmann and Strobel (2004) の分配実験を取り上げる。被験者の 1 人ひとりは，選択シート（例として表 9-1 のような内容のシート）と次の

表9-1　Engelmann and Strobel（2004）の選択シート(1)

支払いの例	A	B	C
個人1	16	13	10
個人2	8	8	8
個人3	5	3	1
あなたの選択			
1と3の平均	10.5	8	5.5
1と2と3の総額	29	24	19

（出所）　Engelmann and Strobel（2004）の Table 2, Treatment N による。

ような内容の説明書を受け取る。

　「あなたは無作為に選ばれる他の2人とグループの一員になる。3人グループの中の1人ひとりに無作為に，個人1，個人2，個人3の役割のひとつが割り当てられる。選択シートに，3つの列があり，それぞれ3人への支払額（彼らの実験では単位はドイツ・マルク）を示している（A，B，C）。個人2が，どの列の支払額が実現するかを決める。あなたの課題として，選択シートに，あなたが個人2ならどの列を好むか×で印をつけなさい。後で，われわれは選択シートを回収し，無作為にあなたと他のグループのメンバーに個人1，2，3の役割を割り当てる。支払いには，個人2の役割を割り当てられた人の決定が用いられる。もしあなたが個人1か個人3の役割を割り当てられれば，あなたの決定は支払額には影響を与えない。しかし，もしあなたが個人2に割り当てられれば，あなたの選んだ列により，あなたのグループの3人全員の支払いが決まる。」

　分配実験の条件を変えるために11種類の選択シートが使用された。ここでは表9-1の選択シートを(1)，表9-2の選択シートを(2)として，この2つの選択シートを用いた実験について説明する。選択シートには，表のように個人1と個人3の平均や，個人1〜3の総額が記入されていた。これは計算ミスが実験結果に影響するのを避けるためである。

　理論予測としては，伝統的経済学の利己的な経済人を仮定すれば，選択シート(1)なら，A，B，Cの列に無差別で，選択シート(2)なら，Cの列を選ぶはずである。社会的厚生の効率（3人の利得の総額）を好む人は，どちらの選択

表9-2 Engelmann and Strobel（2004）の選択シート⑵

支払いの例	A	B	C
個人1	16	13	10
個人2	7	8	9
個人3	5	3	1
あなたの選択			
1と3の平均	10.5	8	5.5
1と2と3の総額	28	24	20

（出所） Engelmann and Strobel（2004）の Table 2, Treatment Ny による。

シートでも A を選ぶことになる。社会的厚生で最も恵まれない人の利得の最大化を好む人は，どちらの選択シートでも A を選ぶ。第8章で説明した不平等回避モデルのうち，F&S モデルを仮定すれば，どちらの選択シートでも A と B では自分に不利な不平等が大きいので，C を選ぶはずである。不平等回避モデルのうち，ERC モデルを仮定すれば，選択シート⑴なら，B を選び，選択シート⑵なら，B か C を選ぶと予測できる。選択シート⑴では，B で自分のシェアが規範に一致し，選択シート⑵で A と B を比べると，B は自分の利得水準で優り，自分の利得シェアが社会的規範に一致している，という点でも優っている。B と C を比べると，C は自分の利得水準で優り，B は自分の利得シェアが規範に一致している，という点で優っているので，効用関数の形状によって，B か C のどちらかが選ばれることになる。

　実験結果は，選択シート⑴では，A が70％，B が26.7％，C が3.3％選ばれた。選択シート⑵では，A が76.7％，B が13.3％，C が10％選ばれた。これらの結果を見るかぎり，社会的厚生選好の方が，不平等回避選好よりも行動に重要な影響を及ぼすように思われる。

　しかし，Bolton and Ockenfels（2006）は Engelmann and Strobel の研究に対して，人々が効率に対する選好を持つとき，効率のため，あるいは平等のため，それぞれの WTP が重要な問題になることを指摘した。そして Bolton and Ockenfels は，より効率的な配分を実現するための WTP が，より平等な配分を実現するための WTP よりも，かなり小さいという実験結果を発表した。

　また，Fehr, Naef, and Schmidt（2006）は，Engelmann and Strobel の実験で

の選択シートの利得配分の 2 つを用いて再現した。Engelmann and Strobel の実験では経済学とビジネス専攻の学生たちが被験者であるが，経済学とビジネス専攻の学生たちは，他の人たちと大いに異なる行動をすることがある。Fehr らの再現実験でも経済学とビジネスの学生たちは，約 30％しか最も平等主義的で最も効率の悪い選択枝を選ばなかった。しかし，経済学に関係のない人たちが被験者であるときは，50％以上がこの選択肢を選んだ。

多くの人々は，配分の結果について，不平等回避の選好だけではなく，効率や最も恵まれない人の利得を最大化するなどの，社会的厚生に関する選好を持っていると思われる。社会的厚生と不平等回避とのどちらがより重視されるかは，経済学やビジネスの専攻であるかどうかなどにも左右され，さまざまな結果が見られる。これらの結果は，社会的選好だけではなく，社会的厚生関数で表現されるような倫理観・価値観が人々の行動の動機になっていることを示唆していると思われる。例えば，経済学やビジネスを専攻する学生たちが経済学の倫理観・価値観を学ぶと，学生たちの行動に影響していることがうかがえる。

2.3　独裁者ゲームの発展

独裁者ゲームは，もともとは最後通牒ゲームの配分者の行動を分析するために開発された。しかし，独裁者ゲームは社会的選好のパラメータを推定したり，仮説を検定したりするために用いられるようになった。

Dana, Cain, and Dawes（2006）では，10 ドルの初期保有を分ける独裁者ゲームで，配分者は配分を決めた後に，独裁者ゲームをプレイしないで 9 ドルを受け取る選択肢が与えられた。配分者が独裁者ゲームをプレイしない選択肢を選ぶと，受益者は独裁者ゲームについてまったく何も知らされない。28％（40人中 11 人）は，ゲームをプレイしないことを選択した。このうち 2 人は独裁者ゲームをプレイする場合は 10 ドルすべてをキープする予定だった。アウトカム・ベースト社会的選好モデルでは，この状況でゲームをプレイしないことを選択する行動を説明できない。

List（2007）では，配分者は受益者からお金を奪うことができるという，本書で「いじめっ子バージョン」と呼ぶ設定が用いられた。標準バージョンでは

配分者と受益者はそれぞれ5ドルを受け取り，その後，配分者が追加の5ドルを受け取って，受益者にいくら配分するかを選択した。いじめっ子バージョンのひとつの設定では，5ドルまで受益者に配分できるのと対称的に5ドルまで受益者からお金を奪うこともできる。

　理論予測として，アウトカム・ベースト社会的選好モデルは，標準バージョンの正のお金を受益者に配分している配分者は，お金を奪うことができる設定に変わっても影響を受けないと予測する。5ドルを配分する標準的な独裁者ゲームでは，71％が正の値を配分した。ところが5ドルまでお金を奪うことができる設定にすると，たった10％しか正の値を配分しなかった。

　Dana らの実験結果も List の実験結果も，不平等回避モデルのようなアウトカム・ベースト社会的選好モデルでは説明できない。そこで，実験経済学者の中にはこれらの独裁者ゲームでは**要求誘発効果**（demand induced effect）が強く働くために，少し設定を変えると理論的に説明できない大きな行動の変化が起こるのではないか，と考える研究者たちもいた。要求誘発効果とは，実験者が何をしてほしいと考えているかを予測し，被験者がそれに応えようと行動する効果である。もしも要求誘発効果が強く働いていれば，実験者が望む実験結果が得られるだけで，実験から被験者の社会的選好や他の行動原理を学ぶことができなくなってしまう。しかし，次章で紹介する Krupka and Weber（2013）の研究では，規範を導入することでこれらの独裁者ゲームの結果を説明できることが示された。

3　贈 与 交 換

3.1　贈与交換モデルのラボ実験

　家族間や友人間では市場価値に基づいた交換（市場交換）よりも，プレゼントの交換（贈与交換）が多く用いられる。**贈与交換**はゲーム理論に社会的選好を導入したり，「贈り物を受けたらお返しをすべき」という規範を導入することによって説明することができる。また，市場交換と贈与交換が混合されて用いられることも考えられる。Akerlof（1982）は，労働市場では，雇い主が市場

賃金よりも高い賃金を支払うことにより，被雇用者からより高い生産性を受け取る，という贈与交換モデルを提唱した。このモデルは，企業が高い賃金を支払うと被雇用者の生産性が上昇するという**効率賃金仮説**（efficiency wage hypothesis）の一種である。アカロフ（G. A. Akerlof）は贈与を受け取ったらお返しをすべきという**応報性**の規範（あるいは贈与交換の規範）が，被雇用者がより多く努力する動機の一部として重要であると考えた。

　贈与交換ゲームに関する多くの実験研究があり，労働市場以外の枠組みも用いられているが，本節ではこれらの実験を労働市場の枠組みで説明する。典型的なゲームは2段階ある。第1段階で，雇い主（あるいは企業）は潜在的な被雇用者に賃金のオファーをする。第2段階で，被雇用者はオファーを受諾するか拒否するかを決め，受諾する場合はどれだけの努力水準を雇い主に提供するかを決める。努力水準を高くすればするほど被雇用者には大きな費用がかかる。雇い主の利潤は，被雇用者の努力水準が高いほど大きい。ゲームは通常何回か繰り返されるが，何回繰り返されるかはあらかじめ公表されている。

　贈与交換ゲームの実験を開発した Fehr, Kirchsteiger, Riedel（1993）では，雇い主の利得を Π_M，被雇用者の利得を Π_E として

$$\Pi_M = (v - w)\,e \tag{1}$$
$$\Pi_E = w - c - m(e) \tag{2}$$

とした。ここで v は1単位の努力水準で生産される生産物の単位，w は賃金，c は労働時間1単位を供給するための費用，e は被雇用者の努力水準，$m(e)$ は努力することにかかる費用である。Fehr らは，$v = 126$，$c = 26$ とし，関数 $m(e)$ については，表9-3のように設定した。

　雇い主と被雇用者のマッチングについては，Fehr らは口頭ワンサイデッド（one-sided）・オークションを用いた。ここでのワンサイデッド・オークションとは労働市場での買い手である雇い主だけが価格である賃金のオファーをする

表9-3　関数 $m(e)$ の設定

e	0.1	0.2	0.3	0.4	0.5	0.6	0.7	0.8	0.9	1
$m(e)$	0	1	2	4	6	8	10	12	15	18

（出所）　Fehr, Kirchsteiger, and Riedl（1993）.

ことができるオークションである。人数は被雇用者の方が多く過剰供給がある設定であった。

　理論予測として，雇い主も被雇用者も利己的な経済人であれば，被雇用者は最低の努力水準（0.1）を選び，雇用者は，それを予想して，被雇用者が受諾する最低水準の賃金をオファーするはずである。しかし，実際の実験結果では，賃金と努力水準には正の関係があった。この実験結果は，規範を導入したアカロフの贈与交換モデルと整合的である。また，経済実験で標準的な大学での実験室での大学生たちを対象とした実験（**ラボ実験**）では，他の多くの贈与交換の実験でも，賃金と努力水準の正の相関という実験結果が得られた。

3. 2　贈与交換モデルのフィールド実験

　一方，ラボ実験ではなく，生活の場で一般の人たちを対象に行う実験を**フィールド実験**という。ラボ実験と同様な結果がフィールド実験でも得られるかどうかが，ひとつの重要なポイントとなる。また，多くの贈与交換のラボ実験では，単に努力水準という名前をつけられた数字を選ぶのだが，実際に努力が必要な実験でも，どのような結果が得られるかということが，もうひとつの重要なポイントとなる。これらの 2 つのポイントに取り組んで，ラボ実験と大きく異なる結果を得たのが Gneezy and List（2006）である。Gneezy and List のフィールド実験では 2 つの仕事が用いられた。ひとつは図書館の蔵書の情報をコンピュータ化されたカタログに入力する 6 時間の仕事で，もうひとつは週末の 1 日に，戸別訪問をして募金を募る仕事である。ある賃金を広告し，実際に被験者が現れたときに，2 つのグループのうちひとつには，広告で示された賃金よりも高い賃金を支払った。図書館の仕事では，1 時間 12 ドルの広告で，半分の被験者には 1 時間 20 ドルの賃金がオファーされた。2 つのグループの被験者たちは，賃金の違いを知ることができないような実験手続きであった。

　図書館の仕事の実験結果を，90 分間隔で入力された本の冊数の平均で見ると，最初の 90 分間では，入力される本の冊数の平均は，高賃金グループの方が51.7 冊で，低賃金グループが 40.7 冊である。この差は統計的に有意である。しかし，この効果はしだいになくなっていく。2 番目から 4 番目の 90 分間での平均入力冊数は，高賃金グループは 44.9 冊，41.7 冊，40.3 冊であったのに

対し，低賃金グループはそれぞれ 40.5 冊，41.2 冊，39.6 冊であった。それぞれの 90 分間の差は，2 番目から 4 番目の 90 分間については，統計的に有意ではなかった。

募金の戸別訪問でも同様の結果が得られた。昼休みまでは，高賃金グループは低賃金グループに比べてかなり多くの募金を集めた。しかし昼休み後になると，この差は小さくなり，統計的に有意でなくなった。

これらの実験結果は，多くのラボ実験で観測された贈与交換は，長続きしない一時的な効果である可能性を示唆していた。しかし Cooper and Kagel（2016）は贈与交換に関する多くのフィールド実験の結果を概観し，Gneezy and List の結果と異なり贈与交換の現象が長続きする実験結果も含めてさまざまな結果が得られているため，一般的な結論を下すことはまだできないと述べている。

4 フィールド実験とラボ実験

4.1 ラボ実験の外的妥当性の問題

前節で見たように，経済実験には大きく分けてラボ実験とフィールド実験がある。Harrison and List（2004）はフィールド実験をさらに人工型（artefactual），フレーム型（framed），自然型（neutral）の 3 つに分類している。人工型では，参加者が学生ではなく一般の人々であることだけがラボ実験との違いである。フレーム型は，財，課題，情報などがフィールドの文脈（例えば市場実験での仮想財ではなく，実際に売買される財を実験に使うという意味）であることだけが人工型との違いである。自然型では，参加者が実験に参加していることを知らされていないことだけがフレーム型との違いである。前節の Gneezy and List（2006）は自然型フィールド実験の例である[2]。

自然科学のラボ実験では，重力などの物理法則が実験室の中と外で違う可能性は問題にならないが，社会科学ではラボ実験で得られる知見が実験室の外部

2）　本節は以下，一部を大垣（2016）に依拠している。

にも応用できるという**外的妥当性**（external validity）があるのか，という問題
が多くの分野で議論されてきた（Falk and Heckman, 2009 が概観している）。
Levitt and List（2007）は特に社会的選好の分野で，ラボ実験には外的妥当性に
関して大きな困難があることを指摘している。前節で紹介した贈与交換ゲーム
でのラボ実験とフィールド実験で大きく結果が違う場合があるのも，外的妥当
性のひとつの例である。Levitt and List の論文の結論での主張は，ラボ実験と
現場（フィールド）データの橋渡しとしてフィールド実験を使うことが望まし
いということであり，まったく穏当な主張である。しかし，もしラボ実験には
外的妥当性がまったくないか，ほとんどない，ということであるなら，ラボ実
験よりもフィールド実験を行うべき，ということになるであろう。実際，
Levitt and List の論文をこのように解釈する研究者も多くいるようである。本
節では，特に社会的選好におけるラボ実験の外的妥当性の問題をどのように考
えて，どのような研究方法を取ることが望ましいか，について考察する。

　Levitt and List は，ラボ実験の外的妥当性の問題の例のひとつとして，Benz
and Meier（2003）の 2006 年のワーキング・ペーパー版を引用している。Benz
and Meier はチューリヒ大学が毎学期，募集している大学の社会基金への献金
行動の現場（フィールド）データを用いた。経済的に困窮している学生のため
の社会基金と，外国からの留学生を支援するための社会基金という 2 つの基金
があった。このデータのある学生の一部を対象にラボ実験で慈善ゲーム（独裁
者ゲームの受益者が慈善団体であるゲーム）を実施した。このようにして，
Benz and Meier はフィールド・データでの献金行動と，ラボ実験での献金行
動を比べる研究を行うことができた。フィールド・データでは，実験の前後で
大学の社会基金にまったく献金をしない学生であっても，ラボ実験では同じ社
会基金に対して平均で実験で与えられた初期保有額の約 65% を献金していた。
この結果だけを見ると，ラボ実験の外的妥当性には致命的な問題があるように
思える。しかし，Benz and Meier は，フィールド・データでの献金額とラボ
実験での献金額に正の関係があることも強調している。フィールド・データで
実験の前後で常に献金をする学生は平均で初期保有額の約 87% を献金してい
た。またラボ実験での平均献金額と，フィールド・データでの実験前の平均献
金額との相関係数は 0.28 で，実験後の平均献金額の相関係数は 0.4 でどちらも

1%水準で有意であった。

　ここでまず，ラボ実験では初期保有の多くの割合を献金する人が，フィールドでは献金をしない場合が多くある，という外的妥当性の問題がなぜ起こるのかを考える必要がある。Levitt and List は，人は自分の資産だけではなく，規範に従うことからも効用が生じるモデルを提案している。また，規範に従うことからの効用は，どの程度詳細に，その人の行動が精査（scrutiny）されているかにも依存するとする。行動が録画されていたり，自分の子供たちに見られていたり，実験者によって見張られているなど，精査の程度が大きい状況では社会的規範に従うことの効用がより大きくなるという考えである。ラボ実験では精査の程度がフィールドに比べて非常に大きいため，より社会的規範にそった行動が観察されるために外的妥当性の問題が生じると考えられる。

　社会的規範と精査により外的妥当性の問題を生じる影響が出ているが，同時にラボ実験での行動とフィールドでの行動には Benz and Meier が発見したように正の関係もあるので，この影響のために完全に外的妥当性がなくなっているわけではないと考えることができる。そうであれば，ひとつの有力な対策はラボ実験を少なくすることではなく，ラボ実験をもっと多く行うことである。特に適切なラボ実験で，社会的規範と精査の行動への影響を研究することが有効な対策となる。Falk and Heckman（2009）は，社会科学でのラボ実験というより大きな文脈で，より多くラボ実験をすることが外的妥当性の問題への賢明な解決策であることを説明している。

4.2　倫理的な問題

　実験者からの精査の効果を完全に統制するのはラボ実験では不可能であるが，参加者に自分が実験に参加しているという自覚がない自然型フィールド実験であれば可能である。ただし，この方法は，実験者倫理の重要な原則のひとつのインフォームド・コンセントに反するので，十分な注意が必要である。List（2011）は，参加者の健康に関わる実験の場合にインフォームド・コンセントは不可欠であるが，経済実験では十分に参加者のリスクが小さくて，実験からの社会的便益が大きければ，自然型フィールド実験を行っても倫理的に正当化される場合もあることを主張している。ただし，この判断を研究からさまざ

な利益を得る研究者自身がすると，どうしてもバイアスが生じるので，Institutional Review Board（IRB）などの第三者による厳密な審査と管理が必要であることを説明している。日本の大学でも経済学研究のための IRB が設立されるところが増えてきているが，自然型フィールド実験の実施に興味のある経済学研究者の大学にそのような IRB がまだ存在しない場合もありうるので，十分な注意が必要である。

　まとめると，ラボ実験を行うときに外的妥当性の問題に注意する必要があり，特に社会的選好に関する行動の研究の場合，社会的規範や精査の程度や方法が行動に影響している可能性について考察する必要がある。そこで社会的規範や精査について研究するラボ実験を行ったり，関連するフィールド・データを計量経済分析したり，その橋渡しとしてフィールド実験を行うという，これらの3つの手法を補完的に用いることが有効な実証研究手法である。

❈ 参 考 文 献

Akerlof, G. A. (1982) "Labor Contracts as Partial Gift Exchange," *Quarterly Journal of Economics* 97 (4), pp. 543-569.

Andreoni, J. and J. Miller (2002) "Giving According to GARP: An Experimental Test of the Consistency of Preferences for Altruism," *Econometrica* 70 (2), pp. 737-753.

Benz, M. and S. Meier (2008) "Do People Behave in Experiments in the Field? Evidence from Donations," *Experimental Economics* 11 (3), pp. 268-281.

Bolton, G. E. and A. Ockenfels (2000) "ERC: A Theory of Equity, Reciprocity and Competition," *American Economic Review* 90 (1), pp. 166-193.

Bolton, G. E. and A. Ockenfels (2006) "Inequality Aversion, Efficiency, and Maximin Preferences in Simple Distribution Experiments: Comment," *American Economic Review* 96 (5), pp. 1906-1911.

Charness, G. and M. Rabin (2002) "Understanding Social Preferences with Simple Tests," *Quarterly Journal of Economics* 117 (3), pp. 817-869.

Cooper, D. J. and J. H. Kagel (2016) "Other-Regarding Preferences: A Selective Survey of Experimental Results," in J. H. Kagel and A. Roth, eds., *The Handbook of Experimental Economics*, Vol. 2, Princeton, Princeton University Press.

Dana, J., D. M. Cain, and R. M. Dawes (2006) "What You Don't Know Won't Hurt Me: Costly (but Quiet) Exit in Dictator Games," *Organizational Behavior and Human Decision Processes* 100 (2), pp. 193-201.

Engelmann, D. and M. Strobel (2004) "Inequality Aversion, Efficiency, and Maximum Preferences in Simple Distributional Experiments," *American Economic Review* 94 (4), pp. 857–869.

Falk, A., E. Fehr, and U. Fischbacher (2003) "On the Nature of Fair Behavior," *Economic Inquiry* 41 (1), pp. 20–26.

Falk, A. and J. J. Heckman (2009) "Lab Experiments Are a Major Source of Knowledge in the Social Sciences," *Science* 326 (5952), pp. 535–538.

Fehr, E., G. Kirchsteiger, and A. Riedl (1993) "Does Fairness Prevent Market Clearing? An Experimental Investigation," *Quarterly Journal of Economics* 108 (2), pp. 437–459.

Fehr, E., M. Naef, and K. M. Schmidt (2006) "Inequality Aversion, Efficiency, and Maximin Preferences in Simple Distribution Experiments: Comment," *American Economic Review* 96 (5), pp. 1912–1917.

Fehr, E. and K. M. Schmidt (1999) "Theory of Fairness, Competition, and Cooperation," *Quarterly Journal of Ecomics* 114 (3), pp. 817–868.

Gneezy, U., and J. A. List (2006) "Putting Behavioral Economics to Work: Testing for Gift Exchange in Labor Markets Using Field Experiments," *Econometrica* 74 (5), pp. 1365–1384.

Harrison, G. W. and J. A. List (2004) "Field Experiments," *Journal of Economic Literature* 42 (4), pp. 1009–1055.

Krupka, E. L., and R. A. Weber (2013) "Identifying Social Norms Using Coordination Games: Why Does Dictator Game Sharing Vary?" *Journal of European Economic Association* 11 (3), pp. 495–524.

Levitt, S. D. and J. A. List (2007) "What Do Laboratory Experiments Measuring Social Preferences Reveal about the Real World?" *Journal of Economic Perspectives* 21 (2), pp. 153–174.

List, J. A. (2007) "On the Interpretation of Giving in Dictator Games," *Journal of Political Economy* 115 (3), pp. 482–493.

List, J. A. (2011) "Why Economist Should Conduct Fields Experiments and 14 Tips for Pulling One Off," *Journal of Economic Perspectives* 25 (3), pp. 3–15.

大垣昌夫 (2016)「行動経済学」経済セミナー編集部編『経済セミナー増刊──進化する経済学の実証分析』日本評論社。

◈ 練 習 問 題
(E-1 選択式問題)
1. Falk, Fehr, and Fischbacher (2003) は意図の役割を 4 つのミニ最後通牒ゲーム

で検証した。配分者は，10単位の所得を自分と受益者にどのように配分するか
を決めて，受益者に配分をオファーした。配分者のオファーの配分者の利得が
8，受益者の利得が2のとき (8, 2) と書く。4つのゲームで，配分者は (8, 2)
か，あるいは，ゲームによって異なるもうひとつ別の配分のどちらかを選んで
オファーする。もうひとつの配分は，4つのゲームで，(5, 5)，(2, 8)，(8, 2)，
(10, 0) であった。この論文について最も的確な答えをひとつ選べ。

A） 受益者たちがアウトカム・ベースト社会的選好モデルに従って行動する
なら，(8, 2) のオファーに対する拒否率は4つのゲームで変化しないと予
測される。

B） 受益者たちがアウトカム・ベースト社会的選好モデルに従って行動する
なら，(8, 2) のオファーに対する拒否率は4つのゲームで (5, 5)，(2, 8)，
(8, 2)，(10, 0) の順番で低くなることが予測される。

C） 実際の実験では，(8, 2) のオファーに対する拒否率は4つのゲームでほ
とんど変化しなかった。

D） 実際の実験では，(8, 2) のオファーに対する拒否率は4つのゲームで
(5, 5)，(2, 8)，(8, 2)，(10, 0) の順番で低くなった。

E） 実際の実験では，(8, 2) のオファーに対する拒否率は4つのゲームで
(5, 5)，(2, 8)，(8, 2)，(10, 0) の順番で高くなった。

F） A）と C）。

G） A）と D）。

H） A）と E）。

I） B）と C）。

J） B）と D）。

K） B）と E）。

2. Dana, Cain, and Dawes (2006) では，10ドルの初期保有を分ける独裁者ゲーム
で，配分者は配分を決めた後に，独裁者ゲームをプレイしないで，9ドルを受
け取る選択肢が与えられた。実験の結果28％ (40人中11人) は，ゲームをプ
レイしないことを選択した。このうち2人は10ドルすべてをキープする予定
だった。この論文について，最も的確な答えをひとつ選べ。

A） この結果は，アウトカム・ベースト社会的選好モデルで説明することが
できる。

B） この結果は，インテンション・ベースト社会的選好モデルで説明するこ
とができる。

C） この結果は，タイプ依存社会的選好モデルで説明することができる。

D） この結果は，聴衆効果によって説明することができる。

3. Andreoni and Miller（2002）は，独裁者ゲームを修正した。X_1 を配分者の取り分，X_2 を受益者の取り分，$U(X_1, X_2)$ を配分者の効用関数，$P_1 X_1 + P_2 X_2 = Y$ を予算制約とする。P_1 と P_2 と Y を変化させて実験をした。この論文について，最も的確な答えをひとつ選べ。

A） ある参加者が純粋に利己的なホモ・エコノミカスのように行動するなら，顕示選好の一般公理は，その参加者の行動から生じるデータで成立するはずである。

B） ある参加者が純粋に利己的なホモ・エコノミカスのように行動しないならば，顕示選好の一般公理は，その参加者の行動から生じるデータで成立しないはずである。

C） ある参加者の $U(X_1, X_2)$ が，F&S モデルの効用関数であったとし，予算制約下で効用を最大化しているなら，顕示選好の一般公理は，その参加者の行動から生じるデータで成立するはずである。

D） 彼らの実験結果は，利他的行動が，価格によっては変化しないことを示した。

E） 彼らの実験結果は，利他的行動が，価格によって変化することを示した。

F） A）と C）と E）。

G） B）と C）と E）。

H） C）と E）。

I） A）と C）と D）。

4. Fehr, Kirchsteiger, Riedel（1993）の贈与交換ゲームについて，最も的確な答えをひとつ選べ。

A） すべての被験者が純粋に利己的なホモ・エコノミカスのように行動するなら，被雇用者は賃金の高低にかかわらず最低の努力水準を選ぶはずである。

B） すべての被験者が純粋に利己的なホモ・エコノミカスのように行動するなら，被雇用者は賃金が高いほど，高い努力水準を選ぶはずである。

C） 実際の実験結果では，効率賃金仮説が理論予測するように，被雇用者は賃金の高低にかかわらず，一定の努力水準を選ぶ傾向があった。

D） 実際の実験結果では，効率賃金仮説が理論予測するように，被雇用者は賃金が高いほど，高い努力水準を選ぶ傾向があった。

E） A）と C）。

F） A）と D）。

G） B）と C）。

H） B）と D）。

5. Engelmann and Strobel（2004）の実験結果について，最も的確な答えをひとつ選べ。

A） 社会的選好よりも利己的な選好が実験参加者の意思決定に重要であることを示唆する。

B） 社会的選好の方が利己的な選好よりも実験参加者の意思決定に重要であることを示唆する。

C） 社会的選好よりも効率性やマキシミンのような社会的厚生への配慮が実験参加者の意思決定に重要であることを示唆する。

D） 社会的選好の方が効率性やマキシミンのような社会的厚生への配慮よりも実験参加者の意思決定に重要であることを示唆する。

6. Engelmann and Strobel（2004）の課税ゲームで，F&S モデル（下記の式を参照）で $\alpha = 6$，$\beta = 1$，のときの選択シート Ny（下記の表を参照）で C が選択されるときの個人 2 の効用関数の値の計算について，最も適切な答えをひとつ選べ。

$$U_i(x_i, x_{-i}) = x_i - \alpha_i \frac{1}{N-1} \sum_{j=1}^{N} \max\{x_j - x_i, 0\} - \beta_i \frac{1}{N-1} \sum_{j=1}^{N} \max\{x_i - x_j, 0\}$$

A） $7 - 6(1/2)(16-7) - (1/2)(7-5) = -21$

B） $7 - 6(1/2)(16-7) - (1/2)(8-3) = -22.5$

C） $7 - 6(1/2)(16-7) - (1/2)(9-1) = -24$

D） $8 - 6(1/2)(13-8) - (1/2)(7-5) = -8$

E） $8 - 6(1/2)(13-8) - (1/2)(8-3) = -9.5$

F） $8 - 6(1/2)(13-8) - (1/2)(9-1) = -11$

G） $9 - 6(1/2)(10-9) - (1/2)(7-5) = 5$

H） $9 - 6(1/2)(10-9) - (1/2)(8-3) = 3.5$

I） $9 - 6(1/2)(10-9) - (1/2)(9-1) = 2$

表　Engelmann and Strobel（2004）の選択シート Ny

支払いの例	A	B	C
個人 1	16	13	10
個人 2	7	8	9
個人 3	5	3	1

（E-2 記述式問題）

1. Engelmann and Strobel（2004）の課税ゲームで，F&S モデルで $\alpha = 1.2$，$\beta = 0.6$ のときの選択シート (1) で A，B，C が選択されるときの効用関数の値をそれぞ

れ計算せよ。この場合 F&S モデルでは，どの選択肢が選ばれるか，答えよ。

2. Engelmann and Strobel（2004）の課税ゲームで，F&S モデルで $\alpha = 0.6$，$\beta = 0.3$ のときの選択シート (2) で A，B，C が選択されるときの効用関数の値をそれぞれ計算せよ。この場合 F&S モデルでは，どの選択肢が選ばれるか，答えよ。

3. 上記問 1，2 の F&S モデルの理論予測は，Engelmann and Strobel（2004）の実験結果と整合的かどうか答えよ。

第IV部
行動経済学のフロンティア

第 **10** 章

文化とアイデンティティ

❈ はじめに

　本章では文化とアイデンティティが経済行動や経済成果などの経済現象とどのような相互関係を持つかを考察する。これらの相互関係を研究する文化経済学とアイデンティティ経済学は，それぞれが行動経済学から独立したひとつの分野であるが，行動経済学と深い関連性がある。ここでは，特に行動経済学と関連の深い，文化とアイデンティティがどのように経済行動（第8章・第9章で見たような利他的経済行動を含む）に影響を与えるか，という問題を中心に見ていく。

1　文化経済学とは

　1990年代以降，急速に発展している経済学の分野のひとつが**文化経済学**であり，特に，文化がどのように経済現象に影響するか，という方向の研究が発展している。貯蓄率や経済成長率などの経済成果には国によって大きな違いがあるが，その説明のひとつとして国による文化の違いが考えられる。しかし，1990年代まで，多くの経済学者はこのような説明を控える傾向があった。この傾向の主要な理由は2つ考えられる。ひとつは，伝統的経済学では意思決定のプロセスではなく，結果としての行動だけが重要であるとの考えがあるために，心理学や文化心理学で文化を研究するために用いられてきた「あなたはど

う思いますか」というような質問に対する答えとしての主観的変数を経済学の実証研究で用いることに抵抗があったことである。

　もうひとつは「文化」という概念が広くあいまいであるため，検証可能な仮説を理論的に導出することが困難であることである。しかし行動経済学が発達するにつれて，経済行動を理解するためには，結果としての行動だけでなく，意思決定のプロセスでの限定合理性や学習や誘惑や心理なども重要であることの実験結果が積み重ねられ，そのような理論モデルも構築されてきた[1]。結果として経済学でも主観的変数が実証研究で用いられるようになってきた。文化に関する主観的変数の実証研究が進むと同時に，文化を意図的に狭く定義することによって，実証研究と理論研究を容易にするアプローチが発展した。例として，Guiso, Sapienza, and Zingales（2006）は，文化を「民族，宗教，社会などの集団が，異世代間でほぼ不変に伝達する慣習的な信条と価値観」と定義している。後述するように，文化をその背後にある世界観から定義するアプローチも有力である。

　経済学の歴史を見ると，18〜19世紀の古典派のアダム・スミス（A. Smith）やジョン・スチュアート・ミル（J. S. Mill）は，文化が経済現象に影響していると議論していた。しかし，19世紀にカール・マルクス（K. Marx）は，経済という下部構造が文化を含む上部構造を規定するとし，逆の方向への影響はないと主張した。20世紀初頭にマックス・ヴェーバー（M. Weber）はプロテスタント倫理が資本主義の発達に大きな影響を与えたとしてマルクスの主張に反対した。第2次世界大戦後の主流派経済学は，長い間文化を無視した。1990年代に信頼の経済成果への影響の研究が注目されたのを契機に，文化の経済への影響の研究が急速に発展してきた。

2　文化経済学のデータと実証分析

文化経済学の多くの実証研究で用いられているデータとして1981年から

2008年までに4回の調査が欧州の国々を主な対象にして行われた**欧州価値観調査**（European Values Survey: EVS）とEVSと協力して世界中で行われてきた**世界価値観調査**（World Values Survey: WVS）がある[2]。これらの調査プロジェクトでは，さまざまな国々の社会科学者たちが協力し，価値観や信条や文化的変化について，核となる質問を国際的にできるだけ統一してアンケート調査を行っている。Inglehart（2000）はこれらのデータの多くの質問への答えの統計的分析から「伝統的に対する世俗的・合理的」尺度と「サバイバルに対する自己表現的」尺度という2つの次元の文化の尺度を提唱した。Inglehart and Welzel（2010）は，EVS/WVSのデータよりこれらの2つの尺度を用いてWVS文化地図を作っている[3]。彼らは2005～09年に行われたWVS調査により国々をプロテスタント・ヨーロッパ，カトリック・ヨーロッパ，イスラムなどの9個の文化圏に分類している。日本は中国，台湾，香港，韓国とともに儒教文化圏に分類されている。

　文化経済学では後述の実験の研究のように，これらのイングルハート（R. Inglehart）の尺度が用いられることもあるし，アンケート質問の答えがそのまま使われる場合もある。例えばGuiso, Sapienza, and Zingales（2003）はWVSのデータを用い，宗教がどのように経済成果に関わる態度に影響しているかを研究した。分析されたさまざまな態度のひとつが，倹約の態度である。倹約の態度は貯蓄率に影響し，貯蓄率を通して経済成長に影響する可能性が高いので重要である。倹約の態度を測るため「下記のリストには，子供たちが家庭で学ぶことを促進できる性質を挙げています。この中で，特に重要とあなたが考えるものが何かありますか？」と質問している。リストの中に挙げられている性質のひとつが「倹約およびお金や物を貯蓄すること」であった。Guisoらは，回帰分析によって，宗教的に育てられた回答者ほど，この性質を重要と考える確率が高い傾向があることを示した。しかし，このように倹約を重要と考える態度を持つ人が実際に高い貯蓄率で貯蓄行動をするかどうかは，この研究ではわからないという問題が残っている。そこで，Guiso, Sapienza, and Zingales

---

2)　このデータの最新版については http://www.worldvaluessurvey.org/wvs.jsp を参照。

3)　http://www.worldvaluessurvey.org/wvs/articles/folder_published/article_base_54 を参照。

（2006）は，開発途上国と先進国の両方を含む国レベルでの貯蓄率のデータと，世界価値観のデータの両方を用いる分析を行った。彼らは，倹約を子供たちに教えることが重要という態度を持つ国ほど，貯蓄率が高いことを示した。

　文化経済学の実証研究でもうひとつよく用いられているデータは，Hofstede（1984, 1991）とこれらの本のさまざまな改訂版で説明されている[4]。当初の研究では約 40 カ国の IBM の従業員のデータが用いられた。さまざまな質問の答えに統計的手法を応用し，個人主義と集団主義に関する尺度，権力格差の尺度など，数種類の文化に関する尺度が構築されている。このホフステード（G. Hofstede）の尺度を用いた文化経済学での例として Gorodnichenko and Roland（2017）がある。彼らは個人主義が強いほど技術革新に対する社会的報酬が大きい傾向があるので，個人主義はより多くの技術革新とより高い経済成長を促すと議論し，約 80 カ国に拡張されたホフステードの個人主義尺度を用いて，その議論と整合的な実証結果を得ている。

3　文化経済学と実験

　実験結果を用いて文化の経済行動への影響を調べるひとつの方法は，さまざまな研究者がさまざまな文化で行って発表した実験結果をデータとして分析する**メタ分析**という方法である。もうひとつの方法は，実験方法を統一して文化比較を行う方法である。本節ではこれらの方法で得られた知見を概観する。

3.1　独裁者ゲーム

　独裁者ゲームのメタ分析に 1992 年から 2010 年までに発表された 129 論文の実験結果を分析した Engel（2011）の研究がある。実験の地域は，西洋や発展途上国だけでなく，未開社会を含んでいる。616 の実験結果の平均配分率は

---

4)　1984 年の本は専門書であるが，1991 年に出版された本は一般向けに書かれている。2010 年に出版された後者の本の最新版では 2 人の共著者が加えられており，世界価値観のデータも分析されている。このデータの最新版については http://geert-hofstede.com/ を参照。

28.35％であった。平均は28.35％であるが，個人の配分率の分布は平均を中心とした正規分布ではなく，全配分者のうち36.11％は受益者に何も与えず，16.74％はちょうど半分を与え，5.44％は受益者にすべてを与えたので，可能な配分率のうち0％，50％，100％の3つの配分率が約6割を占めていた。この個人の配分率の分布には地域差があり，西洋での分布が，全研究の分布とほぼ同じであるのに対し，未開社会と発展途上国では50％より多く与えることはほとんどない。未開社会では半分を与える配分者が約30％と西洋よりも多く，何も与えない配分者が約5％と西洋よりも少ない。発展途上国では半分を与える配分者が約25％，何も与えない配分者は20％弱で，これらの点では西洋と未開社会の中間的な結果であった。独裁者ゲームでの行動に文化が影響していることを示唆している。

3.2 最後通牒ゲーム

最後通牒ゲームは文化の異なるさまざまな国々で行われてきて，Oosterbeek, Sloof, and van de Kuilen（2004）がメタ分析を行っている。Oosterbeek らは37論文の75の実験結果を分析した。平均配分率の実験結果は40.41％で，標準偏差は2.85％である。国別の平均結果を見ると，平均配分率の最低はペルーの26％で，最高はパラグアイの51％である。平均拒否率の実験結果は16.2％で，標準偏差は10.74％である。国別の平均結果を見ると，平均拒否率の最低はボリビアとパラグアイの0％で，最高はフランスの39.78％である。このように平均配分率も平均拒否率も国によりかなりの違いがあり，特に平均拒否率の国による違いが大きい。

メタ分析には，多くの実験結果を分析できるメリットがあるが，文化の異なった地域で異なった結果が得られたとき，地域による文化差以外に，次のような理由が考えられる。

1. 実験者効果：実験者の意図しないような微妙な実験手順の違い，実験者の説明の口調，実験者と参加者の社会的距離に関する関係や，これに関係して参加者間の社会的距離に関する関係などが実験結果に影響する可能性がある。
2. 言語効果：文化が違うと言語が違うことが多いので，実験を参加者に説明

するのに用いられた言語の違いによって，同様の指示が違ったニュアンスを持ち，実験結果に影響する可能性がある。

3. 通貨効果：文化の違う国によって，異なる通貨が用いられることが実験結果に影響する可能性がある。

4. 実験手順効果：ほぼ同様に思える実験手順の細かい違いが実験結果に影響する可能性がある。

実験結果の違いが文化の違いによることを確かめるひとつの方法は，これらの効果をできるかぎり排除した実験の結果を検討することである。第8章でも紹介した Roth, Prasnikar, Okuno-Fujiwara, and Zamir（1991）の研究ではイスラエル，米国，日本，ユーゴスラビア（1929年から2003年まで存在した東ヨーロッパの国家）で，最後通牒ゲームを行って文化差を調べた。実験者効果への対策として，4人の実験者がすべて米国のピッツバーグで実験を行い，細かい実験手順まで統一した。後述する Herrmann, Thöni, and Gächter（2008）などの他の実験では，1人の実験者がすべての国での実験に立ち会うこと，できるだけお互いに見知らぬ参加者が誰も実験者を見知らぬようにし，衝立のある実験室で同じ実験ソフトウェアを用いること，実験の説明は実験者が口頭で行わず，参加者が実験説明書を読んで質問があれば実験者が答えることなどの対策が取られた。

言語効果への対策として Roth らは，各国で生まれた研究者で米国での生活の経験もあり，両国の文化についての知識を持っている実験者が実験説明書を翻訳する，という方法を取っている。他の実験でよく用いられている方法は**逆翻訳**（back translation）である。逆翻訳では，例えば英語から他言語に翻訳し，オリジナルを見ていない別の翻訳者が他言語から英語に翻訳して比べ，必要ならこのプロセスを繰り返す。

通貨効果の対策として，最後通牒ゲームの実験では初期保有額を，できるだけ統一する必要がある。為替レートで交換する額では，名目的に同額でも，国によって，財の購買力（1単位の通貨を，典型的な消費財のバスケットの価格で割った商）が大きく異なることがある。Roth らは，米国のピッツバーグでの実験をベースラインの実験として，10〜30ドルの初期保有額とした。他国では，購買力で測って10ドルかそれよりも多い額を初期保有額とした。通貨単位の

違いを考慮して、配分額などは通貨単位を使わず、1000 トークンの初期保有から 5 トークンを 1 単位として配分できるとした。通常の最後通牒ゲームでも、第 8 章で説明した競争の入った最後通牒ゲームでも、統計的に有意な差はほとんどなかった。ここまでの結果では、メタ分析の結果が文化差からではなく、実験者効果や翻訳効果によるものである可能性は否定できない。

　実験結果の地域による違いが文化差によるものであることを確かめるもうひとつの方法は、何らかの文化の尺度で結果の違いを説明できるかどうかを調べることである。説明できる場合は、文化差の効果がある可能性が高い。そこで Oosterbeek らはメタ分析の一環として前述のホフステードの個人主義尺度と権力格差尺度、イングルハートの「伝統的に対する世俗的・合理的」尺度、また、世界価値観調査の個別の質問の答えより、一国で「大部分の人は信頼できるか」という質問に肯定的に答えた人の割合による信頼度、一国で「競争は好ましいか」という質問に肯定的に答えた人の割合による競争肯定度などの 5 つの文化変数を説明変数として初期保有の大きさなどの説明変数に加えた回帰分析を行っている。しかし、平均配分率を被説明変数とした回帰分析では、権力格差変数が 5％水準で有意である他は、10％水準で有意な文化変数はなかった。平均拒否率を被説明変数とした場合には、10％水準で有意な文化変数はなかった。

　Henrich et al.（2005）の最後通牒ゲームの実験は 15 の未開社会で行われ、結果は Oosterbeek らのメタ分析に含まれている。これらは実験室での実験ではなく、フィールド実験であるという理由もあり、地域によって実験手順の違いがあったことが報告されている。集団間の平均配分率の違いを被説明変数とした回帰分析で、彼らが文化を質的方法で分析する民族誌学の方法で構築した「協力の利益」（payoffs to cooperration）という家族外での協力制度の度合いをランク付けする変数は 5％水準で統計的に有意である。また、正の係数は、「協力の利益」の高い集団ほど、平均配分率が高いことを示している。

　これらの結果を総合すると、少なくとも大きな文化差のある未開社会に関しては、文化差が最後通牒ゲームでの行動に影響を及ぼしている可能性が高いといえよう。

3.3 公共財ゲーム

15 カ国という多くの国々での実験で，統一的な実験方法で文化差が経済行動に影響していることをはっきり示したのは，第 8 章で説明した Fehr and Gächter（2000）の懲罰ルール付きの公共財ゲームの実験を 16 地域で行った Herrmann, Thöni, and Gächter（2008, 以下 HTG）の研究である。個人の収益率が α の公共財ゲームでは，一人のプレイヤーが初期保有をグループの共通プールに y トークンの貢献をするとそのプレイヤーを含めてグループのメンバー全員が αy トークンを受け取る。HTG の実験では $\alpha = 0.4$ で，各グループは 4 人のメンバーから構成されていた。チューリッヒとザンクト・ガレンの 2 地域だけはスイス一国に属するが，他の 14 地域はそれぞれ別の国に属している。15 カ国は前述の WVS 文化地図の 9 つの文化圏をすべてカバーしており，文化的な差が大きいように選ばれている。彼らは学生を参加者とした実験室で，実験者効果，翻訳効果，通貨効果にできるだけの対策を取り，実験を行うためのコンピュータ・ソフトウェアまで z-tree[5] に統一して比較可能な実験方法を用いた。各国では平均して 1 回の実験で 21 人の参加者の中から匿名で無作為に作られた同じ 4 人のグループで 10 ラウンド，懲罰なし（N 条件）の通常の公共財ゲームを行い，次に，もう一度無作為に作られた同じ 4 人のグループで 10 ラウンドの懲罰ルールあり（P 条件）の実験が行われた[6]。

16 地域を地域別に比べると，N 条件での結果は，初期保有の 20 トークンからの公共財への全 10 ラウンドの平均貢献数を見ると，最少がオーストラリアのメルボルンの 4.9 トークンで，最多がデンマークのコペンハーゲンの 11.5 トークンであった。16 地域で統計的に有意な平均貢献数の違いがあった。しかし，最初のラウンドが進むにつれて徐々に平均貢献数が少なくなる地域が多かった。これに対し，P 条件では，より大きな地域差が見られた。P 条件での結果は，初期保有の 20 トークンからの公共財への全 10 ラウンドの平均貢献数を見ると，最少が 5.7 トークンで最多が 18 トークンであった。16 地域で統計

---

5)　この経済実験ソフトウェアについては，http://www.ztree.uzh.ch/en.html を参照。
6)　条件の順番の違いの実験結果への効果を調べるために，サマラ，ミンスク，ザンクト・ガレンの 3 地域では，先に P 条件の実験を行ってから N 条件を行う実験も行われた。この順番の違いは統計的に有意な差をもたらさなかった。

的に有意な平均貢献数の違いがあった。第 1 ラウンドから第 10 ラウンドまで徐々に平均貢献数が上昇した韓国のソウルを除く全地域で，最後の 5 ラウンドではほぼ平均貢献数は安定していた。P 条件と N 条件の全ラウンドの平均貢献率の差によって，16 地域は 3 つのグループに分けることができる。第 1 グループは差が正で 1％水準で統計的に有意なのが 9 地域，第 2 グループは差が正で 1％では有意ではないが 10％水準なら有意なのが 2 地域（ロシアのサマラとベラルーシのミンスク），第 3 グループは差が 10％水準でも有意でない 5 地域（アテネ，トルコのイスタンブール，サウジアラビアのリヤド，オマーンのマスカット，ウクライナのドニプロペトロウシク）である。P 条件での 10 ラウンドの平均貢献数を見ても，第 3 グループの 5 地域はアテネが最少の 5.7 トークンで，ドニプロペトロウシクの 10.9 トークンまで，16 地域中最少の 5 地域である。第 2 グループではサマラが 11.7 トークン，ミンスクが 12.9 トークンで，第 3 グループよりも多いが，第 1 グループの中での最少の中国の 成 都の 13.9 トークンよりも少なくなっている。最も P 条件の平均貢献数が多かったのは第 1 グループの米国のボストンの 18 トークンである。

このように，懲罰があることによる公共財への貢献数の増加への効果と，懲罰があるときの平均貢献数には大きな地域差がある。これらの貢献行動の地域差と関係していると思われるのが懲罰行動の地域差である。HTG は，自分の貢献数よりも低い貢献数のメンバーに懲罰を加えている場合を「ただ乗り者への懲罰」，自分の貢献数と同じか高い貢献数のメンバーに懲罰を加えている場合を「反社会的懲罰」と呼んでいる。反社会的懲罰のための平均支出が多い順に地域を並べると，マスカット，アテネ，リヤド，サマラ，ミンスク，イスタンブール，ソウル，ドニプロペトロウシクが上位 8 地域で，ソウル以外はすべて第 2，第 3 グループに属している。

HTG はこれらの行動の地域差を説明するための国レベルの文化尺度を WVS のデータから 2 つ構築している。「市民協力の規範」（norms of civic cooperation）尺度と，「法の支配」（rule of law）尺度である。「市民協力の規範」尺度は，脱税や，公共交通でのただ乗りなどがどれだけ正当化できるか，というような協力に関する多くの質問への回答から構築され，非協力に対する非難の答えが多いほど，規範が強い。「法の支配」尺度は社会のルールに対する信頼と

遵守の程度を測定するためのさまざまな質問への回答から構築され，より高い値は法の支配が強いことを表す。彼らの回帰分析によると反社会的懲罰は「市民協力の規範」尺度と，「法の支配」尺度が大きいほど5%水準で有意に少なくなる。また，前述の WVS 文化地図では，第2，第3グループの国々はほとんどがイスラム圏と正教圏に属している。

　Funaki et al.（2013）は日本の早稲田大学と大阪大学で，HTG とできるだけ同じ方法で実験を行った。船木らの実験結果では，P 条件での平均貢献数が HTG の結果と比べて少なく，P 条件と N 条件での平均貢献数の差も小さく，平均貢献数では第2グループに属する。しかし反社会的懲罰は比較的に少なくこの点では第1グループに近かった。「市民協力の規範」と，「法の支配」の尺度からも，また WVS 文化地図でともに儒教文化圏とされている中国と韓国が HTG では第1グループに属していることからも，日本は第1グループに属することが予測されるため，平均貢献数の結果はパズルである。しかし，Yamagishi（1988）で用いられた，貢献数が最少だったメンバーだけを懲罰できるという反社会的懲罰を許さない懲罰ルールを用いると，P 条件での平均貢献数が有意に上がった。

　公共財ゲームの設定によっては韓国人や中国人に比べ，日本人が実験の他の参加者の利得を増やす貢献が少ないという結果は，Chun, Kim, and Saijo（2011）も得ている。通常の公共財ゲームでは個人の収益率 α は1より小さいので，個人の利得最大化の戦略がグループの利得を最大化しない。Chun らの公共財ゲームでは，α が1より小さい通常の設定（設定 L）と，α が1より大きい設定（設定 H）の両方が用いられ，懲罰ルールは用いられなかった。設定 H では収益率初期保有をすべて貢献する戦略が個人とグループの利得を同時に最大化する。公共財ゲームに設定 H を導入した Saijo and Nakamura（1995）の実験では，多くの日本人参加者が，最大の貢献をしなかった。このように最大の貢献をすると自分の利得もグループの利得も最大化されるときに，自分の利得を減らしても，他のメンバーの利得を減らす行為を彼らはスパイト（spite）行動と呼んだ。西條と中村はスパイト行動をする参加者たちは金銭的利得だけでなく，自分の相対的ランキングに注目して行動していることを発見した。Chun らは，韓国人や中国人と比べて日本人の参加者がスパイト行動をより多くする傾向が

あるという実験結果を得た。

このように文化が公共財ゲームで経済行動に影響する効果を持つことには実験による十分な証拠がある。しかし，既存の文化尺度が十分これらの効果を説明するとはいえない。文化がどのように経済行動に影響しているのか，さらに詳しく見ていく必要がある。

4 規範とアイデンティティ経済学

Akerlof and Kranton（2005）は規範を「ある社会的文脈の中で人々の，彼ら自身と他の人たちがどのように行動すべきか，についての考え」と定義し，規範から乖離した行動からは不効用を感じるという規範を効用関数に導入してモデル化している。経済学の中で規範にいろいろな定義を与えられ，いろいろなモデル化がされているが，本書ではアカロフ（G. A. Akerlof）とクラントン（R. E. Kranton）の定義と規範を効用関数に導入するモデル化を採用して説明していく[7]。アカロフとクラントンの規範の定義では，規範が規定するのは行動であり結果ではないことと，社会的文脈（いつ，どこで，どのように，誰と）に依存することが重要である。文化は社会的文脈のひとつなので，文化の違いによる行動の違いを説明する要素のひとつとして規範を考えることができる。社会的文脈のひとつとして，男女や民族のような社会的カテゴリーがある。本節では 4.1 節で社会的文脈に社会的カテゴリーが関係しない場合，4.2 節では社会的カテゴリーが関係するアイデンティティ経済学を説明する。

4.1 規範と経済学

Pareto（1920 ［1980］）は，効用は経済学者が通常考える選好だけではなく，規範にも依存すると述べている。このような考えからは，効用関数が規範に依存するというモデル化ができ，一例として本節では Krupka and Weber（2013）のモデルを説明する（別の例として Akerlof, 1982 の贈与交換モデルがある）。$A =$

---

7) 他の規範の定義や規範を取り入れたモデルについては Elster（1989）と章末の補論 1 を参照。

$\{a_1, a_2, ..., a_k\}$ を意思決定者に可能な k 個の行動の集合とする。規範 $N(a_i)$ は行動 a_i の関数で -1 から 1 までの値を取り，ある社会的文脈での行動 a_i の適切さ，あるいは不適切さの程度を表す。もしその行動が適切であれば，$N(a_i) > 0$ で，適切さの程度が高いほど，$N(a_i)$ の値は 1 に近くなる。行動が理想的であれば $N(a_i) = 1$ である。もしその行動が不適切であれば，$N(a_i) < 0$ で，不適切さの程度が高いほど，$N(a_i)$ の値は -1 に近くなる。行動が完全に不適切であれば $N(a_i) = -1$ である。ある社会的文脈で $N(a_i)$ が規範であるときに意思決定者が行動 a_i を取ったときの効用は

$$u(a_i) = V(\pi(a_i)) + \gamma N(a_i) \tag{1}$$

と仮定する。ここで $\pi(a_i)$ は行動 a_i を取ったときに意思決定者が得る（金銭的）利得であり，$V(\cdot)$ は利得に対する通常の効用関数で利得の増加関数，$\gamma \geq 0$ は意思決定者が規範を重視している程度を表す。ここで $\gamma = 0$ であれば，意思決定者はホモ・エコノミカスであり，行動の結果としての利得のみに関心を示し，社会的文脈が変わって規範が変わっても行動を変えない。これに対し，$\gamma > 0$ であれば，結果としての利得が同じであっても社会的文脈と規範によって行動を変える可能性がある。

　Krupka and Weber の実験では 2 つの独裁者ゲームが用いられた。「標準バージョン」独裁者ゲームでは，10 ドルの初期保有を受け取った配分者は，1 ドルきざみで，0, 1, ..., 10 ドルを受益者に配分できる。「いじめっ子バージョン」独裁者ゲームでは，配分者と受益者は 5 ドルずつの初期保有をそれぞれ受け取る。配分者は，0 ドルから 5 ドルまでの額を与えるか奪うかすることができる。行動の結果として配分者と受益者の利得を（配分者の利得，受益者の利得）というベクトルで書くと，どちらのバージョンの独裁者ゲームでも，(10, 0), (9, 1), ..., (0, 10) の 11 個の可能性がある。したがって，配分者が利己的なホモ・エコノミカスであるか，あるいは，第 8 章のアウトカム・ベースト社会的選好を持つならば，この 2 つのバージョンの独裁者ゲームでまったく同じ結果となるように行動するはずである。ホモ・エコノミカスなら標準バージョンでは受益者に 0 ドルを与える行動をし，いじめっ子バージョンでは受益者から 5 ドルを奪う行動をし，どちらのバージョンでも (10, 0) の結果となる行動を選ぶは

ずである。社会的選好を持つならば，選好に応じて別の結果を選ぶが，独裁者ゲームのバージョンによって結果が変わるように行動することをしない，ということが理論的予測である。これに対し，規範を考慮すると，ゲームのバージョンによって社会的文脈が異なっている。「与える」行動が適切で，「奪う」行動は不適切であるとすると，(1)式で $\gamma > 0$ の効用関数を持つ配分者は，2つのバージョンで異なる結果となる行動をすることが予測できる。

　Krupka and Weber は，2つの実験を行った。実験1の参加者は米国のカーネギー・メロン大学，ピッツバーグ大学，ミシガン大学の199人である。参加者はある個人 A が数種類の行動を選択できる状況について読んで，それぞれの行動を「社会的にとても適切」「社会的に幾分適切」「社会的に幾分不適切」「社会的にとても不適切」のどれに当たるか評価した。参加者はいくつかの状況について行動を評価するが，そのうちのひとつの状況が無作為に選ばれ，その状況でのひとつの行動が選ばれ，参加者の答えた適切さの評価が，その実験セッションで最も多い答え（最頻値）であれば，参加者は追加支払いを受け取った。この追加支払いがあることは，参加者が評価を書きこむ前に伝えられた。したがって，参加者は，実験セッションの他の参加者たちが最も多く選ぶ評価を書きこむ誘因が与えられていた。

　実験1の参加者は，2つのバージョンのうちのいずれかひとつのバージョンと，他の研究者たちの行った独裁者ゲームのバージョンの説明を与えられ，独裁者ゲームでのそれぞれの行動について評価した。Krupka and Weber は評価に数値スコアを与えた。「社会的にとても適切」は 1，「社会的に幾分適切」は 1/3，「社会的に幾分不適切」は −1/3，「社会的にとても不適切」は −1 であった。米国の3大学の199人の参加者による評価の平均を表 10−1 に掲載する。Krupka and Weber はこの表のそれぞれの行動 a_i に対する平均評価を規範 $N(a_i)$ の推定値として用いた。一人占めの結果をもたらす標準バージョンでの「0 ドルを与える」行動も，いじめっ子バージョンの「5 ドルを奪う」行動も，$N(a_i)$ は負の値を取るので不適切であるが，絶対値を比べると不適切さの程度はいじめっ子バージョンの方が大きい。公平な5ドルずつの利得の結果をもたらす標準バージョンでの「5 ドルを与える」行動も，いじめっ子バージョンの「0 ドルを与える/0 ドルを奪う」行動も，$N(a_i)$ は正の値を取るので

表 10 - 1 　標準バージョンといじめっ子バージョンの独裁者ゲームでの規範誘発

結果	標準バージョン		いじめっ子バージョン	
	行動	平均評価	行動	平均評価
（10 ドル，0 ドル）	0 ドルを与える	−0.80	5 ドルを奪う	−0.90
（9 ドル，1 ドル）	1 ドルを与える	−0.64	4 ドルを奪う	−0.83
（8 ドル，2 ドル）	2 ドルを与える	−0.44	3 ドルを奪う	−0.67
（7 ドル，3 ドル）	3 ドルを与える	−0.16	2 ドルを奪う	−0.38
（6 ドル，4 ドル）	4 ドルを与える	0.14	1 ドルを奪う	−0.09
（5 ドル，5 ドル）	5 ドルを与える	0.87	0 ドルを与える / 0 ドルを奪う	0.93
（4 ドル，6 ドル）	6 ドルを与える	0.57	1 ドルを与える	0.48
（3 ドル，7 ドル）	7 ドルを与える	0.42	2 ドルを与える	0.31
（2 ドル，8 ドル）	8 ドルを与える	0.32	3 ドルを与える	0.20
（1 ドル，9 ドル）	9 ドルを与える	0.22	4 ドルを与える	0.10
（0 ドル，10 ドル）	10 ドルを与える	0.18	5 ドルを与える	0.04

適切であるが，適切さの程度はいじめっ子バージョンの方が大きい。実験 1 の参加者は，規範についての評価をしただけで，独裁者ゲームには参加しなかったし，それまでにも参加したことがなかった。

　実験 2 の参加者はカーネギー・メロン大学の学生で，標準バージョンかいじめっ子バージョンのどちらかに参加した。ここで実験 1 の規範の結果から実験 2 の理論予測を考えるために，$V(\pi(a_i)) = \beta \pi(a_i) + \varepsilon$ で，$\beta, \gamma, N(a_i)$ は与えられた社会的文脈の中ですべての参加者に共通であるが，ε は平均 0 の正規分布をしている，と仮定する。ε が高い参加者は，規範からの効用に比べて金銭的利得からより高い効用を得るので，自分の利得をより多くする行動を取る。モデルの理論予測は 2 つある。ひとつは表 10 - 1 のように，（5 ドル，5 ドル）の $N(a_i)$ がいじめっ子バージョンの方が高いので，いじめっ子バージョンで（5 ドル，5 ドル）の結果をもたらす行動を取る配分者の数は，標準バージョンで（5 ドル，5 ドル）の結果をもたらす行動を取る配分者の数よりも多いという予測である。もうひとつは，配分者が自分の方が利得の多い行動を取る参加者だけに限ると，いじめっ子バージョンで（10 ドル，0 ドル）の結果をもたらす行動を取る配分者の数は，標準バージョンで同じ結果をもたらす行動を取る

配分者の数よりも多いという予測である（この予測の理由については章末の補論2
を参照せよ）。

実験2の結果はこれら2つの理論予測どおりとなった。ひとつ目の予測については，配分者が自分の方が利得の少ない行動を取る少数の参加者を除くと，いじめっ子バージョンでは49人中18人（37%）が受益者に何も与えず何も奪わない行動を選んだのに対し，標準バージョンでは48人中8人（17%）が5ドルを与えることを選んだ。これらの差は1%水準で統計的に有意であった。もうひとつの予測については，いじめっ子バージョンでは31人が受益者から1ドル以上を奪い，そのうち16人（52%）が5ドルを奪ったのに対し，標準ゲームでは4ドル以下を与えた40人のうち16人（40%）が0ドルを与えた。この差は5%水準で有意であった。

Krupka and Weber の実験1の参加者は，他の研究者たちが行った独裁者ゲームのバージョンについても規範の評価をしており，その結果からの理論予測も他の研究者たちの実験結果と整合的であった。

4.2　アイデンティティ経済学

規範が行動に影響することを見たが，人々は社会，民族，宗教，企業などの集団に属すると他の集団に属する人々と異なった規範を持つことがあり，規範の違いが行動の違いをもたらす。文化による行動の差の原因のひとつは規範の違いにあると考えられる。規範は社会的文脈によって，異なっているが，特に性別，人種，宗教などの社会的カテゴリーによる社会的文脈に注目するのがAkerlof and Kranton（2005, 2010）の提唱する**アイデンティティ経済学**である[8]。アイデンティティとは自分がある社会的カテゴリーに属しているという自己イメージである。アカロフとクラントンはいくつかのモデルを提示しているが，ここでは(1)式に社会的カテゴリーとアイデンティティを導入して

---

8)　Akerlof and Kranton（2010）は，個人的な規範に関わる効用以外のアイデンティティに関わる効用を挙げている。例えば社会的カテゴリーに属する他のメンバーが集団内の規範に従ったときに自分の効用が上がる，というような集団プロセスに関わるものである。

$$u(a_i) = V(\pi(a_i)) + \gamma(s)N(a_i) \tag{2}$$

という効用関数のモデルを考えることにする。ここで s は意思決定者の i がその社会的カテゴリーに属するという自己イメージ（アイデンティティ）の強さの程度，$\gamma(s)$ は s の増加関数である。例として社会的カテゴリーに男性と女性を考える。ある社会で一部の仕事は男性に適している仕事と決めつけられ，一部は女性の仕事とされているとする。この状況で意思決定者 i が女性として，彼女が「男性の仕事」に携わる行動を選ぶと規範 $N(a_i)$ は負の値を取り，「女性の仕事」に携わる行動を選ぶと規範 $N(a_i)$ は正の値を取る。彼女が「男性の仕事」の才能に恵まれていて，その仕事に携わる行動を選ぶと金銭的利得が高い場合でも，アイデンティティの強さの程度と，規範の $N(a_i)$ の大きさによっては，彼女はその仕事を選ばない可能性がある。

　ここまで 1 人の人間がひとつの社会的カテゴリーに属す場合を考察したが，現代の多くの人々は複数の社会的カテゴリーに属している。例えば日本人の経済学者は，「日本人」と「経済学者」という 2 つの社会的カテゴリーに属している。恥の文化を持つといわれる日本人としては，貧しい人々のために募金活動をしている人の前を寄付をせずに通りすぎることに恥を感じるかもしれないが，効率を重んじる経済学者としては，最も効率的な慈善事業を調べてから寄付をするべき，と感じるかもしれない。このように複数の社会的カテゴリーに属する場合，複数の規範が行動に影響することになる。さらに，経済学の本を読んだ直後なら，経済学者としてのアイデンティティが顕在化し，より経済学の規範に行動が影響されると考えられる。

　アイデンティティ経済学の研究に用いることのできる実験手法として，心理学で用いられる**プライミング法**がある。プライミング法は，先行する課題が無意識のうちに後続の別の課題での行動に影響する効果を実験に用いる。プライミング法がどのようにして，またなぜ用いられるかを見るために，経済学での例を見ていくことにする。経済学では Benjamin, Choi, and Strickland（2010）が民族アイデンティティの規範の研究に，Benjamin, Choi, and Fisher（2016）が宗教アイデンティティの規範の研究にプライミング法を用いている。

　これらの論文では次のようなアイデンティティ経済学のモデルが用いられて

いる。個人が社会的カテゴリー C（例えばアジア系アメリカ人）に属する。x_0 はアイデンティティを考慮しないとき選択される行動である。x_c は社会的カテゴリー C の規範で理想となる行動である。複数の社会的カテゴリーに属する個人は

$$U = -(1-w(s))(x-x_0)^2 - w(s)(x-x_c)^2$$

を最大化するように x を選ぶ。ここで，$(x-x_c)^2$ は規範の理想から乖離することによる効用の損失，$(x-x_0)^2$ は規範に影響された行動を取ることによる金銭的損失などによる効用の損失，s はカテゴリー C に属するというアイデンティティの強さで，$0 \leq w(s) \leq 1$ は，社会的カテゴリーの規範に付与されるウェイトである。

$$w(0) = 0, \quad w' > 0$$

とする。つまり，ある社会的カテゴリーに属する自己認識が強くなる（s が上昇する）と，その社会的カテゴリーの規範から乖離するときの効用の費用が大きくなるので，個人の選択は，その規範により大きく影響を受けるようになる，というモデルである。

　白人のアメリカ人とアジア系アメリカ人を比べると，後者の方がより多くの人的資本を蓄積し，より多くの人が課税猶予貯蓄口座[9]に参加する傾向がある。そこで Benjamin, Choi, and Strickland は，白人のアメリカ人の規範に比べ，アジア系アメリカ人の規範は忍耐強さをよしとする規範を持つという研究仮説を検証した。白人とアジア系アメリカ人を対象とした実験では参加者たちは，プライミング法の先行する課題として質問票に回答した。無作為にひとつのグループは参加者の家庭で話される言語や，参加者の家族が何世代にわたってアメリカに住んでいるかを聞く質問が含まれていた。これらの質問は民族的な意味があり，自分の民族に属するという自己イメージを強めるアイデンティティ顕在化の効果があると考えられる。もうひとつのグループには民族的な意味のない問題が与えられた。プライミング法の後続する課題として，時間選好を測

9）　課税猶予貯蓄口座とは，口座からの利子収入が貯蓄引出か，あるいは別の指定された期日まで課税されない貯蓄口座である。

る実験と危険回避度を測る実験を行った。民族的アイデンティティ顕在化のプライミング操作を受けたアジア系アメリカ人のグループは，受けなかった同じ民族グループに比べ，統計的に有意に忍耐強い時間選好を示す選択をする傾向があった。これに対し，白人のアメリカ人のグループにはこのような傾向は見られなかった。また，どちらの民族グループにもプライミング操作の有無による危険回避度の有意な違いは見られなかった。これらの結果は，アジア系アメリカ人の規範は，忍耐強いことをよしとする規範を含む，という研究仮説と整合的である。モデルでの解釈は，社会的カテゴリーが白人やアジア系の民族であるとして，プライミング操作によって s が増加すると，より規範に近い行動が選択される，というものである。なぜこのような研究でプライミング法が用いられるかというと，規範の効果を見るためである。例えば，遺伝的な理由で，アイデンティティとは関係なくアジア系アメリカ人は白人よりも忍耐強い時間選好を持つ可能性もある。この場合にはアイデンティティにも規範にも関係がないので，プライミング法を用いても忍耐強さに変化が生じないはずである。プライミング法を用いて変化が生じたということは，忍耐強さをよしとする規範の存在仮説を支持する。

5　文化と世界観

　アイデンティティ経済学は社会的カテゴリーとそれに属するという自己認識という文化の重要な側面を経済学に導入するが，文化には，他にもさまざまな側面がある。アイデンティティだけでなく，それらの側面も経済学の理論モデルや実証分析に導入するための比較的新しいアプローチとして，文化をその背後にある**世界観**によって分析する方法がある[10]。世界観という言葉は分野や学者によって違う意味で用いられているが，経済学への応用のためには文化人類学での意味が有用であろう。文化人類学では，世界観とは，世界や人類の起源や終末などについての**認識**だけでなく，規範や価値についての**判断**や**感情**など

---

10)　世界観という言葉は哲学者のイマニュエル・カント（I. Kant）が最初に使ったといわれている。

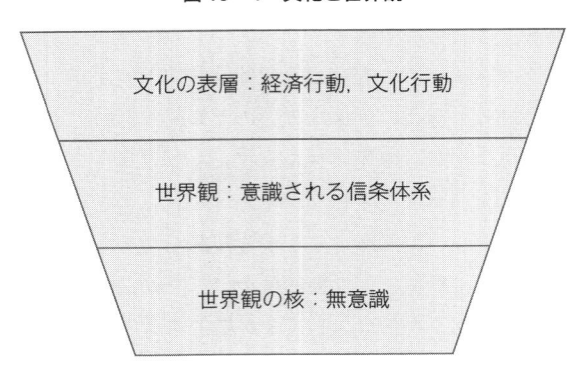

図10−1　文化と世界観

文化の表層：経済行動, 文化行動

世界観：意識される信条体系

世界観の核：無意識

を含んでいる。Hiebert（2008）は，世界観を「ひとつの人々の集団が生活を秩序づけるために用いている，現実の性質に関しての認識，感情，判断に関する，基礎的な仮定と枠組み」と定義した。宗教は世界観に大きな影響を与えるが，同じ宗教に属する人たちもまったく違う世界観を持っていることが多いし，違う宗教に属する人たちが多くの部分で同様の世界観を持っていることも多い。また，無宗教の人であっても何らかの世界観を持っている。人間の経験には，感覚器官や脳によって一定の形式が与えられているので，すべての真実を認識できるわけではなく，すべての人が何らかの「眼鏡」をかけて世界を見ている，という考え方である。世界観という眼鏡は1人ひとり微妙に違うものの，あるグループの人々に世界観の共通性が見られれば，その共通性を持つ世界観から文化を定義することができる。

　文化と世界観の関係を考えるために，図10−1のように文化を3つの部分に分割する。文化の表層には経済行動や文化行動（結婚や葬式などの通過儀礼を含む）がある。ここではその背後にあるものをすべて世界観と定義する。この世界観は，意識される信条体系の部分と意識されない世界観の核の部分とからなると考えられる[11]。信条体系は死後の世界が存在するかどうか，神や仏が存在するかどうか，というような世界観の意識される認識面が中心である。さらに奥にある無意識の世界観の核は，論理の進め方，何を美しいと感じるかとい

---

11)　Hiebert は，世界観という言葉をここでの世界観の核に限定している。

図 10 - 2　無意識の世界観

図 10 - 3　日米韓の回答の割合

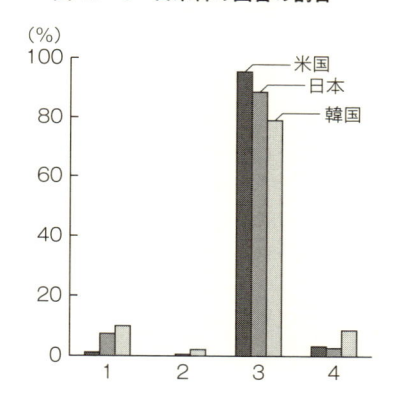

うような感情，規範や倫理を含んでいる。

　世界観の無意識の部分をデータ化する方法は，文化人類学から経済学に取り入れることができる。例えば，Lee et al. (2013) は，日本と韓国と米国での全国的なアンケート調査で図 10 - 2 の上部に，「次のうち，ひとつだけ仲間に属さないものは，どれですか。ひとつ選び，番号に〇をつけてください」という質問を用いている。この質問は無意識の論理の進め方を測るためのものである。西洋合理主義では 3 番を選ぶことになる。西洋合理主義の基礎である数学の集合論では，違いをはっきりいえることが重要で，他よりひとつだけ小さい 3 番が選ばれることになる。図 10 - 3 のように，日本でも韓国でも，3 番を選ぶ人が他の数字を選ぶ人よりも多いが，米国よりは少ない。日本では 1 番を選ぶ人

たちが約 8%，韓国では約 10% いたが，これは，2〜4 番を家族と見るからであろう。このように関係性を重視する論理の進め方を，**関係性論理**と呼ぶ（Hiebert, 2008）[12]。韓国では 4 番を選ぶ人たちが約 9% いたが，これも 1 〜 3 番を家族と見る関係性論理で，夫婦の結び付きが強く感じられているケースと考えられる。2 番を選ぶ人は，日米では 1% に満たなかったが，韓国では約 2% いた。この場合の有力な解釈は 4 番が母で 3 番が子であり，1 番は父であり，母子のつながりは強いけれど，2 番は父か母の母であり，父と母子には少し距離があるという関係性を示すというものである。

　Lee らは，この無意識の世界観がどのように経済行動に影響しているかを見るために，「仮に自分の子供が経済的に困っているときに，自分の所得の何% まで助けますか」という仮想質問を用いた。韓国で，図 10−2 の 2 番を選ぶ人は，3 番を選ぶ人に比べて，この仮想質問に「まったく助けない」と答える確率が有意に高かった。このように，無意識の世界観も経済行動に影響を与えている。世界観の意識される信条体系がどのように経済行動に影響しているかを見る実証分析は次節で紹介する。

6 文化伝達モデル

　文化経済学の理論的研究で，特に重要な分野のひとつは選好と信条や規範などの世界観の**文化伝達モデル**であり，Bisin and Verdier（2011）の概観論文がある。1980 年代から文化伝達モデルの理論モデルが存在したが，特に Bisin and Verdier（2000, 2001）が親の子への文化伝達の意思決定を含む一般的なモデルで分析を始め，以来，多くの研究者によってさまざまな経済問題に応用するモデルが構築されている。本書では特に**選好の文化伝達**（cultural transmission of preferences）モデルに注目する。この分野では，子供の選好が外生的ではなく内生的であり，何らかのメカニズムで親の意思決定が子供の選好形成に影響を

12）　社会心理学者のニスベット（R. E. Nisbett）は，西洋と東洋の認知の違いとして，分類に際してのカテゴリーと関係のどちらを用いるか，として同様な違いを捉えている（Nisbett, 2003；邦訳の 158〜162 ページを参照）。

与える。ここでは，第2節で紹介した Guiso らの研究の倹約の態度に関係し，第12章で行動経済学での政策を考えるときに重要な要素のひとつである徳にも関係する Bhatt and Ogaki（2012）の**タフ・ラブ・モデル**（tough love model）を説明する[13]。

6.1　タフ・ラブ・モデル

　タフ・ラブ・モデルでは，子供の忍耐強さは内生的で，親がおもちゃやお菓子などを子供期に多く与えて甘やかすと，忍耐強くない大人に育つ。親は，子供を忍耐強い大人になるように育てるために甘やかさずに厳しく育てたいという想いを持つ（タフ・ラブ）とともに，子供を甘やかしたいという誘惑を感じている。伝統的経済学では忍耐強さを表す時間割引因子は所与で外生的なので，環境ではなく遺伝によって完全に時間割引因子が決定されていると仮定されている。この仮説は遺伝子が同一の一卵性双生児と，遺伝子が異なる二卵性双生児の時間割引率のデータに行動遺伝学の手法[14]を応用することによって検証可能である。Hirata et al.（2010）の大阪大学の双子データでの研究では時間割引率の個人間の分散の約20〜25％は遺伝で説明でき，95％信頼区間の上限は約40％となっており，環境の影響が大きいことが示された。

　この状況を，子供が3期間（$t=1$：子供期，$t=2$：労働期，$t=3$：引退期）生きるモデルを使って分析する。親は最初の1期間（$t=1$）だけ生きて，子供期の子供に所得移転する。子供の子供期の消費を C_1，親から子供への所得移転を T とし，子供は子供期には親の所得移転をそのまま消費する，つまり

$$C_1 = T$$

と表される。

　子供の生涯効用は

$$u(C_1) + \beta(C_1)u(C_2) + \beta(C_1)^2 u(C_3)$$

---

13)　本書では説明のため，少し単純化したモデルに変えている。モデルの背景については補論3を参照せよ。

14)　行動遺伝学については例えば安藤（2011）を参照。

である。ここで，$u(C_t)$ は，t 期の消費に対する効用関数で，$\beta(C_1)$ は時間割引因子関数であり，子供期の消費 C_1 の減少関数である。つまり，子供が子供期により多くの消費を与えられて甘やかされるほど，大人になったときに忍耐強くなくなる（時間割引因子が小さくなり，将来の効用を重視しなくなる），という仮定である。親の自分自身の消費を C_p として，親の効用関数は

$$u(C_p) + \theta\{u(C_1) + \beta_p u(C_2) + \beta_p^2 u(C_3)\}$$

とする。ここで θ は正の実数で，親の子供に対する利他性を表すパラメータである。θ が大きいほど親は子供に対して利他的である。β_p は，親が，子供の生涯効用を評価するときに使う時間割引因子である。β_p は親の価値観を反映すると考えられる。例えば，Ramsey（1928）は経済学の貯蓄理論の古典的な論文の中で，将来の効用を割り引くのは倫理的ではなく，将来に対する想像力が弱いためだけにそのようなことが生じると述べている。そこでラムゼイ（F. P. Ramsey）は「経済にどれだけの貯蓄がなされるべきか」という問題を動学モデルで分析するときに，時間割引因子を 1 に設定した。ラムゼイの時間割引に関する価値観を親が採用するなら，$\beta_p = 1$ である。このとき親は子供が今の自分も将来の自分も同じように大切にすべきであるという価値観を持っている。このモデルの中でタフ・ラブの親とは，β_p が 1 であるか，1 に近い高い値を取る親である。

　まず，子供の意思決定を考える。r を利子率として，y_2 を子供の労動期の所得とすると

$$C_3 = (1 + r)(y_2 - C_2)$$

であり，子供は引退期には労働期の貯蓄を消費する。子供は $u(C_2) + \beta(C_1)$ $u((1+r)(y_2 - C_2))$ を最大化するように C_2 を決定する。子供にとっては，C_1 は親が決める外生的変数なので，$\beta(C_1)$ が与えられており，第 6 章で見た 2 期間モデルとまったく同様に貯蓄の意思決定をする。

　第 8 章で説明した伝統的経済学の標準的異世代間利他主義モデル（純粋利他性モデル）では，$\beta(C_1)$ が C_1 に依存しない外生的な定数（β とする）であり，$\beta_p = \beta$ である。つまり標準的モデルに比べて，タフ・ラブ・モデルは，

①子供の時間割引因子が内生的である，②親が子供の生涯効用を評価する時間割引因子が子供の時間割引因子の値と異なっている，という2つの違いがある。ここで β_p は親が子供の忍耐強さに関して持っている価値観と解釈することができる。親は，ちょうど $\beta(C_1) = \beta_p$ となるように所得移転をして価値観を達成することができる。しかし親は子を甘やかしたいという誘惑を受けている[15]。

このような2つの違いが，モデルでの親の意思決定にどのように影響を与えるかを見るために，子供が高校に入り，忍耐強くない悪い仲間に入って，自分も忍耐強くなくなった，という状況を想像する。忍耐強くなくなった子供が勉強せずに仲間と遊んでばかりいたり，タバコを吸ったり，酒を飲んだりするようになったとする。厳しい親は，小遣いを減らすなどの，しつけ行動をすると考えられる。モデルがこのようなしつけ行動と整合的であるためには，$\beta(C_1)$ の値が，外生的な要素で小さくなったとき，親が T を減らして C_1 が減る，という理論的な結果が生じる必要がある。

標準的モデルで β が外生的な要素で小さくなったとする。時間割引因子は子供の第2期以降だけに影響する。標準的モデルでは，親は第2期以降の消費に影響する手段を持たない。そこで，親は第1期の自分の効用と子供の効用だけを考える。このため標準的モデルでは，β が低下しても，親は T を変えない，という理論的予測になることがわかる。つまり，親は子供が外生的な要因で忍耐強くなくなったときに，何もしつけ行動をしない。

次にタフ・ラブ・モデルで，$\beta(C_1)$ が C_1 のそれぞれの値で低下（$\beta(C_1)$ 関数の下方へのシフト）したとする。高い値の β_p を持つ親は，子供を忍耐強く育てるという価値観を持っているので，$\beta(C_1)$ が低下すると，この価値観からの乖離からの不効用が大きくなり，子供を甘やかしたいという誘惑の効果は比較的に小さくなる。そこで T を減少させて，状況を改善しようとする。つまり，タフ・ラブ・モデルで β_p の値が十分に高ければ，親は子供が外生的な要因で忍耐強くなくなったときに，子供への所得移転を減らすというしつけ行動をす

---

15)　タフ・ラブ・モデルでは親の価値観と子供の消費が上がることによって誘惑を表現している。第3章で説明した Gul and Pesendorfer（2001）の誘惑モデルとは別の表現方法である。

る。

このようにタフ・ラブ・モデルでは，標準的モデルでは説明不可能な親のしつけ行動を説明できる。選好の文化伝達という観点からは，モデルで親の忍耐強さに関する価値観が，親の子供への所得移転という経済行動によって，子供の選好形成に影響を与える。高い値の β_p を持つ親は，子供時代の消費を低く抑えて子供が忍耐強くなることがよいと思っているが，同時に，子供時代の消費を多くして甘やかしたい（$u(C_1)$ を高くして自分の効用を高めたい）という誘惑も感じている。第 12 章で見るように，このようなモデルによって，忍耐強さの徳を促進する政策を分析することが可能となる。

6.2　タフ・ラブと文化差

タフ・ラブ・モデルの実証分析として，世界観の信条体系の部分の経済行動への影響を考える。グローバリズムによって多くの国々の人々が短期に外国を訪れるだけでなく，経済取引などを通じて外国の人々の世界観に深く触れる機会が増えている。そこで現代社会では，多くの人々は複数の信条体系からのさまざまな信条に，主観的確率（確信度）を付与していると考えることができる。アンケート調査からこの主観的確率を測定して数値化することができる。Kubota, Kamesaka, Ogaki, and Ohtake（2013）では，日米での全国アンケート調査のデータを用いている。このアンケート調査では，例えば「死後の世界がある」という質問に対して，回答者は完全に賛成なら 1，完全に反対なら 5，どちらかといえば賛成，どちらかといえば反対，どちらともいえないという選択肢は，それぞれ，2，3，4 という 5 択形式であった。また，「あなたに当てはまりますか」という質問で，「自分は盗難にあうことはない」，「約束したことは必ず守る」などの質問も同様に 5 択形式の回答であった。

窪田らは世界観の確信度を測るために，次の 5 つのスピリチュアルな質問——「霊が存在する」，「天国がある」，「死後の世界がある」，「神様・仏様がいる」，「どのような悪事も神には必ず知られている」——について，1「完全に賛成」か，あるいは 5「完全に反対」なら 1 点を与えて，他の回答なら 0 点として確信度の点数を計算した。結果は図 10−4 のように，日米で大きな違いがあった。米国で一番多いのは 4 点を取る人である。それに対して日本で一番多

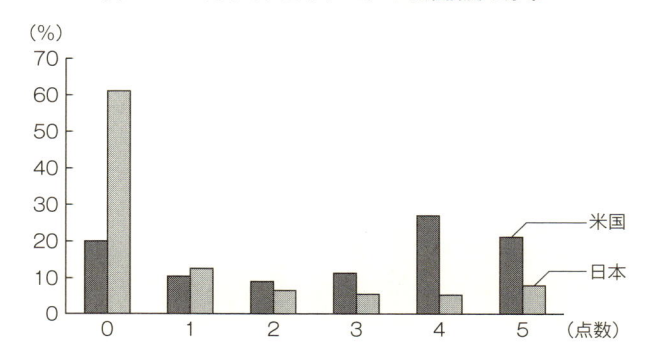

図 10 − 4　日米のスピリチュアルな確信度の分布

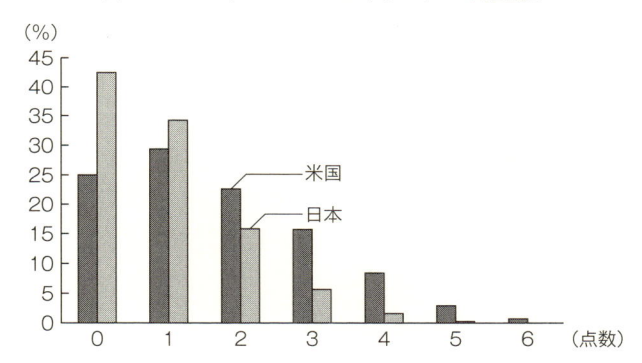

図 10 − 5　日米のノン・スピリチュアルな確信度

　いのは 0 点を取る人である。つまり, 典型的な日本人はこういう質問をされると,「完全に賛成」とか「完全に反対」というふうに確信を持って答えるのではなくて,「どちらともいえない」とか「どちらかといえば」と答える。

　図 10 − 5 では残りのノン・スピリチュアルな 6 つの質問——「理科の教科書で書かれていることは正しい」,「人間は他の生物から進化した」,「自分は盗難にあうことはない」,「約束したことは必ず守る」,「私は政治に詳しい」,「私は記憶力がよい」——について, 1「ぴったり当てはまる」か 5「まったく当てはまらない」なら 1 点を与え, 他の回答なら 0 点として, 回答の分布を示している。やはり日本人は 0 点が一番多いのに対してアメリカ人では, 1 点が一番多かった。

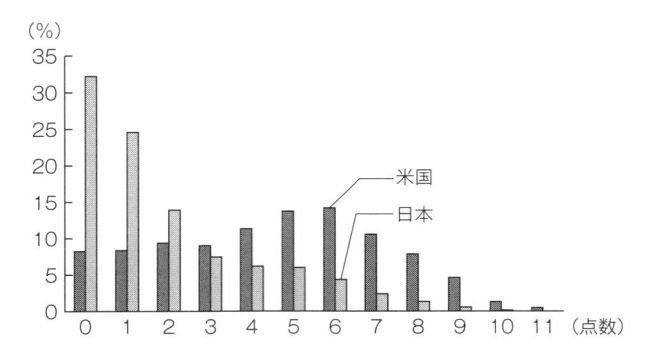

図 10 – 6　日米の確信度

　図 10 – 6 では，スピリチュアルな質問とノン・スピリチュアルな質問に対する点数を合計して，「確信度」のデータの分布を示している。アメリカ人の最頻値は 6 点であるのに対し，日本の最頻値は 0 点である。これが世界観確信度に関する日米の文化差を表している。

　窪田らは世界観確信度の文化差の経済行動への影響を調べるために，上記のタフ・ラブ・モデルの利他的行動として，親が子供に薬を与える行動についての仮想質問を用いた。「タフ・ラブの利他的行動」を測るための質問として，次のような「熱の質問」を用いた。

　「仮にあなたの 2 歳の子供が高い熱を出して苦しんでいるとします。医者は，熱も苦痛もまったく害をもたらさないといいます。一方，この症状を治す薬を飲むと，子供が大人になったときに病気に対する抵抗力が少し弱くなります。あなたの行動に当てはまるものをひとつ選び，番号に丸を付けてください」。

　選択肢は，①高熱の症状が 1 日続くと知られている場合，薬を子供に飲ませる，②2 日続くなら飲ませる，③1 週間続くなら飲ませる，④1 カ月続くなら飲ませる，⑤薬を子供に飲ませない，であった。

　副作用で免疫システムが弱くなるというのは長期的に見て深刻な問題なので，それならば，飲ませないという 5 番がタフ・ラブであると考えられる。1 日続くなら飲ませるというのは，ともかく子供は苦しんではいけない，という世界観に確信を持っていると考えられる。2 番，3 番，4 番は，飲ませない方がいいとは思っているけれども，高熱が続くとかわいそうだからあげてしまうとい

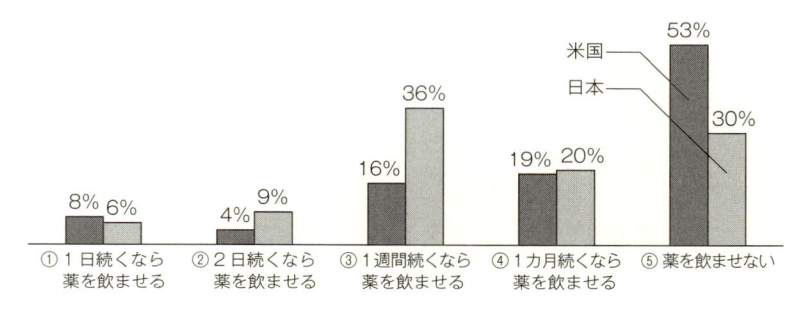

図 10 - 7　日米の「熱の質問」の回答割合

米国
日本

53%
30%
36%
16%
19% 20%
8% 6%
4% 9%

① 1 日続くなら
　薬を飲ませる
② 2 日続くなら
　薬を飲ませる
③ 1 週間続くなら
　薬を飲ませる
④ 1 カ月続くなら
　薬を飲ませる
⑤ 薬を飲ませない

う，誘惑を受けている人だと考えられる。

　日米データを比較すると，「熱の質問」では米国の親の方が日本の親よりも
タフ・ラブの態度を取る。図 10 - 7 のように米国だと 53％の人は薬を飲ませな
いといっているのに対して，日本では 30％しかタフ・ラブの親がいない。こ
れがタフ・ラブ行動に対する態度についての日米文化差である。

　窪田らの統計分析によると，個人レベルで世界観の確信度が高い人ほど，
「熱の質問」でタフ・ラブの態度を取る確率が高い。国レベルでは日本よりも
米国で確信度が高い人が多く，世界観の確信度の違いで，タフ・ラブ行動に対
する態度の日米差のかなりの割合を説明することができる。

　このような世界観を用いた分析は，選好が内生的に形成される選好の文化伝
達モデルの実証分析の一例である。第 12 章で見るように，内生的選好モデル
では伝統的経済学で用いられている経済効率性以外の政策評価基準を用いるこ
とができ，行動経済学による政策研究のためにも，このような実証分析を進め
ていく必要があろう。

✳ おわりに

　本章で紹介した文化経済学のさまざまな理論，実証，実験研究により，文化
と経済の関係を考察するときに，リーダーシップと共同体という伝統的経済学
ではほとんど分析されてこなかった分野での研究の必要性が示唆されているこ
とに注意を喚起したい。タフ・ラブ・モデルでは家族という共同体で親のリー
ダーとしての行動が子供の効用関数に影響している。親の子供への甘やかし行

動と親の忍耐強さについての価値観が子供の効用関数に影響するので，親は
リーダーとして自分の行動と価値観について考えたり他の人たちと話し合って
考える義務があるといえよう。実験では，HTG のただ乗り行動に対する懲罰
行動に特に大きな文化差が見られた。自分に費用がかかっても，ただ乗り行動
に対する懲罰を実行するのはリーダーシップ行動と考えられる。リーダーシッ
プとその文化差に関する経済学理論の発展が公共財への貢献をはじめとする共
同体への貢献行動の理解と，より良い制度設計などの公共政策のために望まれ
る。

補論 1　均衡としての制度と文化

　本章では，規範を含む制度が外生的に所与であるモデルを考察した。これに
対し，規範や制度が経済システムの中で内生的に決定されることを考察するア
プローチがある。このアプローチでは，規範や制度が繰り返しゲームや進化
ゲームや市場取引の一般均衡モデルでの複数均衡のひとつとして決定される。
これらのモデルでは，文化は制度の一部として内生的に扱われる。例として，
Aoki（2001）の比較制度分析，Greif（2006）の比較歴史制度分析，Cole, Mailath,
and Postlewaite（1992）の 規 範 の モ デ ル，Alesina and Angeletos（2005）と
Bénabou and Tirole（2006）の所得再分配政策に関する選好が内生的に決まる
モデルなどがある。これらの多くのモデルでは，利己的なホモ・エコノミカス
を仮定しながら利他的な行動を内生的に生じる規範と規範から乖離する行動に
対する制裁などによって説明することができる。その場合はこれらのモデルは
伝統的経済学に分類される。これらのモデルが不平等回避の社会的選好を仮定
していたり，さらに規範が時間割引や利他性の内生的選好に影響を与えること
を考察する場合は，行動経済学に分類されることになる。行動経済学と伝統的
経済学の分類が重要なのではなく，規範や文化や利他性を何を目的にどのよう
に分析するかが重要である。本章では外生的に所与の規範を考察したが，規範
が内生的に決まっている場合に規範を所与とする個人の行動と解釈することも
できる。

補論 2　Krupka and Weber (2013) の独裁者ゲームの実験での理論予測

　本文で，Krupka and Weber（2013）の実験配分者が自分の方が利得の多い行動を取る参加者だけに限ると，いじめっ子バージョンで（10 ドル, 0 ドル）の結果をもたらす行動を取る配分者の数は，標準バージョンで同じ結果をもたらす行動を取る配分者の数よりも多いという予測を述べた。この補論ではこの予測の理由を説明する。

　この予測の理由は，表 10 − 1 で配分者が自分の利得の方が大きくなるのは（10 ドル, 0 ドル）の結果の他に，（9 ドル, 1 ドル），（8 ドル, 2 ドル），（7 ドル, 3 ドル），（6 ドル, 4 ドル）の結果であるが，後者の 4 つの結果をもたらす行動の $N(a_i)$ と（10 ドル, 0 ドル）の結果をもたらす行動の $N(a_i)$ とを比べると，その差の絶対値はいじめっ子バージョンの方が小さいからである。つまり，いじめっ子バージョンの方が，（10 ドル, 0 ドル）をもたらす行動の評価が標準的バージョンに比べて相対的に高い（その行動を取りやすくなる）。例えば，（6 ドル, 4 ドル）との差を比べると，いじめっ子バージョンでは $-0.9-(-0.09)=-0.81$ であるのに対し，標準バージョンでは $-0.8-0.14=-0.94$ である。

補論 3　タフ・ラブ・モデルの背景

　本章と第 12 章では Bhatt and Ogaki（2012）のタフ・ラブ・モデルを重要な例として使っているので，この補論でモデルのより深い理解を助けるために背景を説明する。本書の筆者（大垣）がこのモデルの着想を得て当時大学院生だった V. Bhatt とモデル構築を始めたのは 2005 年ごろであった。それまでに 20 年間以上米国に住んで，特に学齢期前の子供のしつけについて，日本では米国に比べて甘い場合が多いと感じることがたびたびあった。例えば店の中などで子供が走り回って他の人々に迷惑をかけていても，親が注意しようとしないか，注意しても「走りまわると怪我をするよ」とか「おじさんに叱られるよ」などという。それに対して米国では，人の目を気にせずにその場で「それ

は悪いことだ」と，きっぱり叱る親がほとんどだった。日本では，優しくなんでも許容することが愛だと思いこんでいる面があるのかもしれない。また，何が良いことで，何が悪いことか，倫理判断の確信を持って子供を叱る親が少ないのかもしれない。

　臨床心理士の信田さよ子（信田，2009）によると，タフ・ラブという言葉は米国のアルコール依存者の妻たちの自助グループ「アラノン」が苦しい経験から生み出した知恵として 1950 年代に使われるようになったということだ。夫に説教し，なんとかやめさせようとあらゆる策を弄しても，妻たちは夫に酒をやめさせることができなかった。このような経験から自分の力の限界を認め，勇気を出して手放し，ただ見守るタフ・ラブという愛の概念が生まれた。これは密着した尽くす家族愛という常識的な概念とは違っている。アルコール依存症は，極端であって自分には関係ないと感じる人も多いであろう。しかし，かえって極端な例から，間違った常識にとらわれずに普遍的な真実が見えてくることがある。本当の愛とは何なのだろうか。一般的な家庭の家族関係，特に子供のしつけについて考えるときも，タフ・ラブという概念が手がかりとなるはずである。

※ 参 考 文 献

Akerlof, G. A.（1982）"Labor Contracts as Partial Gift Exchange," *Quarterly Journal of Economics* 97（4），pp. 543–569.

Akerlof, G. A. and R. E. Kranton（2005）"Identity and the Economics of Organizations," *Journal of Economic Perspectives* 19（1），pp. 9–32.

Akerlof, G. A. and R. E. Kranton（2010）*Identity Economics: How Our Identities Shape Our Work, Wages, and Well-Being*, Princeton University Press.（山形浩生・守岡桜訳『アイデンティティ経済学』東洋経済新報社，2011 年）

Alesina, A. and G.-M. Angeletos（2005）"Fairness and Redistribution," *American Economic Review* 95（4），pp. 960–980.

Aoki, M.（2001）*Towards a Comparative Institutional Analysis*, MIT Press.（瀧澤弘和・谷口和弘訳『比較制度分析に向けて（新装版）』NTT 出版，2003 年）

Bénabou, R. and J. Tirole（2006）"Belief in a Just World and Redistribution Politics," *Quarterly Journal of Economics* 121（2），pp. 699–746.

Benjamin, D. J., J. J. Choi, and G. Fisher (2016) "Religious Identity and Economic Behavior," *Review of Economics and Statistics* 98 (4), pp. 617–637.

Benjamin, D. J., J. J. Choi, and A. J. Strickland (2010) "Social Identity and Preferences," *American Economic Review* 100 (4), pp. 1913–1928.

Bhatt, V. and M. Ogaki (2012) "Tough Love and Intergenerational Altruism," *International Economic Review* 53 (3), pp. 791–814.

Bisin, A. and T. Verdier (2000) "Beyond the Melting Pot; Cultural Transmission, Marriage and the Evolution of Ethnic and Religious Traits," *Quarterly Journal of Economics* 115 (3), pp. 955–988.

Bisin, A. and T. Verdier (2001) "The Economics of Cultural Transmission and the Dynamics of Preferences," *Journal of Economic Theory* 97 (2), pp. 298–319.

Bisin, A. and T. Verdier (2011) "The Economics of Cultural Transmission and Socialization," in J. Benhabib, A. Bisin, and M. O. Jackson eds., *Handbook of Social Economics*, Volume 1A, North Holland.

Chun, Y., J. Kim, and T. Saijo (2011) "The Spite Dilemma Experiment in Korea," *Seoul Journal of Economics* 24(1), pp. 87–98.

Cole, H. L., G. J. Mailath, and A. Postlewaite (1992) "Social Norms, Saving Behavior, and Growth," *Journal of Political Economy* 100(6), pp. 1092–1125.

Elster, J. (1989) "Social Norms and Economic Theory," *Journal of Economic Perspectives* 3 (4), pp. 99–117.

Engel, C. (2011) "Dictator Games: A Meta Study," *Experimental Economics* 14 (4), pp. 583–610.

Fehr, E. and S. Gächter (2000) "Cooperation and Punishment in Public Goods Experiments," *American Economic Review* 90 (4), pp. 980–994.

Funaki, Y., S. Gächter, M. Ogaki, F. Ohtake, and R. F. Veszteg (2013) "Punishment in Public Good Games in Japan," presented at the 13th International Meeting of the Association for Public Economic Theory.

Gorodnichenko, Y. and G. Roland (2017) "Culture, Institutions and the Wealth of Nations," *Review of Economis and Statistics* 99 (3), pp. 402–416.

Greif, A. (2006) *Institutions and the Path to the Modern Economy: Lessons from Medieval Trade*, Cambidge University Press. (岡崎哲二・神取道宏監訳『比較歴史制度分析』NTT 出版, 2009 年)

Guiso, L., P. Sapienza, and L. Zingales (2003) "People's Opium? Religion and Economic Attitudes," *Journal of Monetary Economics* 50 (1), pp. 225–282.

Guiso, L., P. Sapienza, and L. Zingales (2006) "Does Culture Affect Economic Outcomes?" *Journal of Economic Perspectives* 20 (2), pp. 23–48.

Gul F. and W. Pesendorfer (2001) "Temptation and Self-Control," *Econometrica* 69 (6), pp. 1403–1435.

Henrich, J., R. Boyd, S. Bowles, C. Camerer, E. Fehr, H. Gintis, R. McElreath, M. Alvard, A. Barr, J. Ensminger, N. S. Henrich, K. Hill, F. Gil-White, M. Gurven, F. W. Marlowe, J. Q. Patton, and D. Tracer (2005) "'Economic Man' in Cross-Cultural Perspective: Behavioral Experiments in 15 Small-Scale Societies," *Behavioral and Brain Sciences* 28(6), pp. 795–815.

Herrmann, B., C. Thöni, and S. Gächter (2008) "Antisocial Punishment Across Societies," *Science* 319 (5868), pp. 1362–1367.

Hiebert, P. G. (2008) *Transforming Worldviews: An Anthropological Understanding of How People Change*, Baker Academic.

Hirata, K., H. Iiboshi, K. Hayakawa, S. Ikeda, Y. Tsutsui, and F. Ohtake (2010) "Genetic Inheritance of Time-Discounting Behavior: A Bayesian Approach Using Markov Chain Monte Carlo Method," presented at the 2010 Spring Meeting of the Japanese Economic Association.

Hofstede, G. (1984) *Culture's Consequences: International Differences in Work-Related Values*, Sage Publications.

Hofstede, G. (1991) *Cultures and Organizations: Software of the Mind*, McGraw-Hill.

Inglehart, R. (2000) "Culture and Democracy," in L. E. Harrison and S. P. Huntington eds., *Culture Matters: How Values Shape Human Progress*, Basic Books.

Inglehart, R. and C. Welzel (2010) "Changing Mass Priorities: The Link between Modernization and Democracy," *Perspectives on Politics* 8(2), pp. 551–567.

Krupka, E. L. and R. A. Weber (2013) "Identifying Social Norms Using Coordination Games: Why Does Dictator Game Sharing Vary?" *Journal of European Economic Association* 11 (3), pp. 495–524.

Kubota, K., A. Kamesaka, M. Ogaki, and F. Ohtake (2013) "Cultures, Worldviews, and Intergenerational Altruism," presented at the European Regional Science Association 2013 Congress.

Lee, S. Y., B.-Y. Kim, H. U. Kwon, L. Hyoung-Seok, M. Ogaki, and F. Ohtake (2013) "Altruistic Economic Behavior and Implicit Worldviews," presented at the 7th Annual Meeting of Association of Behavioral Economics and Finance.

Nisbett, R. E. (2003) *The Geography of Thought: How Asians and Westerners Think Differently ... and Why*, Free Press. (村本由紀子訳『木を見る西洋人 森を見る東洋人——思考の違いはいかにして生まれるか』ダイヤモンド社, 2004 年)

Oosterbeek, H., R. Sloof, and G. van de Kuilen (2004) "Cultural Differences in Ultimatum Game Experiments: Evidence from a Meta-Analysis," *Experimental*

Economics 7（2）, pp. 171–188.

Pareto, V.（1980）*Compendium of General Sociology*, abridged in Italian by G. Farina, 1920, from *Tratatto di Sociologia Generale*, E. Abbott, trans. University of Minnesota Press.

Ramsey, F. P.（1928）"A Mathematical Theory of Saving," *Economic Journal* 38（152）, pp. 543–559.

Roth, A. E., V. Prasnikar, M. Okuno-Fujiwara, S. Zamir（1991）"Bargaining and Market Behavior in Jerusalem, Ljubljana, Pittsburgh, and Tokyo: An Experimental Study," *American Economic Review* 81（5）, pp. 1068–1095.

Saijo, T. and H. Nakamura（1995）"The 'Spite' Dilemma in Voluntary Contribution Mechanism Experiments," *Journal of Conflict Resolution* 39（3）, pp. 535–560.

Yamagishi, T.（1988）"The Provision of a Sanctioning System in the United States and Japan," *Social Psychology Quarterly* 51（3）, pp. 265–271.

安藤寿康（2011）『遺伝マインド——遺伝子が織り成す行動と文化』有斐閣。

信田さよ子（2009）『タフラブという快刀——「関係」の息苦しさから自由になるために』梠桐書院。

❈ 練 習 問 題
（E-1 選択式問題）

1. Krupka and Weber（2013）の「標準バージョン」と「いじめっ子バージョン」の独裁者ゲームの実験1と実験2について最も適切な答えをひとつ選べ。

 A） 実験1での規範のデータによれば，配分者が結果的に10ドルを公平に5ドルずつ受益者と分け合うように行動した参加者の割合は，「標準バージョン」の方が「いじめっ子バージョン」よりも多いと理論予測することができる。

 B） 実験1での規範のデータによれば，配分者が結果的に10ドルを公平に5ドルずつ受益者と分け合うように行動した参加者の割合は，「標準バージョン」の方が「いじめっ子バージョン」よりも少ないと理論予測することができる。

 C） 実験2で配分者が結果的に10ドルを公平に5ドルずつ受益者と分け合うように行動した参加者の割合は，「標準バージョン」の方が「いじめっ子バージョン」よりも多かった。

 D） 実験2で配分者が結果的に10ドルを公平に5ドルずつ受益者と分け合うように行動した参加者の割合は，「標準バージョン」の方が「いじめっ子バージョン」よりも少なかった。

 E） 実験2で配分者が結果的に10ドルを公平に5ドルずつ受益者と分け合

うように行動した参加者の割合は，「標準バージョン」と「いじめっ子バージョン」でほぼ同じで5%水準で統計的に有意な差はなかった。

- F）A）とC）。
- G）A）とD）。
- H）A）とE）。
- I）B）とC）。
- J）B）とD）。
- K）B）とE）。

2. Herrmann, Thöni, and Gächter（2008）の公共財の実験での懲罰なし条件（N条件）と懲罰あり条件（P条件）での地域差の結果について最も適切な答えをひとつ選べ。
- A）N条件でもP条件でも統計的に有意な平均貢献数の差はまったく見られなかった。
- B）N条件でもP条件でも統計的に有意な平均貢献数の差が見られたが，P条件での地域差の方が大きかった。
- C）反社会的懲罰のための平均支出は平均貢献数の大きい地域ほど大きい傾向があった。
- D）反社会的懲罰のための平均支出は平均貢献数の小さい地域ほど大きい傾向があった。
- E）A）とC）。
- F）A）とD）。
- G）B）とC）。
- H）B）とD）。

（E-2 記述式問題）

1. 世界観とは何か定義を説明し，世界観が経済行動に影響を与える例をひとつ挙げよ。

2. 「ある経済主体が貧しい人のために寄付するのは合理的な経済行動ではない」という叙述が正しいかどうか，次の3つの場合についてコメントせよ。
- A）経済主体が完全に利己的な選好を持つホモ・エコノミカスである場合。
- B）経済主体が社会的選好を持っている場合。
- C）経済主体が，利己的な選好を持っているが，寄付をすると天国での報いが大きくなるという世界観を持っている場合。

3. Benjamin, Choi, and Strickland（2010）で，プライミングがアイデンティティと規範を通して時間選好を測る実験での行動（3 ドルを今もらうか，X ドル〔X は 3.05 ドル，7 ドルなど〕を 1 週間後にもらうかの 2 者択一の選択行動）にどのように影響するか，理論的に説明せよ。数式を用いるのが望ましい。彼らは白人のアメリカ人とアジア系アメリカ人の行動への影響に，どのような実験結果を得たかを説明せよ。

第 **11** 章

幸福の経済学

⊗ は じ め に

幸福の経済学も，前章の文化経済学やアイデンティティ経済学と同じく，行動経済学から独立したひとつの分野であるが，行動経済学との関連が深い。幸福の経済学はアンケートでの「一般的にいって，あなたはどのくらい幸せですか？」や「あなたの生活にどの程度満足していますか？」というような質問に対する回答を**主観的厚生**（subjective well-being）として用いる経済学である。回答は「非常に幸せ」，「やや幸せ」，「あまり幸せでない」，「まったく幸せでない」というような 4 点スケールや，「まったく満足していない」を 0 として，「非常に満足している」を 10 として満足度の点数をつける 11 点スケールなどが用いられている。

　主観的厚生を用いて心理学では長期にわたって多くの研究がなされてきたが，経済学では多くの研究者が主観的厚生のデータを用いはじめて幸福の経済学が発展してきたのは最近である。2008 年に当時のフランスの大統領，ニコラス・サルコジ（N. Sarkozy）が諮問して設立した「経済パフォーマンスと社会進歩委員会」では，ノーベル経済学賞受賞者のジョセフ・スティグリッツ（J. Stiglitz）やアマルティア・セン（A. Sen）が中心となって，国内総生産（Gross Domestic Product：GDP）の経済パフォーマンスと社会進歩の尺度としての限界が議論され，委員会は客観的な尺度を，主観的厚生の尺度で補完することを推奨した。OECD（2013）は主観的厚生を測定するための方法論のガイドラインで，主観的厚生のさまざまな概念の説明や，できるだけ国際的に比較可能な

主観的厚生を測定するためのアンケート質問票の作成法などの方法論についての詳しい助言が載っている。今後，ますます多くの主観的厚生の質問を含むデータが収集され，研究されて幸福の経済学が発展していくことが予測される。

　経済学で主観的厚生が長い間注目されなかった主要な理由は2つある。ひとつは，伝統的経済学では選好が行動に表れるという顕示選好の理論から，行動という結果の客観的変数のデータのみを重視し，主観的厚生を含む主観的なデータは有用ではないとされていたからである。これに対し行動経済学では選好が内生的に変化するモデル（第4章のプロスペクト理論の参照点の変化や，第10章の選好の文化伝達モデル）など顕示選好の理論が成立しない理論が多く使われているので，主観的なデータが積極的に用いられてきた。主観的厚生のデータもカーネマン（D. Kahneman）ら多くの行動経済学者によって積極的に用いられてきた。Kahneman and Deaton（2010）のディートン（A. Deaton）のように，伝統的経済学で大きな業績を挙げた経済学者の中にも顕示選好の理論に固執せずに主観的厚生のデータを研究に用いる学者が増えつつある。

　もうひとつの理由は，主観的厚生の個人間比較に意味があるか，という問題である。例えばAさんが，自分の生活には「非常に満足している」と答え，Bさんが自分の生活に「やや満足している」と答えたとする。これを伝統的経済学の効用についての答えであるとすると，まず効用の個人間比較が可能か，という問題がある。ノーベル経済学賞受賞者のハーサニ（J. Harsanyi）は一定の公理のもとで，理論的に効用が個人間で比較可能であることを示した（Harsanyi, 1955）。彼の公理を受け入れて効用が個人間で比較可能であるとしても，Aさんの効用が本当にBさんの効用より高いのか，単にAさんは心理的あるいは文化的にBさんより強い表現をする傾向があるのかはわからない。このように主観的厚生の個人間比較の問題について，明快な理論的回答はまだ見つかっていない。そこで本章では，まずそのような個人間比較を含まない研究を紹介し，個人間比較の問題についてさらに考察を加えてから，個人間比較を含む研究を紹介する。

1 厚生の3概念

幸福の経済学での「厚生」（well-being）は広い概念で，次の3つの異なる概念を含んでいる：①**感情的幸福度**（happiness），②**生活満足度**（life satisfaction），③**エウダイモニア**（Eudaimonia）[1]。①の感情的幸福度は，瞬間的あるいは一時的な喜び，悲しみ，怒りなどの快い感情と不快な感情の頻度と強度に関わる感情的な質である。②の生活満足度は自分の生活の消費と余暇の状態を評価する伝統的経済学で研究されてきた効用の概念に対応する面があると考えられており，人生や生活全般などについての評価で捉える。③のエウダイモニアはアリストテレスが用いた概念で「善く生きる」「善く行っている」とほぼ同義である（中畑，2008，621 ページ）と考えられる。エウダイモニアを達成するためには，徳を実践して習慣づけることによって獲得し，徳を活用して生きる必要がある（Aristotle, 1925, Book II.1; Sandel 2009, chapter 8）。

主観的厚生を測るときの方法によって，これらの厚生の3つの側面のひとつが測られたり，あるいは，それらを混合したものが測られる。

①の感情的幸福度を測る方法として，経験サンプリング法（experience sampling method: ESM）がある。1 日に数回，無作為にあるいは固定した時間に回答者が快い感情や不快な感情を記録する。これは，かなり回答者に負担が大きい方法である。もっと回答者の負担の小さい方法として一日再構築法（day reconstruction method: DRM）がある。これは，前日に時間の使い方について日記に記録された出来事についての感情を，回答者に質問する方法である。DRM は，ESM と整合的な結果を生じる（OECD, 2013, p. 31）。ESM や DRMが瞬間的な感情を測るのに対し，より全体的に前日，あるいは最近の快い感情と不快な感情についての質問を用いる調査方法もある。

---

1)　Frey（2008, p. 5）は3つの幸福概念として，これらの3つの概念を挙げている。OECD（2013, 第 1 章 1 節）は，生活満足度に代えて，生活評価（life evaluation）としているが，これらはほぼ同様の概念と考えてよい。ただしここで「生活」と訳しているlife は，満足度の測定の文脈でむしろ「人生」の意味と考えられる場合も多いので，この点は注意を要する。

②の生活満足度については,「あなたの生活にどの程度満足していますか？」というように生活全体の満足度を測る質問や, 職や健康などの生活の特定の側面の満足度を測る質問がある。キャントリル（H. Cantril）によって考案されたキャントリルの梯子法[2] では, 回答者は, 現在の生活について, 0 を「あなたにとって可能なかぎり最悪の生活」, 10 を「あなたにとって可能なかぎり最善の生活」として. 今の生活が梯子のどの地点に立っているか評価するように求められる。3 つの概念の中で, この生活満足度の概念が, 最も伝統的経済学での効用に近いものであると考えられる。

　③のエウダイモニアは, 幸福の経済学で比較的最近になって注目されるようになった厚生概念で, どのような質問で測られるべきかの合意があるとはいえない。Huppert et al.（2009）は, ヨーロッパ社会サーベイ（European Social Survey：ESS）の第 3 ラウンドで用いられた概念のフレームワークを説明している。エウダイモニアは学習への興味（interest in learning）, 目標志向性（goal orientation）, 明確な目的意識（sense of purpose）, などさまざまな要素を含むとして, それらについての質問が用いられている。例としては,「私は一般的にいって, 自分が人生で行うことに価値があってやりがいがあると感じる」のような明確な目的意識に関する質問や,「ほとんどの日に, 私が行うことに達成感を感じる」というような目標至高性の質問がある。大阪大学が実施しているパネル調査のデータには「日頃の生活の中で充実感を感じている」という質問があり, この質問への回答を亀坂・吉田・大竹（2010）は充実度の指標としており, エウダイモニアの一側面と解釈することができよう。

　Kahneman and Deaton（2010）は, ①の概念で捉えた感情的幸福度と, ②の概念で捉えた生活満足度の関係を分析している。彼らは①の概念で捉えた感情的幸福度については, 回答者に前日に経験した楽しみ, 怒り, 悲しみ, ストレス, 心配などの感情を聞くことによって測定している。②の概念で捉えた生活満足度については, キャントリルの梯子法を用いて測定している。米国居住者を対象にしたギャロップ社のデータを用いると, 高所得者では所得が一定限度以上高くなるとそれ以上は感情的幸福度が上がらないのに対し, 生活満足度に

---

2)　正式には Self-Anchoring Striving Scale 法と呼ばれる。

ついては，高所得者についても所得（対数スケール）の上昇に伴って上昇することが示される。

従来は「全体的に見て，自分は幸福だと思う」などの主観的幸福度に関する質問は，生活満足度の質問とほぼ同様の回答結果を生じるとされてきた。例えば Bok（2010, p. 9 脚注）は，幸福感と満足度は意味が異なるが，研究者たちが発見したことは，あなたは人生で「どれくらい幸福か」と聞かれても，「どれくらい満足しているか」と聞かれても，人々は同じような回答をするということだった，と述べている。ところが後述するように石野・大垣・亀坂・村井（2013）は，東日本大震災の前後での個人の主観的幸福度と生活満足度の変化が異なった動きをしたことに注目し，「全体的に見て自分は幸福だと思う」という質問には，①〜③の全体のバランスを何らかの意味で考慮して答えると解釈している。

2 厚生の個人間比較を避けた研究

厚生の個人間比較を避けて幸福の経済学の研究を進めるには，特定の個人の2つ以上の時点での主観的厚生を含むデータを分析する。本節ではそのような分析を含む研究の例として，特定の回答者から2つ以上の時点でデータを収集するパネルデータ，ある過去の時点での主観的厚生について回顧して回答した**回顧評価**（retrospective evaluation）を含む主観的厚生の変化についてのデータ，2時点で主観的厚生を調べた実験データについての研究を紹介する。心理学者はデータの制約と厚生の個人間比較について経済学者ほど懐疑的ではなかったため，主観的厚生データを用いる多くの研究は厚生の個人間比較を含んでいる。今後，パネルデータの整備などによって，厚生の個人間比較を含まない多くの研究がなされ，そのような比較を含む同様の研究との実証結果の比較が多くなされていくことが望まれる。もし厚生の個人間比較の有無にかかわらず多くの実証結果が一致するなら，主観的厚生の個人間比較が無意味であるという仮説に対する有力な反証になる。

また，実証的にどのように一致と不一致があるかが明らかになっていけば，

厚生の個人間比較についての理論研究の発展のためのヒントともなろう。この観点からは，厚生の個人間比較を含む研究で国の発展状態にかかわらず多くの国々のクロスセクションデータで発見されてきた幸福度の決定要因が安定しているという実証結果が重要になる。例えば Graham（2011，邦訳 35〜36 ページ）は，失業，離婚，不安定な経済状態は幸福度にマイナスの影響を与え，国の発展状態にかかわらず多くの国々で安定的な結婚生活や十分な所得や健康はプラスの影響を与えるという安定した実証結果が得られていると報告している。個人間比較を避けた研究でも同様の幸福度決定要因が発見されるかどうかが問題である。そこで，まずパネルデータを用いて失業，結婚，離婚の幸福度への影響を調べた研究を見ておく。

2.1　人生のイベントの幸福度への影響

Clark（2003）は感情的幸福度のデータを含むイギリスのパネルデータを用いて，失業に関する社会的規範がどのように幸福度に影響を与えるかを研究している。パネルデータでの固定効果モデル（章末の補論参照）という回帰分析の手法を用いて幸福度の個人間比較を避けた結果を報告している[3]。失業すると幸福度が下がる確率が高くなる傾向があるが，特に男性については，地域の失業率が高かったり，配偶者も失業していたり，同じ家計で失業率が高いと，この傾向が小さくなる。この結果は，固定効果モデルの手法を用いず，幸福度の個人間比較を行ってもほぼ同様であった。クラーク（A. Clark）は，これらの結果を，前章のアイデンティティ経済学で見たような規範のひとつとして，失業してはいけないという社会的規範があり，周りの人々に失業者が多いと，この規範から乖離するときの効用の低下が小さくなる，と解釈している。

Clark, Diener, Georgellis, and Lucas（2008）は，ドイツでの 20 年にわたるパネルデータを用い，失業，結婚，離婚などのイベントがどのように幸福度に影響するかを調べた。幸福度の研究では何らかの幸福度を変える大きなイベントが起こっても，徐々に幸福度が長期的なレベルに戻る順応（adaptation）が観察されることが多い。彼らは「すべてのことを考慮して，あなたは生活にどの程

---

3)　Clark（2003）の表 4 を参照。

度満足していますか？」という質問への11点スケールの回答を生活満足度として，固定効果モデルを用いている[4]。まず失業の効果を見ると，失業前にすでに生活満足度が下がり，失業後にも生活満足度が下がるという統計的に有意な効果が見られた。このような失業前の生活満足度の低下は，男性では4年前から[5]，女性では失業の年に見られる。また，失業後の生活満足度の低下は，男性では5年以上も続くのに対し，女性では3年までが有意で，その後の効果は有意ではなかった。失業前の効果については，失業を予期していることが原因で生活満足度が下がるという効果と，逆の因果関係として，職場での満足度が低いことが原因で失業する，ということも考えられる。失業後の効果では，男性については，順応が見られなかった。

　次に結婚の効果については，結婚前後に生活満足度が上がる有意な効果が見られたが，この効果は持続性がなく，男女ともおよそ2年後には有意な効果は消えてしまうという順応が見られる。結婚前のポジティブな効果は男性の方が長い期間続く。男性では結婚のおよそ3年前には有意な効果が現れるが，女性の場合は結婚のおよそ1年前に有意な効果が現れる。

　最後に離婚の効果は，離婚前には，男女とも生活満足度が下がる有意な効果が見られる。この効果も男性の方が長期にわたり離婚のおよそ4年前から有意であるが，女性については有意なのは2年前だけである。上記のクロスセクションデータでの安定した結果と異なり，離婚後の効果は，男性で2年後，4年後，5年後で有意に，女性では4年後と5年後に生活満足度を上げる効果が見られる。生活満足度を有意に下げる効果は見られない。ひとつの解釈として，クロスセクションデータでの離婚の幸福度への負の結果は，幸福度が低い人ほど離婚する可能性が高いという逆の因果関係を見ているというものである。今

---

4)　この論文の主要な結果は生活満足度を序数（0点より1点の方が幸福というように順番だけを表す数）としてではなく基数（順番だけに意味があるのではなく，0点と1点の生活満足度の差と，9点と10点の差というような差にも同じ意味がある）として扱っているので，固定効果を用いていても，生活満足度の個人間比較は完全には取り除かれていない。しかし彼らは序数として扱っても同様の結果が得られることを報告している。

5)　データの性質上，ここで「4年前」としているのは失業3年前の場合も含んでいる。Clark, Diener, Georgellis, and Lucas（2008）の表3とその説明を参照のこと。以下のこの論文の説明で，他のイベントの前後の期間の記述も，同様である。

後のこの点の研究が望まれる。

亀坂・吉田・大竹 (2010) は，大阪大学が実施している日米で全国を対象とした
パネルデータから，固定効果モデルを用いて，結婚と健康を含む人生のイベントの主観的幸福度と充実度への効果の分析を行っている[6]。日米で男女とも，未婚が幸福度と充実度に有意な負の効果を持ち，健康が幸福度と充実度に有意な正の効果を持つ。上記のクロスセクションデータでの安定的な結果と整合的である。充実度をエウダイモニアの指標と見る観点からは，労働参加の幸福度と充実度への効果の結果が興味深い。労働参加は，日本の女性については，幸福度に対して有意に負の効果を持ち，充実度は有意に正の効果を持っている。米国の女性の労働参加については，幸福度に対しても，充実度に対しても負の効果を持っている。日米の男性については，労働参加は有意な効果を持っていない。

主観的幸福度は，東日本大震災前の日本では，ほぼ物質主義的価値観から伝統的経済学の効用を測っていたと考えるなら，亀坂らの回帰分析のように所得をコントロールした分析で，労働参加して余暇が減ると効用が減少することになる。しかし，労働参加には社会貢献という側面もあり，労働参加によってエウダイモニア（充実度）を増加させる効果がありうる。このような効果が日本の女性という社会的カテゴリーの中だけに見られるのは，ある社会的カテゴリーで労働参加している人たちが比較的少ないほど，社会貢献の行為の充実感は高まることを示している可能性がある。これらの結果は，主観的幸福度やエウダイモニアの研究には，価値観を含む世界観について考慮する必要があることを示唆する。

2.2　東日本大震災の幸福度への影響

2011 年 3 月 11 日に発生した東日本大震災は，地震による人的・物的被害のみならず，津波や放射能の影響など，現在もなおさまざまな形で人々に甚大な被害を与え続けている。東日本大震災は多くの日本人の世界観を揺さぶる出来

---

6)　この論文では順序ロジットモデルが用いられており，主観的厚生が序数的に扱われている。しかし，この場合も厚生の序数値が別のカテゴリーに変化するときの確率に共通のモデルが用いられているという意味で，弱い個人間比較の仮定が用いられている。

事であった。そこで、東日本大震災の幸福度への影響についての2つの研究を紹介する。これらの研究は東日本大震災前後の主観的厚生の回顧評価データを用いていることが特徴のひとつである。このデータは慶應義塾大学パネルデータ設計・解析センターが2011年6月に調査を実施した第1回「東日本大震災に関する特別調査」である。調査対象は同センターが実施している既存の2つのパネルデータの調査対象者であった。これらの2つの研究では、各調査対象者の個人属性に関する情報を2011年1月に行われた各パネル調査から補完してデータセットを構築している。

　各人の主観的幸福度については、「全体的に見て、自分は幸福だと思う」という質問、生活満足度については「全体的に見て、最近の生活に満足している」という質問、利他性については「自分よりも他人のことを第一に行動する」という質問のもとに調査を行っている。各調査対象者は、2月時点と調査の行われた6月時点において、この質問に対してどの程度自分が当てはまるのかを、10区切りで示される0（あてはまらない）から100（あてはまる）までの11点スケールの数値のひとつを選んで回答している。それぞれの質問について、回答は2月と6月を上下に並べて、2つの時点の変化を意識できるようにしてあった。

　大災害のような事象の後に、幸福度や世界観の事象の前後での変化を調べる回顧評価データを、事象の前の時点と後の時点の2回それぞれの時点でのデータを収集するパネルデータと比べると、次のような長所と欠点がある。長所としては、データ収集がパネルデータよりも容易なことである。予測されなかった事象の場合、パネルデータの調査が偶然に事象の直前に収集されていないと、事象直前と事象後を比べるパネルデータは収集できない。もうひとつの長所は、事象後の回顧評価データ収集の時点で幸福度や世界観が変化したかどうかの回答者の認識がデータに反映されることである。例として、事象の前後で真の幸福度は変化していない場合を考える。この場合は、回答者がパネルデータ調査の時点で回答する幸福度は測定誤差があるとして、測定された幸福度の変化は2時点の測定誤差の変化でしかない。これに対し回顧評価データは、2時点間の測定誤差の変化を、幸福度の変化として記録しない長所がある。欠点としては、回顧評価データは、調査時に過去を回顧するときの回顧エラーがあること

である。この欠点が研究結果にどの程度重要であるか，ひとつの事象について回顧評価データとパネルデータの両方がある場合は研究することができる。以下に紹介する2つの研究では，大震災前後で幸福度について回顧評価データとパネルデータの両方があるので，ひとつの事象の前後でのパネルデータと回顧評価データの違いの研究は将来の課題のひとつである。

これらの研究では分析は，それぞれの変数の水準が震災の前後で「上がった」，「変わらなかった」，「下がった」という3つの動きに焦点を当てて行っている。この方法によって変数の値の水準や，変化量の個人間比較を回避している。

石野・大垣・亀坂・村井（2012）で報告された日本全国の回答の分布を見ると，①約7割の人々の幸福度は変化しなかったが，変化した人々の中では幸福度の上がった人々が多く，②約6割の人々は震災後に自分よりも他人のことを優先する利他的な価値観は変化しなかったが，変化した人々の中では利他性が強まった人々が多かった。ただし，特に被害が大きかった岩手県，福島県，宮城県では，幸福度も利他性も変化した人々の割合が全国に比べて多いなど，回答の分布に差が見られた。

石野らの多項ロジットという計量経済学手法による分析では，震災関連の寄付を行った人は幸福度が上昇しやすくなっており，利他的価値観が強くなる傾向があることなどが示された。これらの結果のひとつの有力な解釈としては，大震災を契機に利他性が強められた人は，他人のために寄付行動をする傾向があり，寄付行動をした人の幸福度が高められる傾向がある，というものである。同じ著者たちによるその後の内生性を考慮した分析[7]では，この解釈と整合的な結果が得られている。また，後述のDunn, Aknin, and Norton（2008）の実験は，寄付行動が幸福度を高めるという因果関係についての証拠を提供する。

石野・大垣・亀坂・村井（2013）は，第1節で説明したように「東日本大震災に関する特別調査」で主観的幸福度と生活満足度に異なる動きが観測されたことに注目した。表11-1のように，例えば東日本大震災発生から約3カ月後の時点で，生活満足度が2月の時点よりも下がったと回答した人は全サンプル

7）「内生性」問題とは，幸福度が上がった人ほど寄付をする傾向がある，というような想定されているのとは逆の因果関係が存在する問題である。操作変数法という計量経済学の手法で内生性を取り除いた分析が可能である。

表11-1　第1回震災特別調査の幸福度と満足度のクロス表

（単位：人数）

全　国		幸福度			
		下がった	不　変	上がった	合　計
満足度	下がった	141 (3.5%)	295 (7.2%)	154 (3.8%)	590 (14.5%)
	不　変	31 (0.8%)	2,249 (55.1%)	409 (10.0%)	2,689 (65.9%)
	上がった	11 (0.3%)	217 (5.3%)	576 (14.1%)	804 (19.7%)
	合　計	183 (4.5%)	2,761 (67.6%)	1,139 (27.9%)	4,083 (100.0%)

東北被災3県： 岩手，宮城，福島		幸福度			
		下がった	不　変	上がった	合　計
満足度	下がった	12 (18.8%)	10 (15.6%)	4 (6.3%)	26 (40.6%)
	不　変	1 (1.6%)	17 (26.6%)	5 (7.8%)	23 (35.9%)
	上がった	0 (0.0%)	2 (3.1%)	13 (20.3%)	15 (23.4%)
	合　計	13 (20.3%)	29 (45.3%)	22 (34.4%)	64 (100.0%)

の14.5％であるのに対し，幸福度が下がったと回答した人は4.5％であった。また生活満足度が不変であったり，下がったりしていても，幸福度が上昇したと回答した人が全サンプルの約14％を占めていた。

　石野らは議論を整理するために単純な**内生的社会的選好**（endogenous social preferences）モデルを提唱している。

$$U_i(C_i - R_i) + \theta(H_i)(N-1)U_i(C_{ai} - R_{ai})$$

ここで C_i は消費者 i の自分の消費，R_i は自分の消費に関する参照点，N は消費者 i の所属グループのメンバーの人数，C_{ai} は消費者 i を除いた所属するグループのメンバーの平均消費，R_{ai} は消費者 i の所属するグループ内の他者に対する参照点とする。U_i は回答者 i の消費に関する効用関数で，$C_i - R_i$ の増加

関数であり，$U_i(0) = 0$ とする。利他性の程度を表す $\theta(H_i)$ は，利他性に関する人的資本 H_i の関数である。他者のために時間やお金を使うほどこの人的資本が増し，利他性が増す，という考えである。ここで消費者 i を親としてグループ内の他者をその子供たちとすると，このモデルは Mulligan（1997）の親の子供に対する内生的利他性モデルの一種となる。一方でグループを日本人全体と想定した場合，多くの人々は $0 < \theta(H_i) < 1$ であると予想されるが，仮に $\theta(H_i) = 1$ となっているとすれば，それは自分以外の日本人 1 人ひとりを自分と同程度に大切にしている状態と解釈でき，$\theta(H_i) > 1$ であれば自分のことよりも自分以外の日本人 1 人ひとりのことをより重視する状態であると解釈できる。すなわち，このモデルでの $\theta(H_i)$ は，第 1 節で述べた厚生概念の分類でいえば，徳の実践としてのエウダイモニアと関わりを持つ関数であるともいえる。ここで消費者 i がアンケートに答えるときに，生活満足度として $U_i(C_i - R_i)$ の単調増加関数に基づいて回答し，幸福度として $U_i(C_i - R_i) + \theta(H_i)U_i(C_{ai} - R_{ai})$ の単調増加関数に基づいて回答すると仮定して分析結果を解釈するとどのような説明ができるか，以下で若干考察したい。

　このモデルを用いてまず表 11-1 の結果を解釈する。大震災の影響として何らかの理由で R_i が低下したとすれば，C_i が不変であったり低下したとしても，R_i の低下の程度よりも C_i の低下の程度の方が小さければ生活満足度は上昇することになる。大震災後にほとんどの人の消費が低下する中で表 11-1 で生活満足度が上がった人の方が下がった人よりも多いことは，R_i の低下があったと解釈できる。一方で，表 11-1 で生活満足度が下がったり不変であっても幸福度が上がったと回答した人々がかなりの割合でいることは，$\theta(H_i)(N-1)U_i(C_{ai} - R_{ai})$ が上昇したと解釈することができる。大震災後に日本で国民の絆が強調されたことなどを考えると $U_i(C_{ai} - R_{ai})$ が正であるという仮定のもとで，$\theta(H_i)$ が上昇したと考えることが可能である[8]。石野らの結果を説明するためには，大震災が $\theta(H_i)$ の外生的な上昇をもたらし，それを契機とした寄付行動が利他性に関する人的資本 H_i の上昇と幸福の上昇をもたらした，と考えることができる。

8）　ただし震災後には，同時に R_{ai} が低下している可能性も高く，それらが実際に与えた複合的な影響については，今後より詳しく検討する必要があると考える。

2.3 利他的行動と幸福度

Dunn, Aknin, Norton（2008）の実験結果は寄付行動が幸福度の上昇をもたらすという仮説と整合的である。Dunn らは，他の人のためにお金を使うと幸福が促進される，という研究仮説の検証のため，次のような実験を行った。ブリティッシュ・コロンビア大学の 46 人の参加者に，5 ドルか 20 ドルを朝に与えて，午後 5 時までに使うように指示した。無作為に 2 グループに分け，1 グループは自分のために使い，もうひとつのグループは，他の人のために使う。朝に実験のお金を受け取る前とそのお金を使った後の夕方に，感情的幸福度に関する 10 問の質問と主観的幸福度の 1 問の質問を行った。これらの 11 問の質問への回答によって，この研究での幸福度（主観的厚生）の指標が作られた。他の人のために使う方が自分のために使うよりも幸福度が統計的に有意に上昇した。しかし，5 ドルを受け取るか 20 ドルを受け取るかは，幸福度の上昇に統計的に有意な効果は持たなかった。また，同じ大学の別の 109 人の学生たちを対象に，実験の 4 つの条件で，どの条件なら自分が最も幸福になるかを予測させた。これらの予測は二重に誤っていた。より多数の参加者たちが，自分のためにお金を使う方が，他の人たちのために使うよりも自分は幸福になると予想し，また，20 ドル使う方が，5 ドル使うよりも幸福になると予想した。つまり，学生たちは自分たちの幸福度の決定要因について，正しく予測していない。

　上記の内生的社会的選好モデルを用いてこの実験結果をどのように解釈できるかを見てみよう。簡単化のため学生 i にとって $U_i(C_{ai} - R_{ai})$ が正であって，$\theta(H_i)$ は朝の時点で 0 であると仮定する。学生 i が他の人たちのためにお金を使うと，利他性の人的資本 H_i の上昇が生じる。また，自分のために使うお金を受け取ると自分のための消費が上昇することを予測するので R_{ai} が上昇する。しかし学生はこのような自分の社会的選好の変化と参照点の変化を予測していない，とする。すると学生は朝の時点では，自分のために 20 ドル使うと最も幸福度が高くなると予測する。しかし，実際には，その場合には参照点の変化によって，幸福度は変わらない。他人のためにお金を使うと，予測しなかった $\theta(H_i)$ の上昇によって，幸福度が高くなることになる。人的資本が減耗して，このような変化が一時的であれば，幸福度の上昇は一時的な感情的幸福度の変化に終わる。しかし人的資本の上昇が持続的であれば，エウダイモニアの上昇

につながる。

3　厚生の個人間比較を含む研究結果

　厚生の個人間比較を含む実証研究を紹介する前に，個人間比較の可能性について，さらなる考察を加えておく。伝統的経済学での厚生概念は効用であり，伝統的経済学で用いられるパレート最適の概念は効用の個人間比較を避ける。本章「はじめに」で，ハーサニが一定の公理のもとでは効用の個人間比較が可能であることを理論的に証明したことに言及した。しかし，Diamond（1967）は，これらの公理のひとつに倫理的な観点から反対を表明した。また，第1節で見たように，主観的厚生のさまざまな指標は，必ずしも伝統的経済学の効用を測定しようとするものではない。したがって，厚生の個人間比較可能性について，「ハーサニの公理が受け入れられるべきかどうか」という問題と，「受け入れられないとする場合，他の公理はあるか」という問題，そして効用以外の厚生概念が研究に用いられているときに「その厚生の個人間比較可能性は存在するか」というような理論上の問題がある。これらは理論研究の今後の課題であるが，厚生に個人間比較可能性がある場合も存在することがわかっている以上，「厚生の個人間比較を含む実証研究は無意味である」と不用意に断言することはできない。

　また，ハーサニは，これらの公理が満たされていても個人間比較が可能な効用を実際に測定することは困難であることを説明している。例えば，ある人の生活満足度が他の人の生活満足度よりも高いと答えたときに，前者の生活満足度が本当に高いのか，単に心理的な傾向として高い値を答える傾向があるだけなのか，わからないという困難がある。残念ながら今のところは，このような困難に対して，十分な理論的回答は見つかっていない。第2節で述べたように，今後の実証研究の課題のひとつは，厚生の個人間比較をする場合と避ける場合の結果を比較することによって，そのような研究にヒントを与えていくことである。

　幸福の経済学でよく知られているイースタリン・パラドックスは，厚生の個

人間比較を含んでいる。Easterlin（1974）は「一般的にいって，あなたはどのくらい幸せですか？」という質問について3点スケールで聞いた質問の回答を主観的幸福度の指標として用いた。彼は，米国一国内の一時点では所得の高い人ほど幸福度が高いという明らかな傾向があるのに，一国の時系列データで見ると経済成長で一国の国民所得が増えても平均的な幸福度は上昇しないことを示した。これがイースタリン・パラドックスである。Easterlin（1974）では，時系列データは米国だけであったが，Easterlin（1995）の同様な研究や，Clark, Frijters, and Shields（2008）の概観論文で示されているように，このイースタリン・パラドックスが多くの国々のさまざまな期間で観測される[9]。日本については，大竹・白石・筒井（2010，270〜271ページ）で1958年から98年の40年間で日本の実質GDPは6倍ほど増加したのに，生活満足度の上昇が見られないことを報告している。

　Easterlin（1974）は，国際的に見ても所得が高い国ほど幸福度が高いという傾向はそれほど明らかでないことも示した。その後の多くの研究では，幸福度はある一定の水準までは所得の上昇とともに上昇するが，それ以降は所得が上昇してもあまり幸福度は上昇しないという結果が見られる（Graham, 2011，邦訳，40〜41ページ）。しかし，Deaton（2008）は，ギャラップ世界調査の生活満足度のデータで所得を対数スケールで取ると，高所得国についても所得の高い国ほど生活満足度が高いという安定的な関係が見られることを示している。

補論　固定効果モデル

　N人の個人（あるいは家計，国などの集団）のそれぞれについてT期間のデータがあるパネルデータを考える。回帰分析でY_{it}（$i=1, ..., N, t=1, ..., T$）を被説明変数，X_{it}を説明変数のk次元ベクトル，βをパラメータのk次元ベクトル，u_{it}を誤差項として

---

9)　Veenhoven and Hagerty（2006）のようにイースタリン・パラドックスは成立しないとする研究もある。生活満足度は，所得とともに上昇する傾向が主観的幸福度よりも強い。

$$Y_{it} = \beta'X_{it} + \alpha_i + u_{it}$$

という回帰モデルを考える。ここで α_i は，時間とともに変わらない個人 i に特有の効果を表す。固定効果モデルでは α_i は X_{it} と相関していることを許す。これに対してランダム効果モデルでは α_i は X_{it} と相関していないことが仮定される。

◈ 参 考 文 献

Aristotle（1925）*Ethica Nicomachea*, translated by W. D. Ross, Oxford University Press.

Bok, D. C.（2010）*The Politics of Happiness: What Government Can Learn from the New Research on Well-Being*, Princeton University Press.（土屋直樹・茶野努・宮川修子訳『幸福の研究——ハーバード元学長が教える幸福な社会』東洋経済新報社，2011 年）

Clark, A.（2003）"Unemployment as a Social Norm: Psychological Evidence from Panel Data," *Journal of Labor Economics* 21（2），pp. 323-351.

Clark, A., E. Diener, Y. Georgellis, and R. L. Lucas（2008）"Lags and Leads in Life Satisfaction: A Test of the Baseline Hypothesis," *Economic Journal* 118（529），F222-F243.

Clark, A. E., P. Frijters, and M. A. Shields（2008）"Relative Income, Happiness, and Utility: An Explanations for the Easterlin Paradox and Other Puzzles," *Journal of Economic Literature* 46（1），pp. 95-144.

Deaton, A.（2008）"Income, Health, and Well-Being around the World: Evidence from the Gallup World Poll," *Journal of Economic Perspectives* 22（2），pp. 53-72.

Diamond, P. A.（1967）"Cardinal Welfare, Individualistic Ethics, and Interpersonal Comparison of Utility: Comment," *Journal of Political Economy* 75（5），pp. 765-766.

Dunn, E. W., L. B. Aknin, and M. I. Norton（2008）"Spending Money on Others Promotes Happiness," *Science* 319（5870），pp. 1687-1688.

Easterlin, R.（1974）"Does Economic Growth Improve the Human Lot? Some Empirical Evidence," in P. A. David and M. W. Reder eds., *Nations and Households in Economic Growth: Essays in Honor of Moses Abramovitz*, Academic Press.

Easterlin, R.（1995）"Will Raising the Incomes of All Increase the Happiness of All?" *Journal of Economic Behavior & Organization* 27（1），pp. 35-47.

Frey, B. S.（2008）*Happiness: A Revolution in Economics*, MIT Press.（白石小百合訳『幸福度をはかる経済学』NTT 出版，2012 年）

Graham, C.（2011）*The Pursuit of Happiness: An Economy of Well-Being*, The Brooking Institution Press.（多田洋介訳『幸福の経済学——人々を豊かにするものは何か』日本経済新聞出版社，2013 年）

Harsanyi, J. C.（1955）"Cardinal Welfare, Individualistic Ethics, and Interpersonal Comparisons of Utility," *Journal of Political Economy* 63（4）, pp. 309–321.

Huppert, F. A., N. Marks, A. Clark, J. Siegrist, A. Stutzer, J. Vittersø, and M. Wahrendorf（2009）"Measuring Well-Being across Europe: Description of the ESS Well-Being Module and Preliminary Findings," *Social Indicators Research* 91（3）, pp. 301–315.

Kahneman, D. and A. Deaton（2010）"High Income Improves Evaluation of Life but Not Emotional Well-Being," *Proceedings of the National Academy of Science* 107（38）, pp. 16489–16493.

Mulligan, C. B.（1997）*Parental Priorities and Economic Inequality*, University of Chicago Press.

OECD（2013）"OECD Guidelines on Measuring Subjective Well-Being," OECD Publishing.（http://dx.doi.org/10.1787/9789264191655-en）

Sandel, M. J.（2009）*Justice: What's the Right Thing to Do?*, Farrar Straus & Giroux.（鬼澤忍訳『これからの「正義」の話をしよう——いまを生き延びるための哲学』早川書房，2010 年）

Veenhoven, R. and M. Hagerty（2006）"Rising Happiness in Nations 1946–2004: A Reply to Easterlin," *Social Indicators Research* 79（3）, pp. 421–436.

石野卓也・大垣昌夫・亀坂安紀子・村井俊哉（2012）「東日本大震災の幸福感への影響」瀬古美喜・照山博司・山本勲・樋口美雄編『日本の家計行動のダイナミズムⅧ——経済危機後の家計行動』慶應義塾大学出版会，255〜272 ページ。

石野卓也・大垣昌夫・亀坂安紀子・村井俊哉（2013）「東日本大震災が生活満足度と幸福感に与えた影響」樋口美雄・赤林英夫・大野由香子・慶應義塾大学パネルデータ設計・解析センター編『働き方と幸福感のダイナミズム——家族とライフサイクルの影響』慶應義塾大学出版会，151〜171 ページ。

大竹文雄・白石小百合・筒井義郎（2010）『日本の幸福度——格差・労働・家族』日本評論社。

亀坂安紀子・吉田恵子・大竹文雄（2010）「ライフステージの変化と男女の幸福度」（第 4 回大会プロシーディングス），『行動経済学』3 号，183〜186 ページ。

中畑正志（2008）「アリストテレス」内山勝利編『哲学の歴史——哲学誕生』（第 1 巻）中央公論新社。

（E-1　選択式問題）

1. エウダイモニアとは何か，最も的確な答えをひとつ選べ。
    A）　瞬間的あるいは一時的な喜び，悲しみ，怒りなどの快い感情と不快な感情の頻度と強度に関わる感情的な質。
    B）　獲得した徳を活用して善く生きる幸福。
    C）　全般的な生活満足度。
    D）　カントの義務論に対応する幸福概念。

2. Clark, Diener, Georgellis, and Lucas（2008）のパネルデータを用いた生活満足度の研究について最も的確な答えをひとつ選べ。
    A）　結婚前後に生活満足度が上がる有意な効果が見られた。
    B）　結婚前後に生活満足度が下がる有意な効果が見られた。
    C）　結婚前に生活満足度が下がり，結婚後に上がる有意な効果が見られた。
    D）　結婚後の生活満足度の変化は持続的で，有意な効果は5年後も消えなかった。
    E）　結婚後の生活満足度の変化は持続的ではなく，およそ2年後には有意な効果は消えてしまった。
    F）　A）とD）。
    G）　B）とD）。
    H）　C）とD）。
    I）　A）とE）。
    J）　B）とE）。
    K）　C）とE）。

3. Dunn, Aknin, and Norton（2008）の実験について最も的確な答えをひとつ選べ。
    A）　実験で受け取ったお金を自分のために使った参加者の方が他の人のために使った参加者よりも主観的幸福度が上がった。
    B）　実験で受け取ったお金を他の人のために使った参加者の方が自分のために使った参加者よりも主観的幸福度が上がった。
    C）　アンケートで予測を聞かれた参加者たちは，実験で受け取ったお金を他の人のために使う参加者の方が自分のために使う参加者よりも主観的幸福度が上がると予測した。
    D）　アンケートで予測を聞かれた参加者たちは，実験で受け取ったお金を自分のために使う参加者の方が他の人のために使う参加者よりも主観的幸福度が上がると予測した。

E ）　A） と C）。
F ）　B） と D）。

（E-2　記述式問題）

1.　慶應義塾大学大学院経済学研究科・商学研究科 / 京都大学経済研究所連携グローバル COE プログラムの「東日本大震災に関する特別調査」の第 1 回調査の回顧評価データによると，大震災前の 2011 年 2 月と大震災後の調査時の 2011 年 6 月を比べて，全国で幸福度の変化しなかった人は約 68％，下がった人は約 4％，上がった人が約 28％である。幸福度の変化した人の中では，上がった人が約 7 倍にもなる。なぜ，大震災後にこの人々の幸福度が上がったかを説明する仮説の例をひとつ挙げよ。

2.　慶應義塾大学大学院経済学研究科・商学研究科 / 京都大学経済研究所連携グローバル COE プログラムの「東日本大震災に関する特別調査」の第 1 回調査の回顧評価データによると，大震災前の 2011 年 2 月と大震災後の調査時の 2011 年 6 月を比べて，生活満足度は不変であるか下がったが，幸福度は上がった人々が全国で約 14％いる。この人々の生活満足度と幸福度の変化を説明する仮説の例をひとつ挙げよ。

第**12**章

規範行動経済学：理論編

❋ は じ め に

　経済学には「資源配分はどのように決まっているか」という倫理観や価値観に中立な科学の問題を扱う**実証経済学**（positive economics）と，「どのように資源配分されるべきか」という倫理観・価値観に中立ではありえない問題を扱う**規範経済学**（nor-mative economics）という2つの側面が存在する[1]。経済学の一分野としての行動経済学も同様に**実証行動経済学**（positive behavioral economics）と**規範行動経済学**（normative behavioral economics）に分けることができる。前章までに説明してきたのは実証行動経済学である。本章では規範行動経済学のこれまでの成果を概観するとともに，実証行動経済学の知見をもとに，これからの規範行動経済学の発展の方向も展望したい。

　これからの発展の方向として2つが重要であると考えられる。ひとつはどのような倫理観・価値観を考察していくべきか，という問題である。「どうあるべきか」という問題を考察するためには何らかの倫理観・価値観の導入が必要となる。効用の個人間比較を避けながら，パレート改善を社会的に善いこととする倫理観は，本章で説明する**パレート基準**（Pareto criteriation）と表現される。伝統的経済学では基本的にパレート基準の倫理観を用いて規範経済学の研究を進めてきた。本章では行動経済学で多く用いられている内生的選好モデルでは，

---

1)　ここで実証経済学は理論経済学も含んでおり，データや実験による実証分析と理論の区別と，ここでの実証経済学と規範経済学の区別は異なっている。また，規範経済学の「規範」は，第10章で取り上げた行動に対する規範よりももっと広い意味である。

他の倫理観についても考察することが自然であることを説明する。従来，パレート基準の倫理観は非常に弱いものであると考えられてきた。しかし，他の倫理観と比べてみることによって，パレート基準が必ずしも弱い倫理観ではないことを明らかにしたい。

　次に，伝統的経済学では，経済人たちの集合と仮定されている民間部門については，消費者は利己的な効用最大化，企業は利潤の最大化が「合理的」とされるので，規範経済学の主要な分析対象は政府などの公共部門が集合的な意思決定のための投票などの仕組みをどのように作り，どのような公共政策を取るべきか，ということになる。これに対し，規範行動経済学では，公共部門だけではなく，民間部門でも，**非政府組織**（non government organization：NGO）や**非営利組織**（non profit organization：NPO），公益法人，利潤を上げるだけでなく**企業の社会的責任**（corporate social responsibility：CSR）を果たそうとする企業，不平等回避の社会的選好を持っていたり規範を守ろうとしていたり利他的な倫理観を持っていたりする消費者がどのような経済行動を取るべきか，という問題を考察したり議論することができる。

　本章では，まず行動経済学のさまざまな政策手法の背後にあるリバタリアン・パターナリズムの思想を紹介し，次に伝統的経済学で用いられてきた「パレート基準」の持つ限界を説明し，最後に行動経済学で用いることのできる倫理学理論について説明する[2]。

1　リバタリアン・パターナリズム

　伝統的経済学者のうち，市場の効率性を重視する研究者たちは，リバタリアンの思想を持ち，個人の自由選択を尊重する公共政策を支持する場合が多い。伝統的経済学者のうち市場の失敗を重視する研究者たちは，知識と情報をより多く持った政府や中央銀行が失業などの問題に対処すべき，とするパターナリ

---

2)　本章では大きく取り上げないが，公共政策がどう資源配分に影響を与えるか，という科学の部分でも行動経済学モデルと伝統的経済学モデルで大きな違いが生じる。章末の補論1の例を参照。

ズムの思想を持ち，政府による経済への介入を支持する場合が多い。

　行動経済学では，Sunstein and Thaler（2003）が，相容れないと考えられていたリバタリアンとパターナリズムを統合する**リバタリアン・パターナリズム**（libertarian paternalism）の思想を提唱した。Thaler and Sunstein（2008）はこの思想を一般向けに説明し，さまざまな公共政策の実践例を報告している。リバタリアン・パターナリズムのリバタリアン的側面は「人は一般に自分がしたいと思うことをして，望ましくない取り決めを拒否したいのなら，オプトアウト（拒絶の選択）する自由を与えられるべきである」というものであり，パターナリズム的側面は「人々がより長生きし，より健康で，よりよい暮らしを送れるようにするために，政策が人々の行動に影響を与えようとするのは当然である」というものである。

　リバタリアン・パターナリズムに基づく政策の手法としては，彼らの本の原題にもなっているナッジ（Nudge）を用いる。Nudge の意味は，「注意や合図のために人の横腹を特にひじでやさしく押したり，軽く突いたりすること」である。このことから強制をせずに，行動経済学や他の行動科学の知見から予測可能な方向に行動を誘導する手法をナッジと呼ぶ。ナッジについては次章で詳しく説明するが，次章で説明する具体例のひとつは十代の青少年を対象にした「モンタナの十代の青少年の大部分（70％）はタバコを吸いません」といったナッジを活用した広告である。

　このようにリバタリアン・パターナリズムでは「喫煙は望ましくない」などの大前提のもとで，ナッジの手法を用いる。「なぜ喫煙は望ましくないのか？」には「健康が望ましいから」と答える。青少年の喫煙問題に関する政策を検討する場合であれば，これは十分な根拠であろう。しかし，現代の日本が直面する少子高齢化やそれに伴う政府の財政問題のような利害が複雑な問題になると，「なぜ望ましいのか？」に答えて政策評価をする理論的枠組みが必要になる。

2　伝統的経済学の政策評価の理論的枠組みの限界

　伝統的経済学では，資源配分や政策を評価するための標準的な理論的枠組み

は，パレート基準と社会的厚生関数の2つの部分からなる。両方とも人々の選択行動のデータのみから選好を知ることができるとする顕示選好理論（第9章に説明）に基づいている。

2. 1　パレート基準

標準的な規範的枠組みの第1の部分はパレート基準に基づく経済効率性である。

> パレート基準：xとyという2つの資源配分があるとする。もし誰かがyよりもxを厳密により好み，他の誰もがyよりもxを好むのならば，社会にとってxはyよりも高く評価されるべきである。

ここで「より好む」とは，「効用がより高い」という意味である。もし元の資源配分よりも，（例えば政策の変化による）新しい社会状態の方がパレート基準によってより良いと評価されるなら，この変化は**パレート改善**（Pareto improvement）と呼ばれる。パレート改善が不可能な資源配分は，**パレート効率的**（Pareto efficient）であるといわれる。パレート基準から得られる非常に重要な理論的結論が**厚生経済学の第1基本定理**（アダム・スミスが予想した「**見えざる手の定理**」とも呼ばれる）である。この定理によれば，完全競争（個々の消費者と企業は市場価格に影響を及ぼすことができない）が成立し，経済外部性がない（個々の消費者の消費や企業の生産が他の消費者や企業の効用や生産に影響を及ぼさない）という仮定のもとで，すべての一般均衡（すべての市場で需要と供給が一致している状態）での資源配分はパレート効率的である。パレート基準に基づいたアプローチが優れているひとつの点は，効用の個人間比較（第11章を参照）を必要としない点である。

2. 2　社会的厚生関数

伝統的規範経済学の標準的な理論的枠組みの第2の部分は**社会的厚生関数**（social welfare function）である[3]。この関数に効率性だけではない倫理観・価値観を導入することにより，格差のような問題を考慮することができる。経済

---

3)　実験での個人の行動を説明するために開発された社会的選好（social preferences）と区別することが必要である。

に N 人の消費者がいて，個人 i の効用を $u_i(i=1, ..., N)$ とする。社会的厚生関数 $W(u_1, u_2, ..., u_N)$ は，値が高いほど社会的に望ましいことを表現する。

例として「最大多数の最大幸福」を倫理の基礎とするベンサム（J. Bentham）の功利主義の価値観（あるいは倫理観）を表現する社会的厚生関数は，

$$W(u_1, u_2, ..., u_N) = u_1 + u_2 + \cdots + u_N$$

である。

功利主義の社会的厚生関数は，効用の和をとることで，効用の個人間比較が可能であることを仮定している。効用の個人間比較が可能であることを仮定しない社会的厚生関数として，次の**ナッシュ社会的厚生関数**がある。

$$W(u_1, u_2, ..., u_N) = (u_1 - \overline{u}_1)(u_2 - \overline{u}_2)\cdots(u_N - \overline{u}_N)$$

ここで $\overline{u}_i$ は経済全体が最悪状態の場合の個人 i の効用である。経済全体の最悪状態とは，地球温暖化による世界的な大災害や世界核戦争などを想定している。各効用に正の線形変換をしても，ナッシュ社会的厚生関数の資源配分のランク付けは不変である，という意味で，個人間の効用の比較をしていない。

別の例として平等主義の倫理観を表現する**マクシミン（maximin）社会的厚生関数**

$$W(u_1, u_2, ..., u_N) = \text{Min}\{u_1, u_2, ..., u_N\}$$

がある。この関数の値は最も低い効用になるという意味で，経済の中で最も恵まれない人の効用と一致する。この関数を最大化するような政策は，最も恵まれない人の効用を最大化するものとなる。ただし，マクシミン社会的厚生関数はパレート基準を満たさない。例として，ある経済で独裁者だけが厳密に多く消費して彼だけの効用が上がることはパレート基準からは改善されたと評価されるが，マクシミン社会的厚生関数の値は不変である。しかし，マクシミン社会的厚生関数は次の弱パレート基準を満たす。

弱パレート基準：x と y という 2 つの社会状態があるとする。もし誰もが y よりも x を厳密により好むのならば，社会にとって x は y よりも高く評価されるべきである。

上の例で独裁者だけの効用が上がっても，最も恵まれない人の効用が上がっていなければ，弱パレート基準からは改善されたと評価されないので，マクシミン社会的厚生関数は弱パレート基準に違反しない。反対に，最も恵まれない人の効用だけが上がる場合には，マクシミン社会的厚生関数では社会が改善したと評価し，弱パレート基準では社会が改善したとも悪化したとも評価できないが，これは弱パレート基準に違反するわけではない。

　弱パレート基準を満たし，個々の消費者が最終的に得た効用のみに基づいて資源配分を評価する倫理観を**厚生主義**（welfarism）と呼ぶ。社会的厚生関数は，弱パレート基準を満たすように設定されるので，厚生主義の倫理観を表現する。

2.3　内生的選好モデル

　第1と第2の部分からなる伝統的経済学の標準的な規範経済学分析の枠組みをそのまま行動経済学のモデルに応用できるならば，新しい枠組みを構築する必要がない。しかし，残念ながらそのような応用にはさまざまな問題がある。まず限定合理性を考慮するなら，選択行動のデータは選択者の間違った認識などにも影響されるので，伝統的経済学での顕示選好の理論（第9章を参照）と異なり，選好を知ることができない。次に選好が外生的ではなく，経済システムの中で内生的に決定される場合，選好という尺度が変化するので選好を基礎としたパレート効率性に問題が生じうる。

　限定合理性に関わる問題に対処する Beshears, Choi, Laibson, and Madrian (2008)，Kőszegi and Rabin（2008），Bernheim and Rangel（2009）などのさまざまな有力なアプローチが提唱されているが，現時点で行動経済学者らによって標準的なアプローチの合意が形成されたとはいえない。本章で紹介する規範行動経済学での内生的選好の問題に関する研究は発展途上であるが，行動経済学で今後どのような倫理観を採用するべきか，という限定合理性の問題に対するアプローチを評価する場合にも必要となる根本的な問題を考察することができる。

　プロスペクト理論の参照点は，各期の初期保有のように時間を通じた経済システムの中で内生的に決まり，親が子供の選好に影響を与える第9章の「選好の文化伝達」モデルでは子供の選好が内生的に決まる。マクロ経済学やファイ

ナンスの標準モデルに組み込まれている**習慣形成モデル**（habit formation model）や，喫煙・飲酒や中毒性のあるドラッグのような中毒財を含む**中毒モデル**（addiction model）も，内生的選好モデルである。

Bhatt, Ogaki, and Yaguchi（2017）は，内生的選好モデルの2つの問題を指摘している。第1に，経済システム内部の変数に影響されて変化する選好は，資源配分の尺度として使えない（例としてタバコの消費によってニコチン中毒が起こるために変化する選好は，タバコ税をどのように設定するべきか，という政策評価の尺度には使えない）。第2に，多くの人々の倫理観に基づいて道徳的により良い選好があれば，そのような倫理観を無視することは望ましくない。例えば，危険なドラッグを社会の全員が消費して中毒になって全員の効用が高くなったとしても，危険なドラッグに中毒がない選好は，中毒がある選好より道徳的により良いと多くの人々が判断するならば，必ずしも社会にとって望ましいとはいえない。

第1の問題には古くから有力な解決方法があり，Pollak（1978）は条件なしと条件付きの選好順序の概念を区別することで解決した。Pollak の応用例は補論2で説明するような習慣形成モデルである。内生的選好モデルでは，個人にとっては所与の状態変数（習慣形成モデルでは参照点）が変化すると選好順序が変化する。この状態変数を所与とする選好順序を**条件付き選好順序**，状態変数の変化までを考慮した選好順序を**条件なし選好順序**と呼ぶ。Pollak のアプローチでは，条件なし選好順序を伝統的経済学の厚生主義の枠組みで用いている。ここではまず単純化した Becker and Murphy（1988）の合理的中毒モデルの応用例で説明する。

2期間（$t=0, 1$）のモデルを考える。2種類の財があり，ひとつは中毒財（a_t）で，もうひとつは非中毒財（c_t）である。t 期の効用関数は，

$$u_t = u(c_t, a_t, S_t) \tag{1}$$

で表される。ここで，S_t は中毒財を消費することで蓄積された中毒ストックを表し，減耗率 d で減耗するものであり，次のように表される。

$$S_{t+1} = (1-d)S_t + a_t \tag{2}$$

ここで中毒財の限界効用は，中毒ストックが増加すると，増加すると仮定する。
つまり中毒ストックが増加するほど，消費者は中毒財の1単位の追加消費から
より多くの効用の増分を得るようになる。消費者は割引生涯効用 $u_0 + \beta u_1$ を最
大化しているものとする。簡単のため $S_0 = 0$ と仮定すると，$S_1 = a_0$ が状態変数
である。条件なし選好順序は，

$$U(c_0, a_0, c_1, a_1) = u(c_0, a_0, 0) + \beta u(c_1, a_1, a_0) \tag{3}$$

の効用関数で表現され，S_1 が Q という値を取る場合の条件付き選好順序は，

$$U(c_0, a_0, c_1, a_1 \mid S_1 = Q) = u(c_0, a_0, 0) + \beta u(c_1, a_1, Q) \tag{4}$$

の効用関数で表される。このように，（3）式の条件なし選好順序の効用関数は，
a_0 の消費が，0期の効用だけでなく中毒ストックの変化を通して1期の効用が
変化することも考慮に入れている。条件なし選好順序は外生的である（経済シ
ステムの外で遺伝などによって決まっている）のに対し，条件付き選好順序は内
生的（経済システムの内部で決定される）である。

　もうひとつの例として，第10章で説明したタフ・ラブ・モデルでは，親の
効用は，

$$U_1(C_p, C_1, C_2, C_3) = u(C_p) + \theta \{u(C_1) + \beta_p u(C_2) + \beta_p^2 u(C_3)\} \tag{5}$$

であって外生的である。子供の条件なし選好順序を表現する効用関数は，

$$U_2(C_1, C_2, C_3) = u(C_1) + \beta(C_1) u(C_2) + \beta(C_1)^2 u(C_2) \tag{6}$$

である。ここで $\beta(C_1)$ は子供の内生的時間割引因子である。これに対し，子供
にとって外生的な親の所得移転 T の値を状態変数とした条件付き選好順序を
表現する効用関数は，

$$U_2(C_1, C_2, C_3 \mid T) = u(C_1) + \beta(T) u(C_2) + \beta(T)^2 u(C_2) \tag{7}$$

である。

　このアプローチでは，内生的選好の第1の問題は，条件付き選好順序は内生
的なので規範経済学分析の尺度としては使えない，ということである。Pollak

は，条件なし選好順序を尺度として用いて規範経済学分析をすることで，この問題を解決した。パレート基準を使うとき，条件なし選好順序が「好む」ことの尺度となる。社会的厚生関数には，それぞれの消費者の条件なし選好順序を表現する効用関数を独立変数として入れる。

　しかし，内生的選好モデルの第2の問題が残っている。この問題は，多くの人々は条件付き選好順序に倫理的により望ましいという倫理観を持っていて，条件なし選好順序による規範経済学分析だけでは，このような倫理観を無視してしまうことである。Sen（1974）が指摘した，選好の中により倫理的に望ましいものがある，という問題に関する内生的選好モデルへの応用である。選好の選好なので，「メタ選好」と呼ばれる。

　例として合理的中毒モデルで中毒財に税金をかける政策を考える。外部性のない合理的中毒モデルでは，条件なし選好を尺度とすると，見えざる手の定理により，税率が0であることがパレート最適である。しかし，分煙が進んで外部性の問題がなくとも，タバコの税率を高くするべきだと考える人たちが多い。中毒のより少ない状態を所与とした条件付き選好順序が，倫理的により望ましいと見る人たちが多いと考えられる。こう考えると，この例でのようなメタ選好に関する倫理観も規範行動経済学では分析することが望ましい。

3　3つの倫理観

　前節では内生的選好モデルを考えると，メタ選好という厚生主義には収まらない倫理観を導入することが望ましいことを見た。このためには**規範倫理学**という，人々の倫理観を理論化する学問の知見が参考になろう。規範倫理学での3大アプローチとして，帰結主義，義務論，徳倫理がある。**帰結主義**は，行為の動機や決定の過程ではなく，効用のような行為の帰結だけで倫理的に判断するアプローチである。例として功利主義や厚生主義がある[4]。**義務論**は道徳的義務を重視するアプローチで，代表的なのは「誰でも人を道具ではなく目的と

4）　功利主義，義務論，徳倫理のわかりやすい説明が Sandel（2009）の第4章，第5章，第8章にそれぞれある。

すべき」とするイマヌエル・カント（I. Kant）の義務論である。**徳倫理**は徳を中心とするアプローチである。代表的なのはアリストテレスの倫理学で，徳を実践して習慣づけることによって獲得し，徳を活用して前章で説明した厚生概念のエウダイモニアを達成することを善しとする。徳にはさまざまな種類があるが，内生的選好モデルの研究では忍耐強さの徳や利他性の徳が重要である。

　帰結主義は伝統的経済学の規範経済学分析の主要な倫理観であり，厚生主義によるパレート基準や社会的厚生関数は帰結主義に基づいている。カントは個人の倫理は動機を重視し，「誰でも人を道具ではなく目的とすべき」という義務を純粋に動機とすべきとした。しかし社会的には，他の人たちの動機はコントロールできないので，社会契約論として，純粋な動機で行動できる自由を社会契約で確保することを重視した。Sandel（2009）の第5章の最後では，カントの義務論を体現する社会契約論としてロールズ（J. Rawls）の正義論を紹介し，第6章では「社会で最も不遇な立場にある人々の利益になるような社会的・経済的不平等しか認めない」ロールズの正議論を説明している。また，ロールズの正議論の重要な部分がマクシミン社会的厚生関数で表現されている。この意味で，標準的な規範経済学は義務論の重要な観点をマクシミン社会的厚生関数によって導入してきた。

　徳倫理は他の2つのアプローチと異なり，規範経済学では概ね無視されてきた。しかし，次節で見るようにメタ選好の倫理観を，徳倫理のアプローチから規範経済学の分析に導入することができる。徳倫理も3大アプローチのひとつであって多くの人々の倫理観の理論的表現と考えられる。規範経済学の使命のひとつは，多くの人々の倫理観に基づいて，どのような資源配分が望ましいかを分析することにあるので，徳倫理を規範経済学に導入することが望ましい。

4　徳倫理の規範経済学への導入

　ここまでの議論から，内生的選好モデルに徳倫理の観点を，より望ましい選好というメタ選好を通して，規範経済学に導入することが望まれる。規範経済学の主要な目的のひとつは，多くの人々の倫理観に基づいた経済政策の分析で

あって，経済学で広く用いられている純粋厚生主義の倫理観を他の人々に押し付けることではない。実際の人々の倫理観は，規範倫理学の3大アプローチのさまざまな側面を混合したものであろう。そこで徳倫理を規範経済学に導入する際に，厚生主義と徳倫理を混合できるような導入が望ましい。Bhatt, Ogaki, and Yaguchi（2017）がそのような導入を行っている。

4.1 徳倫理の導入のための基準

伝統的な規範経済学がパレート基準と社会的厚生関数の2つの部分からなるように，徳倫理の導入も基準と関数の2つの部分からなる。徳倫理を導入すると，パレート基準を絶対視することができなくなる。例として中毒モデルで，未成年のタバコの消費者とタバコ生産者との両方の（条件なし選好の）効用が上がるとしても，徳倫理では未成年の選好がより中毒的になることは社会的に望ましくない。別の例として，タフ・ラブ・モデルで，甘やかされることを好む子供と甘やかしたいという誘惑を受けている親との両方の効用が上がるとしても，子供が忍耐強くない選好を持つことは徳倫理では社会的に望ましくない。

そこで徳倫理を導入するためにはパレート基準を修正する必要がある。

修正弱パレート基準：xとyという2つの資源配分があるとする。もし誰もがyよりもxを厳密により好むのならば，他の倫理的に関連する要因の観点からxがyよりも悪いと評価されないかぎり，社会にとってxはyよりも高く評価されるべきである。

ここで，「他の倫理的に関連する要因の観点からxがyよりも悪いと評価されないかぎり」と条件をつける修正によって，徳倫理などの他の倫理観の導入を可能にしている。Bhattらは倫理観の基準として，

徳倫理基準：xとyという2つの資源配分があるとする。もし少なくとも1人の選好順序がyにおけるよりもxにおける方が厳密に徳倫理によってより善いと評価され，また他の誰の選好順序もyにおけるよりもxにおける方が徳倫理によって同等かあるいはより善いと評価されるなら，社会にとってxはyよりも善いと評価されるべきである。

を提唱する。弱パレート基準と同様に，厚生主義も同時に考慮するためには，修正が必要である。

修正徳倫理基準：x と y という 2 つの資源配分があるとする。もし少なくと
も 1 人の選好順序が y におけるよりも x における方が厳密に徳倫理によっ
てより善いと評価され，また他の誰の選好順序も y におけるよりも x にお
ける方が徳倫理によって同等かあるいはより善いと評価されるならば，他
の倫理的に関連する要因の観点から x が y よりも悪いと評価されないかぎ
り，社会にとって x は y よりも善いと評価されるべきである。

4.2　道徳評価関数と社会的目的関数

Bhatt らの枠組みの第 2 の部分では社会的厚生関数を補完する 2 つの関数が
定義される。x が N 人の経済の資源配分，$U_i(x)$ が個人 i の（条件なし選好順序
の表現する効用関数などの）外生的効用関数，$\phi_i(x)$ を個人 i の（条件つき選好
順序を表現する効用関数などの）内生的効用関数の徳倫理に関わる性質（例えば
合理的中毒モデルでの中毒ストック）とする。社会的厚生関数を $W(U_1(x)$,
$U_2(x), ..., U_N(x))$ とする。さらに，徳倫理の倫理観を表す関数として**道徳評価関
数**（moral evaluation function）を導入し，$M(\phi_1(x), \phi_2(x), ..., \phi_N(x))$ と表す。こ
の関数は，$(\phi_1(x), \phi_2(x), ..., \phi_N(x))$ が徳倫理と適合するほど高い値を取り，徳
倫理基準を満たすことが要求される。そして，**社会的目的関数**（social objective
function）を $S(W(x), M(x))$ とすると，この関数は $W(x)$ と $M(x)$ の増加関数
で，修正弱パレート基準と修正徳倫理基準を満たす。社会的厚生関数 $W(x)$ で
表現される厚生主義の倫理観と，道徳評価関数 $M(x)$ で表現される徳倫理の倫
理観を混合するような倫理観を持った政府や一個人の倫理観として表現されて
いる。その混合された倫理観での最適政策は，$S(W(x), M(x))$ を最大化するよ
うな資源配分をもたらす政策である。

　例として，Bhatt らは，第 2 節の合理的中毒モデルでの個人が経済の代表的
個人であるとして，

$$W(c_0, a_0, c_1, a_1) = u(c_0, a_0, 0) + \beta u(c_1, a_1, a_0) \tag{8}$$

の社会的厚生関数を条件なし選好順序のための効用関数（3）式から定義してい
る。彼らの例での道徳評価関数は，

$$M(c_0, a_0, c_1, a_1) = f(a_0) \tag{9}$$

であり，$f(a_0)$ は $a_0 = 0$ で唯一の最大値を取るような関数である。中毒ストック a_0 が 0 に近いほど徳倫理の観点から望ましいという倫理観を表現している。

　Bhatt らのもうひとつの例では，第 2 節のタフ・ラブ・モデルでの親子が経済の代表的親子であるとして，道徳評価関数は，子供の時間割引因子が正確に 1 であるとき（$\beta(C_1) = 1$）に，忍耐強さの徳が獲得されたとして最大値を取る。この条件は，Ramsey（1928）や他の多くの経済学者や哲学者の時間割引率は 0 であるべき，という議論と整合的である。この条件が成立するとき，子供は現在の自分の効用と将来の自分の効用に公平な重要性を与えている。もし $\beta(C_1)$ < 1 であるなら，将来の自分を生き生きと想像できないなどの理由で子供の忍耐強さが不足しているし，もし $\beta(C_1)$ > 1 なら現在の自分と将来の自分の公平性の観点からこの子供の忍耐強さは過剰である。徳は中庸である。

　Bhatt らの例では，道徳評価関数を，

$$M(C_P, C_1, C_2, C_3) = -(\beta(C_1) - 1)^2 \tag{10}$$

と表し，社会的厚生関数は功利主義から親の効用関数と子供の効用関数の和として，

$$W(C_P, C_1, C_2, C_3) = U_1(C_P, C_1, C_2, C_3) + U_2(C_1, C_2, C_3) \tag{11}$$

と表せる。また，社会的目的関数を，

$$S(C_P, C_1, C_2, C_3) = (M(C_P, C_1, C_2, C_3) - \overline{M})^\alpha (W(C_P, C_1, C_2, C_3) - \overline{W})^{1-\alpha} \tag{12}$$

としている[5]。ここで $\overline{M}$ と $\overline{W}$ は社会的に最悪なシナリオでの道徳評価関数と社会的厚生関数のそれぞれの値であり，$0 \leq \alpha \leq 1$ である。もし $\alpha = 0$ ならば，社会的目的関数は社会的厚生関数と一致し，徳倫理は無視される。もし $\alpha = 1$ であれば，社会的目的関数は道徳評価関数と一致し，功利主義は無視される。功利主義と徳倫理を混合してバランスする倫理観は，α がこれらの極端な値の

5）　この関数形は，ナッシュ社会的厚生関数の関数形から取られている。

中間値 $(0<\alpha<1)$ を取ることで表現される。

4.3 徳倫理の導入による最適政策への効果

　経済外部性のない場合の合理的中毒モデルで，中毒財に税金をかける政策を考えてみる。この場合は社会的厚生関数を最大化する厚生主義のもとでの最適政策は，厚生経済学の第 1 基本定理から，自由放任政策（中毒財の税率を 0 に設定）となる。Bhatt らは，徳倫理を導入して税率が 0 のときの資源配分での道徳評価関数への影響を正とすると，選好などが特殊な条件を偶然に満たさないかぎり，最適税率が 0 とはならないことを証明した。これは徳倫理を導入すると，政府の介入が大きくなる例である。

　Bhatt らは徳倫理を導入すると，政府の介入が小さくなることがあることも，数値例で示している。彼らはタフ・ラブ・モデルに政策手段として子供が成長してからの遺産にかかる遺産相続税率を導入している。このモデルでは，親は子供の時間割引因子が β_p の値に近い忍耐強い子供に育つべきだと思っている。子供の時間割引因子は親の所得移転 (T) で決まるので，親は子供の時間割引因子が β_p の値を取るような低い額の所得移転をすることができる。しかし，親は子供に所得移転をして，子供時代の消費を増やして甘やかしたいという誘惑を受けている。親が誘惑に打ち勝って子供が成長してからの遺産を増やしても，遺産相続税率が高ければより多くの税金が取られるので，親は遺産相続税率が高いほど子供への所得移転を増やし甘やかすことになる。

　遺産の意思決定者の親の効用は遺産相続税率が 0 であるときに最大化される。しかし，子供が甘やかされるほど効用が上がる状況であれば，親と子供の効用の和としての社会的厚生関数を最大化するような最適税率は正となる。Bhattらの数値例によると，徳倫理が無視される場合 $(\alpha=0)$ の社会的目的関数のもとでは最適な遺産相続税率は 20％である。ここで α の値を増加させて徳倫理を導入すると，子供の甘やかしが減って子供が忍耐強くなることが評価されるようになるので，最適な遺産相続税率は下がっていくことになる。Bhatt らの数値例では $\alpha=0.05$ のときに，最適税率が 0 となる。

　一見すると，徳倫理を導入すると政府の介入が増えそうであるが，本節では，実際には徳倫理を導入すると介入が減る場合があることを見た。このことから，

政府が選好の変化に介入すべきかどうか，という問題と，政策評価のための倫理観に徳倫理を導入すべきかどうか，ということは別の問題である。政府の政策は，意図せずとも選好の変化をもたらしている可能性があり，変化をもたらしている場合には，徳倫理の導入は介入の減少をもたらす可能性がある。

5 無条件の愛の学習の原理

徳倫理は規範倫理学の3大アプローチのひとつでありながら経済学でほぼ無視されてきたので，前節のように規範経済学分析に導入する枠組みを新たに開発することは自然な流れといえよう。数学的経済モデルは哲学的に難しい問題を考えるときに他の方法からは得られないような洞察を与えることがあるので，開発された枠組みを用いて3大アプローチを統合する方法を考えて，その中で徳倫理を位置づけることは，重要な課題といえよう。

Bhatt, Ogaki, and Yaguchi（2015）はこの課題に取り組んで，**無条件の愛の学習**という原理を提唱した。この原理では，誰でも無条件に愛すべき，ということを義務論における理想として，常に誰でも無条件で愛することのできない人は学習段階にいると捉えられる。学習段階では徳を獲得するために学習し，同時に，学習を続けるために十分に高い効用を達成するのも善いこととなる。そうであれば，無条件の愛の学習を促進するような政策は善い政策であり，徳倫理は政策評価のための一部であるべきといえよう。

5.1 無条件の愛と徳

第2節で見たように，内生的選好モデルでは選好を政策評価の尺度とすることには問題がある。内生的に変化する条件付き選好順序を評価のための尺度として用いることはできないし，条件なし選好順序だけを尺度に用いるなら，メタ選好の倫理観を無視してしまう。評価の尺度は外生的で不動であり，かつ他により良い尺度が存在しないことが必要である。

Bhattらはそのような尺度として「無条件の愛」を提唱している。無条件の愛とは愛の感情というよりは，対象と自分との関係とは無条件に対象を大切に

するという意思である。すべての人が互いを無条件に愛するならば，環境問題や国家の財政問題や貧困問題など，すべての経済問題は解決する。また，テロと報復のような憎しみの連鎖を考えると，理性的には，敵をも愛するような無条件の愛以外には真の問題解決はありえない。

　しかし，残念ながら現状はすべての人が互いを無条件に愛するという理想状態からは大きく離れていると判断せざるをえないであろう。そこで理想状態を前提として政策を分析しても，現実的に有効な政策とはならないことが危惧される。このため，理想状態に近づいていくという意味での学習を考える。人間は誰も（あるいは少なくともほとんどの人間は）無条件に愛することができていないとすると，「無条件に愛することの学習」を助ける政策を「良い政策」であると評価する原理が考えられる。

　たとえ無条件に愛することが正しいと合意しても，人間はさまざまな誘惑を受ける。頭でわかっただけでは十分ではなく，実際に無条件の愛の行動をすることによって，学習していく必要がある。学習していく過程で，誘惑に勝つためのコミットメントや契約が有効であろう。例として結婚という契約が考えられる。恋愛感情は感情なので一時的なものである。恋愛感情があるうちに，永遠の愛という無条件の愛にコミットし，結婚という契約を結ぶ。このような意味で契約としての結婚を推奨する結婚の税制優遇策などの政策は良い政策と判断できる。

　別の例としては，あまりに貧しいと学習する機会がないので，貧困家庭を支援するのが良い政策と評価できる。この場合の「学習」はアカデミックな学習も含むが，さらに重要なのは道徳的な美徳を獲得していくという意味での学習である。

　Bhatt らは，Mulligan（1997）の内生的利他性の考えに基づいて，「無条件の愛の学習」の原理が経済モデルでどのように働くかを見ている。Mulligan は家族内外で，意思決定者が利他主義の選好を強めるために資源を投資するモデルを提唱している。資源とは典型的には時間や努力である。例えば親が子供と過ごす時間や，他人を助けるためのボランティアのための時間である。Bhatt らのモデルでは親と子供と他人の3人の経済主体のいる経済で親が，

$$u(C_P) + \theta_K(R_K)u(C_K) + \theta_S(R_S)u(C_S) \tag{13}$$

という社会的選好を持っているものとする。ここで C_P, C_K, C_S, は，それぞれ親の消費，子供の消費，他人の消費である。$\theta_K(R_K)$ は親の子供に対する家族内での内生的利他性関数で，R_K は親が家族内での利他性を獲得するために使う資源である。子供のための支出や子供と一緒に過ごす時間を表現する。同様に，$\theta_S(R_S)$ は親の他人に対する内生的利他性関数で，R_S は親が他人への利他性を獲得するために使う資源である。他人のための寄付などの支出や他人のためのボランティアの時間を表現する。

このモデルで $\theta_K(R_K)=1$ となる状態を家族内利他性の徳，$\theta_S(R_S)=1$ となる状態を他人への利他性の徳と定義することができる。このモデルでの無条件の愛は $\theta_K(R_K)=\theta_S(R_S)=1$ と定義される。無条件の愛の学習の原理からは，それぞれの利他性が不足しているときに上昇していくような政策を良い政策と評価することができる。

5.2 ワーク・ライフ・バランスのモデル

Bhatt らは（13）式の特殊ケースとして他人がいない場合を用いてワーク・ライフ・バランスに関する政策を分析している。代表的親，代表的子供，政府の 3 主体の 2 期間モデルであり，親の効用関数を，

$$u(C_P) + \theta_K(R_K)u(C_K) \tag{14}$$

とする。

第 1 期に，親の労働 L は生産物 Y を，

$$Y = F(L) \tag{15}$$

産出して所得を得る。ここで $F(L)$ は生産関数である。親の時間制約は，

$$R_K + L = 1 \tag{16}$$

で，総時間は 1 に標準化されている。

第 2 期に，親は所得 Y を自分の消費（C_P）と子供への所得移転（T）に分割

する。子供の消費（C_K）は，この所得移転に等しいものとする。政府は税率 τ の所得税を徴収し，集めた税金は一括給付金（z）として親が定額を受け取る。一括給付金は政府予算が均衡するように支払われるが，それぞれの親は自分の個人の意思決定が一括給付金に影響を与えるとは考えていないと仮定している。親の予算制約式は，

$$(1-\tau)F(1-R_K) = C_P + T \tag{17}$$

となる。第 2 期に，第 1 期での R_K と L の選択と τ と z を所与として，親は (17) 式の制約下で (14) 式を最大化するように C_P と T を選択する。第 1 期には，親は (16) 式の制約下で，C_P と T を（R_k, L）の各組合せで最適に選ぶ関数を所与として，(14) 式を最大化するように R_k と L を選ぶ。

　Bhatt らの数値例では社会的厚生関数は，

$$W(C_P, C_K, R_K, T) = u(C_p) + u(C_K) \tag{18}$$

と功利主義型である。道徳評価関数は，

$$M(C_P, C_K, R_K, T) = -(\theta(R_K) - 1)^2 \tag{19}$$

として，家族内利他性の徳を $\theta(R_K)$ が 1 に等しい場合として，$\theta(R_K)$ が 1 から乖離するほど望ましくないと評価される。社会的目的関数は，

$$S(C_P, C_K, R_K, T) = (M(C_P, C_K, R_K, T) - \overline{M})^\alpha (W(C_P, C_K, R_K, T) - \overline{W})^{1-\alpha} \tag{20}$$

で $\overline{M}$ と $\overline{W}$ は，それぞれ社会的厚生関数と道徳評価関数の最悪のシナリオでの値である。

　Bhatt らの数値例では，$\alpha = 0$ として，政府が徳倫理を無視する場合に社会的厚生関数を最大化する所得税率は -20% である。これは政府が負の所得税で労働と生産を促進することを意味する。これに対し，政府が徳倫理を導入して α が 0 から正の実数となり，大きくなっていくと最適税率の絶対値が小さくなり，$\alpha = 0.4$ では最適税率は 0% となる。政府が道徳評価関数にさらに大きなウェイトを付与する場合は，最適税率は正となる。

　したがって，政府の関心が効用だけであれば，政府の生産を促進する政策に

よって，政府が意図しなくとも，親が子供と過ごす時間が少なくなり，親が子供に対してより少ない利他性を持つように影響を与える政策が採用されるかもしれない。政府が徳倫理を導入して家族共同体での親子の絆に関心を持つ場合，むしろ政府の介入が減少する可能性がある。

5.3 ボランティアのモデル

Bhatt らのもうひとつの数値例で，5.2 節のモデルに他人とボランティアの機会を導入している。代表的親，代表的子供，代表的他人，政府の 4 主体の 2 期間モデルである。ここで他人は障碍のために働くことができず，第 1 期に親が他人のためにボランティア時間を長くして資源を多く費やすほど他人に対する利他性が増す，という設定である。

親の効用は（13）式で与えられ，第 1 期の親の時間制約は，

$$R_K + R_S + L = 1 \tag{21}$$

で与えられる。第 2 期には，親は所得（Y）を自分の消費（C_P），子供への所得移転（T），他人への寄付（D）に分割する意思決定をする。

5.2 節と同様の分析によって，このモデルでは生産の奨励と家族共同体と他人を含むより大きな共同体の絆の強さとのトレードオフが示される。例えば，国際 NGO の「ハビタット・フォー・ヒューマニティ」の主要な活動のひとつは，高所得国の人々を低所得国にボランティアとして派遣して，現地の人々と力を合わせて家を建てることである。純粋に経済効率性だけからの見地からは，低所得国に寄付金だけを送って現地の人々を雇って家を建てた方が望ましいのだが，徳倫理も導入した「無条件の愛の学習」の原理からは，ボランティアを送ることによって共同体作りを支援することを評価することができる。

Bhatt らは，Mulligan（1997）の内生的利他性の考えを用いて，利他性の徳についても分析している。親子と他人の 3 人の経済主体のいる経済で

$$u(C_p) + \theta_F(R_F)u(C_K) + \theta_S(R_s)u(C_S)$$

という社会的選好を親が持っていたとする（C_p, C_K, C_S はそれぞれ親の消費，子供の消費，他人の消費を表す）。ここで，$\theta_F(R_F)$ は親の子供に対する家族内で

の内生的利他性関数で，R_F は親が家族内での利他性を獲得するために使う資源であり，子供のための支出や子供と一緒に過ごす時間を表現する。ここで，$\theta_S(R_S)$ は親の他人に対する内生的利他性関数で，R_S は親が他人への利他性を獲得するために使う資源であり，他人のための寄付などの支出や他人のためのボランティアの時間を表現する。$\theta_F(R_F)=1$ となる状態を家族内利他性の徳，$\theta_S(R_S)=1$ となる状態を他人への利他性の徳と定義することができる。それぞれの利他性が上昇していくような政策を良い政策と評価することができる。次章でより詳しく政策について説明するが，家族内の子供の教育費用や寄付などに対する税額控除などの政策が考えられる。また，寄付の促進のためには慈善事業の情報公開などが重要であることを考えると，情報公開が重要な株式市場と似た仕組みを持った小黒（2009）の提唱する寄付市場の公設という政策も考えられる。

5.4 無条件の愛の学習と共同体

徳倫理はサンデル（M. Sandel）のように共同体を重視するコミュニタリアンと呼ばれる哲学者たちに用いられることが多いが，必ずしも社会より小さい共同体を重視するわけではない。これに対し，「無条件の愛の学習」の原理では，理想に向かって徐々に大きな共同体のメンバーに対しての利他性の徳を獲得していく学習段階を考えることになるので，共同体の重要性が大きい。

ここで「無条件の愛の学習」の原理で，学習段階を考えるときに，例外はあっても基本的には小さな共同体での利他性が深まってから，より大きな共同体での利他性も深められるという観点を取ることが重要である。この観点からは，タフ・ラブ・モデルでの忍耐強さの徳の獲得過程は，現在の自分と同じ共同体にいる将来の自分への利他性が増していく過程であると捉えられる。将来の自分に対してさえ十分な利他性を持たない人に家族内の利他性を期待するのは難しい。同様に，血のつながった自分の子供に利他性をあまり持たない人に他人への利他性を期待するのは難しい。そこで，ある共同体で徳を促進する政策を決めるときには，その集団のその時点での状態を冷静に評価して，集団が学習すべき徳に優先順位をつけるべきであろう。近隣の共同体，国という共同体など他人を含む共同体の場合，小さい共同体内の利他性の促進をまず優先す

るべきと思われる。

　ここで，最終的目標を無条件の愛におくならば，同時にその共同体が排他的となる危険性と，共同体内の強者が弱者の利他性を悪用する危険性に注意する必要があろう。これらの危険性はマクシミン社会的厚生関数の最も不遇な人の効用を最大化する考えを，社会全体ではなく個々の共同体で採用することができれば回避できると思われる。共同体が，共同体内での強者ではなく，共同体内の弱者を中心に据えて大切にしていれば，この問題は解決できると思われる。たとえば，障碍者のいる家族では，障碍者は共同体の外から援助を受ける必要があり，障碍者を中心とする家族は健全であろう。稼ぎ手が中心の家族なら，障碍者は邪魔者となって，家族利己主義が生じやすい。一国単位では，東日本大震災の被災者を日本の中心に据えたことで，被災者は世界中から支援を受けた。被災者を中心とすれば，共同体レベルでの利己性の問題には陥らないのに対し，日本の強者たちを中心にすれば，一国利己主義が生じやすい。

補論 1　政府の財政問題とリカード等価定理

　重要な政策の問題に行動経済学の知見が関わる例として，この補論でリカード等価定理を見ておきたい。単純な 2 世代 2 期間モデルを使って説明する。リカード等価定理は，どの時期（あるいはどの世代）に課税するべきか，という政府の財政問題に関わっている。多くの国々で少子高齢化が進んでおり，高齢者への年金支払いや医療費の増加によって，政府の財政問題が深刻になっており，近い将来に大きな問題となることが予測されている。日本では少子高齢化が急速に進んでおり，すでに大きな財政赤字を続けて，政府総債務残高がGDP の 2 倍以上という国際的にも高い水準となっており，重要な問題である。

　まず，第 8 章で見たような親の子供に対する純粋利他性モデルを考える。親は自分のために C_0 の消費をし，子供は自分のために C_1 の消費をするとする。B は遺産，t_i は i 世代への定額税，y_i は i 世代の外生的な労働所得（$i = 0, 1$），r は利子率として，遺産は親の可処分所得から自分のための消費を引いた分なので

$$B = y_0 - t_0 - C_0 \qquad \text{(A-1)}$$

である。子供の消費は可処分所得と遺産と遺産からの利子所得に等しくなるので，

$$C_1 = y_1 - t_1 + (1 + r)B \qquad \text{(A-2)}$$

となる。この家計の2世代を通した予算制約は（A-1），（A-2）式をまとめて

$$C_0 + \frac{C_1}{1 + r} = y_0 - t_0 + \frac{y_1 - t_1}{1 + r} \qquad \text{(A-3)}$$

である。すなわち家計としての消費の現在価値は可処分所得の現在価値に等しい。親は利他的で，C_0 と C_1 を選ぶことによって

$$u(C_0) + \theta\, u(C_1)$$

の効用関数を（A-3）式の予算制約下で最大化する。この経済を維持するのには G の公共財の支出が必要で，定額税は政府の予算制約式

$$G_0 + \frac{G_1}{1 + r} = t_0 + \frac{t_1}{1 + r}$$

を満たすとする。当初は財政均衡の状態で $G_i = t_i$ であったとする（$i = 0, 1$）。ここで親世代に対する1単位の減税を行い，国債を発行し，子供世代に対する増税で国債の償還を行うと，t_1 は（$1 + r$）単位増加する必要がある。しかし（A-3）式の右辺を見ると，このような政策の変化は，家計の予算制約に影響を及ぼさない。したがって，親にとって効用最大化する自分のための最適消費 C_0 は変化せず，子供の消費 C_1 も変化しない。親は減税分の可処分所得をそのまま遺産に回すため，消費の変化は親世代にも子供世代にも起きない。このように課税の時期は消費に影響を与えないという結果がリカード等価定理である。

　もしリカード等価定理が現実にも成立していれば，現在の日本のように大きな財政赤字を続けていても何の問題もない。将来世代に増税があることを予測している親の世代が遺産を増やすことが理論的に予測されるからである。伝統的経済学の標準的マクロ経済モデルは無限期間モデルであるが，これは個人が永遠に生きることを想定しているのではなく，純粋利他性によって，世代間が

つながっていることを想定している。このようなモデルではリカード等価定理が成立している[6]。

次に，第8章で取り上げたウォーム・グロー・モデルでは

$$u(C_0, B) + \theta u(C_1) \tag{A-4}$$

のように，遺産を遺(のこ)すという行動自体に親は効用を感じると仮定する。この場合，親は B からも効用を感じるので，C_0 と B を選んで（A-4）式を，（A-1）式と（A-3）式の2つの予算制約式のもとで最大化する，と考えることができる。この場合の親世代の減税は（A-3）式には影響を与えないが，（A-1）の予算制約式には影響を与えるので，リカード等価定理が成立しないことがわかる[7]。

次に限定合理性を考えるなら，親は減税があっても将来世代への増税までは考慮しない可能性があり，その場合リカード等価定理は成立しなくなる。また，多期間モデルで双曲割引を持つ洗練された一個人のコミットメントが完全にはできない場合は，可処分所得と消費が連動するので，減税をして可処分所得が多くなるとその期の消費は増えることになり，リカード等価定理は成立しない。

補論2　内生的選好モデルと条件なしと条件付き選好順序

習慣形成モデルではプロスペクト理論のように効用関数が参照点に依存する。参照点が自分の過去の消費のみに依存している場合を内部習慣形成モデル，経

---

6) 伝統的経済学で，親の子供に対する利他性が0であると仮定する世代重複モデルもよく用いられており，それらのモデルではリカード等価定理は成立しない。ここでのポイントは，標準的マクロモデルではリカード等価定理が成立する，ということである。

7) Andreoni（1989）は，一般的な公共財モデルを用いてリカード等価定理が成立しないことを証明している。補論1のモデルでは，C_1 は親子にとっての公共財で，B は親の公共財への貢献となっていることに注意すれば，Andreoni の証明との関係が明らかになる。Akerlof（2007）は，第10章で説明したアイデンティティ経済学の立場から，ウォーム・グロー・モデルでの効用の B への依存を遺産を遺す行動への規範の影響と捉え，規範という動機を考慮するとリカード等価定理が成立しなくなる，という解釈を説明している。

済全体の平均消費などの他人の消費に依存している場合を外部習慣形成モデルと呼ぶ[8]。例えば喫煙によるニコチン中毒は，過去の喫煙消費によって，現在の喫煙消費に正の参照点を持っているとモデル化できる。参照点への依存という意味ではプロスペクト理論と似た内生的選好モデルなので，本書の定義では行動経済学に分類することになる。しかし，プロスペクト理論と異なり，参照点未満の消費は選ばれないという仮定が置かれることが多く，伝統的経済学と他の定義では考えられるようなマクロ経済学やファイナンスの標準的なモデルでも習慣形成モデルが用いられてきた。

Pollak（1978）の条件なしと条件付きの選好順序の概念を説明するために，次のような習慣形成モデルを考える。経済に N 人の消費者がおり，消費者 i の参照点は他の全員の消費者の消費の平均であるとする。C_i を消費者 i の消費，C_{ia} を消費者 i 以外の $(N-1)$ 人の消費者の消費の平均とすると，消費者 i の効用関数は $u_i(\cdot)$ を通常の条件（単調増加の凹関数）を満たす効用関数として

$$u_i(C_i - C_{ia}) \qquad\qquad (\text{A--5})$$

を予算制約のもとで最大化しているものとする。ここで消費者 i にとっては所与の C_{ia} を状態変数，状態変数が所与のときの C_i に対する選好順序を条件付き選好順序と呼ぶ。この条件付き選好順序を表現する効用関数は $U_i(C_1 \mid C_{ia}) = u_i(C_i - C_{ia})$ である。これに対し，政策を決める政府にとっては状態変数は所与ではなく，C_{ia} を所与とせずに $u_i(C_i - C_{ia})$ が表現する消費者 i の $(C_1, ..., C_N)$ に対する選好順序とその選好順序を表現する効用関数 $U_i(C_1, ..., C_N) = u_i(C_i - C_{ia})$ を求めることができる。この選好順序を条件なし選好順序と呼ぶ[9]。Pollak は政策評価は変動する条件付きの選好順序ではなく，不変の条件なし選好順序で行うことを提唱した。パレート改善についても，社会的厚生関数についても，条件なし選好順序を表現する効用関数，$U_1(C_1, ..., C_N), ..., U_N(C_1, ...,$

8）　外部習慣形成モデルは catching up with the Joneses モデル（Abel, 1990 など）とも呼ばれ，他人の消費が自分の効用に影響する社会的選好モデルとなっている。

9）　ここで $U_i(C_1 \mid C_{ia})$ も，$U_i(C_1, ..., C_N)$ も，ともに数値としては $u_i(C_i - C_{ia})$ に等しくなるのであるが，C_{ia} が所与であるかどうかによって，概念として異なる効用関数になっていることに注意せよ。

C_N）を用いれば，内生的選好モデルであっても通常の外生的選好のモデルと同様に伝統的経済学のパレート原理と厚生主義に基づいたアプローチで分析することができる。この分析可能であるという結果は重要であるが，内生的選好モデルの政策評価にどのようなアプローチを使うことが望ましいかは，別の問題である。本文でのタフ・ラブ・モデルは，他のアプローチを使うことが望ましいと考えられる例である。

⊗ 参 考 文 献

Abel, A. B.（1990）"Asset Prices under Habit Formation and Catching up with the Joneses," *American Economic Review* 80（2）, pp. 38-42.

Akerlof, G. A（2007）"The Missing Motivation in Macroeconomics," *American Economic Review* 97（1）, pp. 5-36.

Andreoni, J.（1989）"Giving with Impure Altruism: Applications to Charity and Ricardian Equivalence," *Journal of Political Economy* 97（6）, pp. 1447-1458.

Becker, G. and K. M. Murphy（1988）"A Theory of Rational Addiction," *Journal of Political Economy* 96（4）, pp. 675-700.

Beshears, J., J. J. Choi, D. Laibson, and B. C. Madrian（2008）"How Are Preferences Revealed?" *Journal of Public Economics* 92（8-9）, pp. 1787-1794.

Bernheim, B. D. and A. Rangel（2009）"Beyond Revealed Preference: Choice-Theoretic Foundations for Behavioral Welfare Economics," *Quarterly Journal of Economics* 124（1）, pp. 51-104.

Bhatt, V., M. Ogaki, and Y. Yaguchi（2015）"Normative Behavioral Economics Based on Unconditional Love and Moral Virtue," *Japanese Economic Review* 66（2）, pp. 226-246.

Bhatt, V., M. Ogaki, and Y. Yaguchi（2017）"Introducing Moral Virtue Ethics into Normative Economics for Models with Endogenous Preferences," University of Rochester, Rochester Center for Economic Research Working Paper No. 600.

Graham, C.（2011）*The Pursuit of Happiness; An Economy of Well-Being*, The Brooking Institution Press.（多田洋介訳『幸福の経済学——人々を豊かにするものは何か』日本経済新聞出版社，2013 年）

Köszegi, B. and M. Rabin（2008）"Choices, Situations, and Happiness," *Journal of Public Economics* 92（8-9）, pp. 1821-1832.

Mulligan, C. B.（1997）*Parental Priorities and Economic Inequality*, University of

Chicago Press.

Pollak, R. A.（1978）"Endogenous Tastes in Demand and Welfare Analysis," *American Economic Review* 68（2）, pp. 374–379.

Ramsey, F. P.（1928）"A Mathematical Theory of Saving," *Economic Journal* 38（152）, pp. 543–559.

Sandel, M. J.（2009）*Justice: What's the Right Thing to Do?*, Farrar Straus & Giroux.（鬼澤忍訳『これからの「正義」の話をしよう──いまを生き延びるための哲学』早川書房，2010 年）

Sen, A.（1974）"Choice, Ordering and Morality," in S. Körner ed., *Practical Reason*, Yale University Press, pp. 55–66.

Sen, A.（1985）*Commodities and Capabilities*, North Holland.

Sunstein, C. R. and R. H. Thaler（2003）"Libertarian Paternalism Is Not an Oxymoron," *University of Chicago Law Review* 70（4）, pp. 1159–1202.

Thaler, R. H. and C. R. Sunstein（2008）*Nudge: Improving Decisions about Health, Wealth, and Happiness*, Yale University Press.（遠藤真美訳『実践行動経済学──健康，富，幸福への聡明な選択』日経 BP 社，2009 年）

小黒一正（2009）「官民一丸で政策構想力を強化し，社会保障・経済再生を──公設寄付市場・非営利ファンドの創設」経済産業研究所，http://www.rieti.go.jp/users/oguro-kazumasa/serial/012.html。

坂井豊貴（2013）『社会的選択理論への招待──投票と多数決の科学』日本評論社。

⊗ 練 習 問 題

（E-1 選択式問題）

1. 実証経済学と規範経済学の比較で，実証経済学とは何か，次のうちから最も的確な答えをひとつ選べ。

   A）　理論経済学とは異なり，実験やアンケートなどのさまざまな実験に基づいて，資源配分がどのように決まっているか調べる学問である。

   B）　「資源配分がどのように決まっているか」という倫理観や価値観とは中立に科学の問題を扱う学問である。

   C）　「資源配分がどのように決まるべきか」という倫理観や価値観とは中立ではありえない問題を扱う学問である。

2. 実証経済学と規範経済学の比較で，規範経済学とは何か，次のうちから最も的確な答えをひとつ選べ。

   A）　理論経済学とは異なり，実験やアンケートなどのさまざまな実証に基づいて，資源配分がどのように決まっているかを調べる学問である。

B）　「資源配分がどのように決まっているか」という倫理観や価値観とは中立に科学の問題を扱う学問である。

　　C）　「資源配分がどのように決まるべきか」という倫理観や価値観とは中立ではありえない問題を扱う学問である。

　　D）　ある共同体で多くの人々が何を正しいと考えているかという意味の規範の問題を扱う学問である。

3.　パレート基準とは何か，次のうちから最も的確な答えをひとつ選べ。
　　A）　効用の個人間比較を必要とする基準である。
　　B）　効用の個人間比較を必要としない基準である。
　　C）　社会的選好と同じように個人の実験での行動を説明するために開発された。

4.　功利主義の社会的厚生関数による資源配分の評価とはどのようなものか，次のうちから最も的確な答えをひとつ選べ。
　　A）　効用の個人間比較を必要とする基準である。
　　B）　効用の個人間比較を必要としない基準である。
　　C）　社会的選好と同じように個人の実験での行動を説明するために開発された基準である。

5.　ナッシュ社会的厚生関数による資源配分の評価とはどのようなものか，次のうちから最も的確な答えをひとつ選べ。
　　A）　（正の線形変換をすると評価が変わるという意味で）効用の個人間比較を必要とする基準である。
　　B）　（正の線形変換をしても評価が変わらないという意味で）効用の個人間比較を必要としない基準である。
　　C）　社会的選好と同じように個人の実験での行動を説明するために開発された基準である。

6.　ベンサムの功利主義によれば政治の目的は何か，次のうち最も的確な答えをひとつ選べ。
　　A）　最大多数の最大幸福を促進すること。
　　B）　市民が自由に選択できるようにすることを促進すること。
　　C）　能力と美徳を養えるようにすること。
　　D）　平等な社会を実現すること。

（E-2 記述式問題）

1. リバタリアン・パターナリズムとは何か，説明せよ。

2. 不平等拡大のような不平等に関する問題が生じない場合について，内生的選好
   モデルでは，なぜ，パレート改善が必ずしも社会的に望ましいとはかぎらない
   か，説明せよ。

規範行動経済学：応用・政策編

❖ はじめに

　前章では，規範行動経済学での思想としてリバタリアン・パターナリズムと，厚生主義と徳倫理をバランスさせた無条件の愛の学習の原理を説明した。リバタリアン・パターナリズムの思想により，ナッジの政策手法が考案された。徳倫理からは，内生的選好モデルで，時間割引因子で測られる忍耐強さを増加させたり，社会的選好の利他性を増したりする政策が望まれる。また，無条件の愛の学習の原理からは共同体が重視されるため，共同体がよりよく機能するのに役立つ非認知能力を上昇させたり，ソーシャル・キャピタルを増加させたりする政策が望まれる。本章では，これらに関する介入のさまざまな研究を概観する。

1　ナッジとは

　リバタリアン・パターナリズムに基づく政策の手法としては，この思想を提唱したセイラー（R. Thaler）とサンスティーン（C. R. Sunstein）の一般向けの本（Thaler and Sunstein, 2008）の原題にもなっているナッジ（Nudge）を用いる。Nudge の英語の意味は，「注意や合図のために人の横腹を特にひじでやさしく押したり，軽く突いたりすること」である。政策手法としてナッジは，罰則や強い経済的インセンティブを与えて強制せずに人々の注意を特定の方向に向け

させて行動の変化を促す方法である。まず簡単にこの本からナッジの具体例を見ておこう。

　ナッジのわかりやすい例として，Thaler and Sunstein（2008）の中でアムステルダム・スキポール空港の男性用トイレが紹介されている（同上，邦訳14ページ）。空港の小便器に黒いハエの絵を描いたところ，誰も強制されたわけではないが，ハエの方向を狙う男たちが多かったために，飛沫の汚れが80％も減った。今では多くの公衆男性用トイレでこの考えが応用されている。注意深く行動するかどうかというようなさまざまな選択肢があるときに，ハエの絵を描くかどうかなどの意思決定をする文脈を体系化して整理する責任を負う人を**「選択アーキテクト（設計者）」**，選択アーキテクトの設計した結果を「選択アーキテクチャー」と呼ぶ。

　損失回避や注意力のなさから，人は全般的に現在の状況に固執する傾向として**現状維持バイアス**（邦訳61ページ）を持つ。現状維持バイアスがあるため，選択アーキテクチャーの重要な要素のひとつは，意思決定者が特段の行動を起こさないときに自動的に選ばれる**デフォルト・オプション**である。臓器提供者を増やし，臓器提供を待つ患者の命を救うためのナッジとして，Thaler and Sunstein は「推定同意」と呼ばれる政策をリバタリアン・パターナリズムにかなうものとして説明している。推定同意方式ではデフォルトとして，すべての市民は臓器提供に同意しているものとみなされるが，臓器提供に対する不同意の意思表示をする機会が与えられる。これに対し，アメリカのほとんどの州が「明示的同意方式」を採用しており，デフォルトは臓器提供をしないことであり，運転免許証にある意思表示欄にチェックするなど，臓器提供の意思を表明することが臓器提供者になるためには必要である。Thaler and Sunstein（2008）に説明のある Johnson and Goldstein（2003）の臓器提供に同意するかどうかのオンライン実験では，明示的同意方式に対応するオプトインのデフォルト・ルールでは42％しか臓器提供に同意しなかったのに対し，推定同意方式に対応するオプトアウトのデフォルト・ルールでは82％が同意した。また，この論文で2000年時点での過去20年間に実際にヨーロッパの国々で明示的同意方式を採用していた国々の臓器提供に同意する率（例えばオランダの27.5％）は，推定同意方式を採用していたヨーロッパの国々でオプトアウトしない率（例え

ばスウェーデンの 85.9%）よりもかなり低かったことが示されている。

　Thaler and Sunstein は，推定同意方式の問題点として，臓器移植のような微妙な問題で何か「推定する」ことに，大勢の人々が異議を唱えることを指摘している。そこで彼らは，オプトインやオプトアウトをデフォルトとせずに，「命令的選択」を推奨している。運転免許証の更新時に，臓器提供の意思を表示する欄にマークすることを義務づけるなどの方法で実施することができる。2008 年にイリノイ州がこの方式を取り入れた。

　また社会的規範に影響するナッジの政策が Thaler and Sunstein（2008）の中で説明されている。ここでの社会的規範とは，ある社会や集団で多くの人々がしていて，するべきこと，あるいはしてもよいと考えられていることである。しかし，社会的規範が形成される過程で限定合理性から誤認が生じる可能性がある。例えば，酒を飲んでどんちゃん騒ぎをすると目立つので，実態よりも多くの人々が酒を飲んでいると誤認することにより，社会的規範ができることもある。誤認された規範を是正しようとしたナッジの例が，アメリカ・モンタナ州で採用された大規模な教育キャンペーンである。大学のキャンパスにはびこる誤認されている規範をなくそうとする広告として「モンタナ大学の大部分（81%）が酒を飲む回数は週 4 回以下です」，十代の青少年を対象にした広告として「モンタナの十代の青少年の大部分（70%）はタバコを吸いません」が用いられた。これらは，ある集団の実際の行動を調査し，結果を発表することにより，誤認を訂正して規範に影響を与えようとする政策である。統計上でも喫煙が大幅に減少している。

　Banerjee and Duflo（2011）は，リバタリアン・パターナリズムによる発展途上国の状況に合わせた政策の説明をしている。政府（あるいは NGO や NPO）は，選択の自由を与えながらも多くの人々にとって最善と思われる選択肢を後押しすべきである，という考えである。Banerjee and Duflo は，発展途上国では飲料水が消毒されていないことによる下痢が大きな問題であることを指摘している（邦訳 96 〜 97 ページ）。人々が殺菌を忘れずに続ける必要があり，水を飲む前に正しい量の消毒液を加える必要がある。そこで，研究者たちが「ひとひねり」と呼ばれる無料の塩素配布機を，みんなが水を得るためにやってくる村の井戸の側に据え付け，ノブをひとひねりすれば正しい量の塩素剤が出るよ

うにした。

　このような介入行為にどのような効果があるかを調べる方法に，**ランダム化比較試験**（randomized controlled trial：RCT）というフィールド実験がある。実験参加者を介入を受けないグループ（コントロール・グループ）と，受けるグループ（トリートメント・グループ）に無作為に分けてから実験を行うことで，介入行為以外の要素が2つのグループに差をもたらすことを防ぐ方法である。「ひとひねり」を提供する介入の費用対効果が，下痢予防法としてRCTの証拠が存在する介入行為の中で高いことが示されている（Ahuja, Kremer, and Zwane 2010, p. 149）。

2　ナッジの介入の費用対効果

　世界中の多くの国々の政府が，行動経済学者だけでなく行動科学の専門家たちと**ナッジ・ユニット**を設立し，金銭的誘因のような伝統的な政策手法ではなく，ナッジの手法を用いた介入をデザインし，介入の効果を測定するようになった。イギリスでは2010年に Behavioral Insight Team（BIT）という正式名のナッジ・ユニットが設立され，オーストラリア，ドイツ，オランダ，シンガポールなどの国々にも設立された。アメリカでは2014年にホワイトハウスに Social and Behavioral Sciences Team（SBST）というナッジ・ユニットが設立された。2015年にオバマ大統領（当時）が，連邦機関は行動科学をプログラムに取り入れるように指示する大統領令を発令した。しかし，科学に対して懐疑的であるためかトランプ大統領はナッジを推進しない方針であるようである。2018年8月22日現在で，SBSTのウェブサイトには「これは歴史的資料で2017年1月20日の時点で『凍結され』ている。このウェブサイトはもはや更新されない。」というメッセージがトップに示されている。2017年1月20日はトランプ大統領の就任日である。日本でも2017年4月に環境省のイニシアチブのもと，産官学連携・関係府省等連携のナッジ・ユニット，Behavioral Science Team（BEST）が発足し，2018年8月には行動経済学会とのコラボレーション企画として「ベストナッジ賞」コンテストの実施が発表された。

ナッジのひとつの特徴は，補助金などの金銭的誘因を用いて人々の行動を社会的に望ましいと思われる方向に変えようとする政策に比べ，政策実施のための費用が小さいことである。このため，ナッジの政策効果を測定するためには効果の全体の大きさだけではなく，費用 1 ドル当たりの**費用対効果**を調べることが重要と思われる。

　Benartzi et al.（2017）はこの点を明確に示す次の例を挙げている。SBST はアメリカ合衆国国防総省と共同で実験を行った。この実験では，退職後の生活のための貯蓄増加を目標に軍人の連邦職員に提供されている確定拠出型年金プランへの掛金を増加させることを目的としていた。実験では 80 万 6861 人の年金プランに参加していない軍人のほとんどが参加することをナッジするメールを受け取った（コントロール・グループは何もメールを受け取らなかった）。メールの内容は，行動科学の見地からのさまざまなナッジの方法を実験的に検証するために 6 種類の異なるものであった[1]。コントロール・グループの年金プランへの参加率は 1.1％であったのに対し，メールを受け取ったグループの参加率は 1.6％から 2.1％に上昇した。この効果は一見小さいようであるが，メールのキャンペーンにかかった費用は 5000 ドルでしかなく，キャンペーン全体で実験開始後の 1 カ月で約 5200 人が年金プランに参加するようになり，年金プランの貯蓄は 130 万ドル以上も増加した。もし介入効果が 1 年間でゼロに線形的に下がっていくと仮定して，1 年間の貯蓄増の効果を推定すると約 800 万ドルとなる。したがって，費用 1 ドル当たりの貯蓄増の効果は 1600 ドルとなる。これは表 13-1 にある伝統的介入の費用 1 ドル当たりの貯蓄増効果の最高値の 100 倍以上である。

　Benartzi らは体系的にナッジと伝統的な介入手法の 1 ドル当たり効果という費用対効果を比較するために，①政策分野，②各分野で分析対象とする結果変数，③学術雑誌に掲載された介入効果の研究，を規準として介入を選び，それぞれの費用対効果を推定した。この基準を簡単に説明すると，①は SBST と BIT が注目分野としている中で，アメリカの国内政策で重要とされているもの

---

1)　メール内容の例としては，参加するための行動のステップのリスト（理解を単純化するため）や，貯蓄による短期的な節税効果の強調（双曲割引の問題を是正するため），などがある。

であった。②は選ばれた政策分野から明らかに注目すべき行動がある場合には
その行動（例えばエネルギー分野であれば，省エネルギー行動），ない場合には
SBSTが強調した行動とする。③は選択された主要な学術雑誌に掲載された研
究で，論文または著者たちから費用対効果の計算をするために必要な情報が得
られるもの，であった[2]。ここでは Benartzi らの，退職後の生活資金保障の政
策分野についての結果を表 13 - 1(1)，教育の政策分野についての結果を表(2)，
エネルギーの政策分野についての結果を表(3)，健康の政策分野についての結

表 13 - 1　介入の相対的効果

(1)　退職貯蓄増加を政策目標とした介入の相対的効果

論　　文	介入タイプ	介入方法	相対的効果 （費用 1 ドル当たり）
Carroll et al.（2009）	ナッジ	会社の新規被雇用者は職場での退職貯蓄プランの望ましい貢献率を雇用後 1 カ月以内に示すことを要求された。	100 ドル増： 貯蓄プランの貢献
Chetty et al.（2014）	伝統的（金銭的誘因）	デンマーク政府は約 20％の高額納税者のひとつの年金口座に貢献する際の税額控除額を変えた。	2.77（0.14）ドル増： 影響を受けた年金口座への貢献
Duflo and Saez（2003）	伝統的（教育）	ある大きな大学の職員たちが退職貯蓄プランの情報を得る福利厚生フェアに参加すれば金銭的誘導を受けた。	14.58 ドル増： 貯蓄プランへの貢献
Duflo et al.（2006）	伝統的（金銭的誘因）	ミズーリ州セントルイスの低所得から中所得の地域での納税申告の準備の顧客が最初の 1000 ドルの退職貯蓄口座への追加に対し，20％か50％のマッチングのオファーを受けた。	5.59（0.54）ドル増： 20％マッチングのときの貢献 2.97（0.16）ドル増： 50％マッチングのときの貢献
Duflo et al.（2007）	伝統的（金銭的誘因）	調整済粗所得が一定の閾値よりも下であるとき，連邦政府が最初の2000 ドルの退職貯蓄に対する税額控除を増額した。	1.24（0.11）ドル増： 退職貯蓄口座への貢献

（注）　括弧内は標準誤差。
（出所）　Benartzi et al.（2017）.

---

2)　これらの研究の効果の推定は，RCT で行われている場合もあるし，そうでない場合には，統計的な手法によって単なる相関ではなく，介入を原因とする効果が推定されている。これらの RCT や統計的な手法のわかりやすい説明が中室・津川（2017）にある。

(2)　大学入学を政策目標とした介入の相対的効果

論　　文	介入タイプ	介入方法	相対的効果 (費用1000ドル当たり)
Bettinger, Long, Orecopoulos, and Sanbonmatsu (2012)	ナッジ	納税申告準備の際に税の専門家が低所得の家族の学生財政援助申請用紙の記入と潜在的な援助額の計算を助けた。	1.55 (0.66) 人増：次の年に大学入学する学生
Dynarski (2003)	伝統的（金銭的誘因）	学生社会保障給付プログラムとして，1980年代までに連邦高校卒業後教育補助の資格があった親を持つ若者に，大学入学後に毎月の奨学金を提供。	0.0351 (0.0185) 人増：大学に入学する学生
Long (2004a)	伝統的（金銭的誘因）	いくつかの州が州内公立大学の学生に教育補助金を提供。	0.0051 人増：大学入学する学生
Long (2004b), Bulman and Hoxby (2015)	伝統的（金銭的誘因）	連邦政府がHope Scholarship, Life-time Learning, American Opportunity Tax Credits を高等教育への支出の補助として提供。	無視できる効果

(注)・(出所) は(1)に同じ。

(3)　省エネルギーを政策目標とした介入の相対的効果

論　　文	介入タイプ	介入方法	相対的効果 (費用1ドル当たり)
Allcott (2011)	ナッジ	研究者とは独立した会社が住居の消費者に近所の電気消費量との比較と省エネルギーのヒントのレポートを送付。	27.3 kWh
Asensio and Delmas (2015)	ナッジ	研究者たちが居住者に対して，電気器具レベルの詳細な電気消費と，健康と環境，あるいは電気料金の増加についてのメッセージを書いたウェッブサイトへのアクセスを与えた。	0.059 (0.026) kWh：健康と環境のメッセージ 無視できる効果：料金に関するメッセージ
Ito (2015)	伝統的（金銭的誘因）	カリフォルニア州の居住者は前年の夏よりも夏のエネルギー消費を20%減少させれば電気料金の割引を受けた。	3.41 kWh
Arimura, Li, Newell, and Palmer (2012)	伝統的（金銭的誘因と教育）	公益事業会社がピーク時のエネルギー消費の削減のために金銭的誘因と情報を提供し，効率的な商品への投資を奨励。	1.40 kWh

(注)・(出所) は(1)に同じ。

(4) インフルエンザ・ワクチン接種を政策目標とした介入の相対的効果

論　文	介入タイプ	介入方法	相対的効果 （費用 100 ドル当たり）
Milkman et al.（2011）	ナッジ	雇用主が通常の無料ワクチンのクリニックの説明会を変更し，被雇用者がいつワクチン接種を受ける予定かの詳細を書くように促した。	12.8（5.8）人増：ワクチン接種を受けた人
Chapman, Li, Colby, and Yoon（2010）	ナッジ	ある大学が教職員を自動的に（非強制的な）インフルエンザ・ワクチン接種の予約に割り当てた。	5.65（1.40）人増：ワクチン接種を受けた人
Bronchetti, Hufmman, and Magenheim（2015）	伝統的（金銭的誘因）	実験者が大学生にキャンパス・クリニックでのインフルエンザ・ワクチン予防接種に対する誘因として 30 ドルを支払った。	1.78（0.15）人増：ワクチン接種を受けた人
Kimura et al.（2007）	伝統的（教育と金銭的誘因）	ヘルスケア施設がその被雇用者にインフルエンザ・ワクチンの利点についての教育キャンペーンを行い，また，施設内での無料ワクチン接種を提供した。	8.85 人増：教育の効果でワクチン接種を受けた人 1.07 人増：無料ワクチンの効果でワクチン接種を受けた人

(注)・(出所) は(1)に同じ。

果を表(4)にまとめている。これらの結果は網羅的な比較ではないが，体系的に選択された研究を比較することで，ナッジの介入手法がしばしば金銭的誘因を与える伝統的介入手法に比べて，費用対効果が高いことを強く示唆している。

3　教育経済学で研究されている介入

前章で見たように無条件の愛の学習の観点からは，共同体が重要となり，共同体がよりよく機能するような政策介入が望ましい。教育経済学で厚生主義の観点から研究されている介入を，無条件の愛の学習の観点から，非認知能力への介入とソーシャル・キャピタルへの介入に分けて本節で考察する。

3.1　非認知能力に関する介入

IQ テストなどで測られる認知能力に対し，自制心，忍耐強さ，対人スキル，

利他性などの能力は**非認知能力**と呼ばれる。教育の経済学では，認知能力だけではなく非認知能力に影響を与える介入の効果についても多くの最近の研究がある。これらのほとんどの研究で，IQ テストなどで測られる認知能力だけでなく，非認知能力が教育・所得・犯罪率などの個人の人生のアウトカムに対して認知能力と同じかそれ以上の効果を持つことが示されてきた（Heckman and Kautz, 2014 が多くの研究を概観している）。厚生主義の観点から個人の人生のアウトカムにより良い影響を与えることは望ましいことである。これに対し，無条件の愛の学習の原理からは，共同体がよりよく機能するような非認知能力の増加は，それ自体が望ましい。

Heckman（2013）は幼児教育の重要性を強調し，Heckman and Kautz（2014）は，幼児から青年期にかけての非認知能力（彼らはキャラクター・スキルと呼んでいる）や認知能力へのさまざまな介入の効果の文献を概観している。Heckman and Kautz はさまざまな非認知能力を測定する方法を紹介しており，そのひとつが心理学で広く使われている**ビッグ・ファイブ**である。ビッグ・ファイブは自分が答えるアンケートの質問や研究者の観察などから測定される性格特性としての 5 因子であり，誠実性（conscientiousness），外向性（extraversion），経験への開放性（open to experience），協調性（agreeableness），神経症傾向（neuroticism）である。また，彼らの概観している研究では，自己や将来の自己に関する信念に関わる自己効力感（self-efficacy：自分が課題をやり遂げる能力を持っているという信念）と統制の所在（locus of control：自分の人生をどの程度自分や自分の外の要因がコントロールしているかという信念）も非認知能力として用いられている[3]。彼らは，非認知能力は遺伝に影響を受けるが完全に決定されているのではなく，家庭や社会環境からも影響を受け，介入によって能力を上昇させることができる多くの証拠があると結論づけている。

Heckman and Kautz は，（公的な学校への）就学前，小学校，青年期や若い成人などを対象としたさまざまな介入プログラムとその効果を説明している。就

---

3) 他にも特に子供の非認知能力を測定するための「子どもの強さと困難さアンケート」（Strengths and Difficulties Questionnaire：SDQ）や，子供の生活の質（QOL）の尺度などがある。これらは赤林・直井・敷島（2016）で説明のあるように，日本での子供のパネルデータで測定され，研究に用いられている。

学前の介入プログラムのひとつはペリー就学前プロジェクトである。このプロジェクトは就学前の 3 〜 4 歳の低所得の黒人の子供たちを対象とした。子供たちは 2 年間，週に 5 日間 2 時間半プレスクールで教室での授業を受けた。また週に一度は教師が家庭訪問をして，親子関係の促進を行った。子供たちは毎日，課題を計画し，実行し，教師や他の子供たちと評価するという非認知能力に関わるスキルを学び，問題が起こったときには協力して解決することを学んだ。

このプロジェクトはランダム化比較試験で評価され，37 年間に及ぶ追跡調査によって長期的な効果も評価された。プログラムは IQ スコアを短期的には上昇させたが，この効果は長期に持続しなかった。10 歳までにはトリートメント・グループとコントロール・グループはほぼ同じ IQ スコアの平均を示した。しかし，所得などのアウトカムには長期の統計的に有意な効果があった。長期的に所得などが上がったのは非認知能力が上がったためと解釈できる。プログラムの費用 1 ドル当たりの推定された便益が 7.1 ドルから 12.2 ドルへ，年間収益率が 7％から 10％へと，費用対効果も大きかった。

無条件の愛の学習の観点からは，特に内生的選好の忍耐強さと利他性への介入への効果が重要である。

Alan and Ertac（2018）は，トルコの小学校で，3 年生と 4 年生に忍耐強さを促進する介入を行うフィールド実験を行った。Alan and Ertac は，理論的には Becker and Mulligan（1997）の将来をより生き生きと想像できるようになる人的資本が大きくなるほど時間割引因子が大きくなる内生的選好モデルに基礎をおき，児童たちの忍耐強さを時間割引因子で測っている。Alan and Ertac はトルコの教育省の許可を得て，小学校の教師たちに，プロジェクトに参加すればトレーニングのためのセミナーに招待され，児童たちのために用意された教材は少なくとも週に 2 時間で 8 週間以内に終えられることを知らされた。このプロジェクトの介入は，ケース・スタディやクラス活動やゲームからなる教育プログラムを教師が児童たちに教えることである。プログラムのゴールは児童たちが時間を通じた意思決定をするときに，自分たちの行動の将来の結果を評価する習慣を持てるように助けることであった。

例えば「ゼイネップのタイム・マシーン」というケース・スタディでは，ゼイネップという少女の物語である。ゼイネップは自転車が欲しくて貯金をする

必要があるが，短期的な消費をしたいという誘惑もある，という物語が語られる。タイム・マシーンによって，ゼイネップは自転車を持っている未来と，持っていない未来に行くことができる。児童たちはゼイネップがそれぞれの未来でどのように感じるか，また自分が同様の状況ならどのように感じるかを想像するようにいわれた。ケース・スタディを補完するクラス活動では，児童たちはタイム・マシーンを作り，目標設定に重要な将来の日（例えば通信簿をもらう学期末）を選んで，その日に行くことを想定して，関連する絵を描いた。介入の効果はランダム化比較試験で測定され，介入を受けた児童たちが実験でより忍耐強い意思決定をし，この効果は介入の3年後も続いていた。

Ito, Kubota, and Ohtake（2014）は，日本の小学校での教育の，大人になってからの利他性を含む社会的選好への影響を分析した。日本ではアカデミックなカリキュラムは公的に統一されているが，ノン・アカデミックなカリキュラム（隠れたカリキュラム）は学校によって大きな違いがあることから，日本全国で成人にアンケートを行うことで，隠れたカリキュラムと利他性などの社会的選好の性質との関係を調べた。参加・協力型の教育方法を受けた人は，利他性が高くなる傾向があり，運動会の徒競走で手をつないで一緒にゴールするような反競争教育を受けた人は，利他性が低くなる傾向があった[4]。反競争教育の目的のひとつはおそらく児童の利他性を促進することにあるので，反競争教育に関する結果は皮肉なものである。ここでのひとつの解釈としては，受験競争のような重要な競争が存在するときに，他の競争をなくすと，学力という1次元だけを重要視するようになり，運動や芸術など多次元を重視しなくなる傾向があることが考えられる。さまざまな人々に対して利他性を持つためには，評価の多次元性が重要であろう。

3.2 ソーシャル・キャピタルに関する介入

社会学では，Bourdieu（1986）がソーシャル・キャピタルを，「相互的に知り合い認識する多少とも制度的な関係の持続するネットワークに関係する実際の，あるいは潜在的な資源の総量」と定義した。経済学では，ソーシャル・キャピタルがあいまい概念となって測定することができなくなるなど科学的な研究を進めるうえでの問題が生じることを防ぐために，意図的に狭い定義が提唱されている。Hayami（2009）は，ソーシャル・キャピタルを「社会的関係のある人々の集団に生じると期待される社会的生産物を増加させるために，経済主体間の協力の発展に貢献する非公式な社会的関係の構造」と定義して，政府が関わる制度による公式な社会的関係を定義から排除している。ここここで，社会的生産物とはその社会が生産する付加価値の総額であり，社会的関係の構造とはネットワーク，規範，信頼などのことである。Guiso, Sapienza, and Zingales（2011）は，第10章で説明した彼らの文化の定義に基づいて，ソーシャル・キャピタルを「社会的に価値のある活動の追求において，ある集団がただ乗り問題を克服するために助けとなる信念と価値観」と定義し，シビック・キャピタルと呼んでいる。Guisoらの定義は，ソーシャル・キャピタルからネットワークを排除している。本節ではネットワークの研究は紹介しないので，Guisoらの定義を採用する。この定義からは，ソーシャル・キャピタルは共同体がよりよく機能するために役立つので，無条件の愛の学習の原理からもソーシャル・キャピタルが増加するような介入は望ましい。

経済学でのソーシャル・キャピタルの研究で最も用いられているのが一般的信頼（generalized trust）で，世界価値観調査では，「一般的に言って，あなたはほとんどの人々は信頼できると思いますか，それとも用心するに越したことはない，と思いますか」という質問が一般的信頼を測定するために用いられてきた。回答は「ほとんどの人々は信頼できる」か，「用心するに越したことはない」の2択である。

Algan, Cahuc, and Shleifer（2013）は，学校での教育方法を，「教師による講義」を垂直教育方法，「生徒たちのグループ学習」を水平教育方法として，教育方法の一般的信頼への影響をさまざまなデータで検証した。Alganらは，世界価値観調査での一般的信頼の各国の平均値と，国際数学・理科教育調査

（Trends in Mathematics and Science Study：TIMSS）において相対的に垂直の教育が多く行われている程度との間には負の相関があることを示した[5]。これは教育方法が原因となって一般的信頼に影響を与えている可能性を示す。しかし，この2変数の国際的相関は，別の変数が真の原因となっている欠落変数の問題や，国の一般的信頼が教育方法に影響を与えている逆の因果関係の問題がある。そこで，Algan らは，学校内の教育方法の違いが一般的信頼と関係する生徒たちの信念との関係を検証し，教育方法が一般的信頼に影響を与えていることを示した。前節で紹介した Ito, Kubota, and Ohtake（2014）は，教育方法の一般的信頼への影響も検証しており，Algan らと同様に，参加・協力型の教育方法が一般的信頼を増加させるという結果を得た。

※ 参 考 文 献

Ahuja, A., M. Kremer, and A. P. Zwane（2010）"Providing Safe Water: Evidence from Randomized Evaluations," *The Annual Review of Resource Economics* 2, pp. 237-256.

Alan, S. and S. Ertac（2018）"Fostering Patience in the Classroom: Results from Randomized Educational Intervention," *Journal of Political Economy* 126（5）, pp. 1865-1911.

Algan, Y., P. Cahuc, and A. Shleifer（2013）"Teaching Practices and Social Captial," *American Economic Journal; Applied Economics* 5（3）, pp. 189-210.

Allcott, H.（2011）"Social Norms and Enegy Conservation, " *Journal of Public Economics* 95（9-10）, pp. 1082-1095.

Arimura, T. H., S. Li, R. G. Newell, and K. Palmer（2012）"Cost-Effectiveness of Electricity Programs," *Energy Journal* 33（2）, pp. 63-99.

Asensio, T. I., and M. A. Delmas（2015）"Nonprice Incentives and Energy Conservation," *Proceedings of the National Academy of Sciences, USA* 112（6）, pp. E510-E515.

Banerjee, A. V. and E. Duflo（2011）*Poor Economics: A Radical Rethinking of the Way to Fight Global Poverty*, Public Affairs.（山形浩生訳『貧乏人の経済学——もういちど貧困問題を根っこから考える』みすず書房，2012 年）

---

5) 各国の「相対的に垂直の教育が多く行われている程度」は，「黒板からノートを取る」の平均スコアと，「生徒たちはグループで作業する」にそれぞれ 1 = 決してしない，2 = ときどき，3 = しばしば，4 = 常に，の答えの平均スコアの差として測られている。

Becker, G. S. and C. B. Mulligan (1997) "The Endogenous Determination of Time Preference," *Quarterly Journal of Economics* 112 (3), pp. 729–758.

Benartzi, S., J. Beshears, K. L. Milkman, C. R. Sunstein, R. H. Thaler, M. Shankar, W. Tucker-Ray, W. J. Congdon, and S. Galing (2017) "Should Government Invest More in Nudging?" *Psychological Science* 28 (8), pp. 1041–1055.

Bettinger, E. P., B. T. Long, P. Oreopoulos, and L. Sanbonmatsu (2012) "The Role of Application Assistance and Information in College Decisions: Results from the H&R Block FAFSA Experiment," *Quarterly Journal of Economics* 127 (3), pp. 1205–1242.

Bourdieu, P. (1986) "The Forms of Capital," in J. Richardson ed., *Handbook of Theory and Research for the Sociology of Education*, Greenwood, pp. 241–258.

Bronchetti, E. P., D. B. Huffman, and E. Magenheim (2015) "Attention, Intentions, and Follow-through in Preventive Health Behavior: Field Experimental Evidence on Flu Vaccination," *Journal of Economic Behavior & Organization* 116, pp. 270–291.

Bulman, G. B. and C. M. Hoxby (2015) "The Returns to the Federal Tax Credits for Higher Education," *Tax Policy and the Economy* 29 (1), pp. 13–88.

Carroll, G. D., J. J. Choi, D. Laibson, B. C. Madrian, and A. Metrick (2009) "Optimal Defaults and Active Decisions," *Quarterly Journal of Economics* 124, pp. 1639–1674.

Chapman, G. B., M. Li, H. Colby, and H. Yoon (2010) "Opting in vs Opting Out of Influenza Vaccination," *Journal of the American Medical Association* 304 (1), pp. 43–44.

Chetty, R,. J. N. Friedman, S. Leth-Petersen, T. H. Nielsen, and T. Olsen (2014) "Active vs. Passive Decisions and Crowd-out in Retirement Savings Accounts: Evidence from Denmark," *Quarterly Journal of Economics* 129 (3), pp. 1141–1219.

Duflo, E., W. Gale, J. Liebman, P. Orszag, and E. Saez (2006) "Saving Incentives for Low- and Middle-Income Families: Evidence from a Field Experiment with H&R Block," *Quarterly Journal of Economics* 121 (4), pp. 1311–1346.

Duflo, E., W. Gale, J. Liebman, P. Orszag, and E. Saez (2007) "Savings Incentive for Low-and moderate-income Families in the United States: Why is the Saver's Credit Not More Effective?" *Journal of the European Economic Association* 5 (2–3), pp. 647–661.

Duflo, E. and E. Saez (2003) "The Role of Information and Social Interactions in Retirement Plan Decisions: Evidence from a Randomized Experiment," *Quarterly Journal of Economics* 118 (3), pp. 815–842.

Dynarski, S. M. (2003) "Does Aid Matter? Measuring the Effect of Student Aid on College Attendance and Completion," *American Economic Review* 93 (1), pp. 279–288.

Guiso, L., P. Sapienza, and L. Zingales (2011) "Civic Capital as the Missing Link," J. Benhakib, M. O. Jackson, and A. Bisin eds. *Handbook of Social Economics*, Volume 1A, North Holland.

Hayami, Y. (2009) "Social Capital, Human Capital and the Community Mechanism: Toward a Conceptual Framework for Economists," *Journal of Development Studies* 45 (1), pp. 96–123.

Heckman, J. J. (2013) *Giving Kids a Fair Chance*, MIT Press (古川秀子訳『幼児教育の経済学』東洋経済新報社, 2015 年)

Heckman, J. J. and T. Kautz (2014) "Fostering and Measuring Skills: Interventions That Improve Character and Cognition," in J. J. Heckman, J. E. Humphries, and T. Kautz, eds., *The Myth of Achievement Tests*: The GED and the Role of Charcter in American Life, University of Chicago Press.

Ito, K. (2015) "Asymmetric Incentives in Subsidies: Evidence from a Large-Scale Electricity Rebate Peogram," *American Economic Journal: Economic Policy* 7 (3), pp. 209–237.

Ito, T., K. Kubota, and F. Ohtake (2014) "The Hidden Curriculum and Social Preferences," RIETI Discussion Paper Series 14–E–024.

Johnson, E. J. and D. Goldstein (2003) "Do Defaults Save Lives?" *Science* 302 (5649), pp. 1338–1339.

Kimura, A. C., C. N. Nguyen, J. I. Higa, E. L. Hurwitz, and D. J. Vugia (2007) "The Effectiveness of Vaccine Day and Educational Interventions on Influenza Vaccine Coverage Among Health Care Workers at Long-Term Care Facilities," *American Journal of public Health* 97 (4), pp. 684–690.

Long, B. T. (2004a) "Does the Format of a Financial Aid Program Matter? The Effect of State In-Kind Tuition Subsidies," *Review of Economics and Statistics* 86, pp. 767–782.

Long, B. T. (2004b) "The Impact of Federal Tax Credits for Higher Education Expenses," in C. M. Hoxby ed., *College Choices: The Economics of Where to Go, When to Go, and How to Pay for It*, University of Chicago Press.

Milkman, K. L., J. Beshears, J. J. Choi, D. Laibson, and B. C. Madrian (2011) "Using Implementation Intentions Prompts to Enhance Influenza Vaccination Rates," *Proceedings of the National Academy of Sciences, USA*, 108 (26), pp. 10415–10420.

Thaler, R. H. and C. R. Sunstein (2008) *Nudge: Improving Decisions about Health, Wealth, and Happiness*, Yale University Press (遠藤真美訳『実践 行動経済学——健康, 富, 幸福への聡明な選択』日経 BP 社, 2009 年)

赤林英夫・直井道生・敷島千鶴編 (2016)『学力・心理・家庭環境の経済分析——

第 13 章　規範行動経済学：応用・政策編　　289

全国小中学生の追跡調査から見えてきたもの』有斐閣。

中室牧子・津川友介（2017）『「原因と結果」の経済学——データから真実を見抜く
　思考法』ダイヤモンド社。

◈ 練 習 問 題
（E-1 選択式問題）

1. 非認知能力とはどのようなものか，次のうちから最も的確な答えをひとつ選べ。
　A） IQ テストで測定できる能力である。
　B） 測定することは不可能な能力である。
　C） ビッグ・ファイブなどで測定されるが，遺伝で決定されており，政策的
　　な介入で変えることは不可能な能力である。
　D） ビッグ・ファイブなどで測定されて，遺伝の影響を受けるが，政策的な
　　介入で変えることが可能な能力である。

2. ソーシャル・キャピタルのひとつである一般的信頼とはどのようなものか，次
　のうちから最も的確な答えをひとつ選べ。
　A） IQ テストで測定できる。
　B） 測定することは不可能である。
　C） アンケートなどで測定されるが，遺伝で決定されており，政策的な介入
　　で変えることは不可能である。
　D） アンケートなどで測定されて，遺伝の影響を受けるが，政策的な介入で
　　変えることが可能である。

（E-2 記述式問題）

1. ナッジの手法を説明し，本章第1節に説明のある「ひとひねり」の例がどうい
　う意味でナッジを用いているか説明せよ。

2. 本章第1節に説明のあるモンタナ州の教育キャンペーンで，どのように社会的
　規範とナッジの考えが用いられたか，説明せよ。

3. 非認知能力を定義し，非認知能力に政策的に介入する方法の例をひとつ説明せ
　よ。

4. ソーシャル・キャピタルを定義し，ソーシャル・キャピタルに政策的に介入す
　る方法の例をひとつ説明せよ。

おわりに

1 行動経済学の将来

本書では行動経済学の有用性と現時点での限界について説明したが，今後は特にプロスペクト理論の参照点がどのように決まっているかについての理論モデル化，幸福の経済学でエウダイモニアの幸福概念の幸福度をどのように測るかというアンケートでの測定方法，規範行動経済学で資源配分や政策を評価する理論的枠組みをどのように構築していくのか，そのような研究分野で必要となる理論と実証研究という両面での発展を期待したい。

本書では行動経済学の中でも特に利他的経済行動に関わる知見について詳しく説明したので最後に全体を概観しておく。第12章で簡単に触れたように，これらの知見は政府だけでなく，NGO や NPO や公益法人や CSR を果たす意欲を持つ企業や社会貢献を重視する個人も活用することができる。地震や津波などの天災，原子力発電所の事故などの人災，少子高齢化による政府の財政問題の悪化などの危機の可能性に直面している日本が危機管理を進めていくためには，利他的行動や社会貢献を促進していく必要があるという観点から知見の活用を考察してみたい。

第8章で見たように，人々が不平等回避性などの利他的な面のある社会的選好を持っていても，市場競争のような自分の行動が不平等をほとんど変えることのできない状況ではあたかも利己的であるように行動する。例えば第11章で見たように東日本大震災後には調査によると利他性が強まったが，この利他性の変化は必ずしも持続的な寄付の増加や，ソーシャルプロダクツ（環境問題や貧困などの解決のために売上の一部が寄付に回る商品やエコに配慮して製造された商品など）の日常的な購入行動の大幅な増加にはつながっていない。これは消費者が自分の行動ではほとんど不平等を変えることができないと認識していることが多いことを示していると思われる。慈善事業や企業がインターネットなどを用いて，寄付やソーシャルプロダクツ購入による支援が実際に貧しい人たちの生活に違いをもたらしていることを発信していくとともに，政府が情報

発信のための制度を整備することも助けになろう。

　第 9 章では，不平等回避などの社会的選好だけでは説明できない実験結果などを見た。これらの結果は，選好だけではなく，その人が持つ倫理観・価値観，さらには自己が属すると認識する集団の規範が行動に影響していることを示唆する。倫理観・価値観などの世界観（第 10 章で概念を説明）と，規範の行動への影響については第 10 章で説明した。

　限定合理性によって，他の人々の行動について誤認がある場合には，どのようなグループのどのような割合の人々が寄付行動などをしているかを調査して発信していくというナッジを行うことで，規範に影響を与えることができる。また学校や家庭での教育や親子関係などが，忍耐強さや利他性の内生的選好に影響し，また世界観の信念の変化からソーシャル・キャピタルを増加させることが可能である。このため，学校や家庭に介入することで，これらに変化をもたらすことが可能であることを第 13 章で見た。これらの介入は，倫理的な問題が生じる可能性もあるので，第 12 章で見たような，さまざまな倫理観や思想を用いて多様な観点から検討していく必要があろう。

　第 3 章の誘惑下の自制モデルのように，利他性を持ち社会貢献を重視する価値観を持った人々も利己的に行動する誘惑を受ける。ここで，第 11 章で見たように，多くの人々は利己的に自分のためにお金を使うと幸福になると考えているが，これは誤解であって実はむしろ人のためにお金を使うほうが幸福になるという実験結果がある。東日本大震災後に多くの人々の幸福感が上昇したことも震災後に多くの人々が寄付をしたことが原因のひとつと思われる。多くの人々に小さな社会貢献を体験してもらって，充実感を味わう機会を提供することが重要であろう。

　個人主義的に物質的満足度を高めることを追求していくと幸福になるという認識が誤解であるとすると，人と人とのつながりを強める共同体が重要であろう。グローバリズムが進む中で，理想の共同体は人類共同体であろう。第 12 章で論じたように「日本人だから」などの条件をつけない，無条件の愛に基づいた共同体が理想である。現状が理想から遠いとしても，理想の「無条件の愛」の学習（知識の獲得だけでなく，小さな社会貢献の経験の積み重ねによる人格的な成長）をしていくことと，互いに励ましあい学習を促進する共同体を立

ち上げていくことができる。そのような共同体の中心には社会的弱者がいるべきであろう。社会的強者が中心となった共同体の目的は経済効率性や他の共同体との競争などに偏りがちで，他の共同体との協力関係につながっていかない傾向があるからである。共同体を立ち上げていくにはリーダーシップが重要なので，第8章で紹介した公共財ゲームの実験などを用いたリーダーシップの研究も今後重要性を増していくと思われる。弱者を中心とした共同体のリーダーは，メンバーに奉仕するサーバント・リーダーシップを持つことになろう。このような観点からは望ましい共同体の立ち上げや成長を促進する政策を検討したり，第12章で取り上げたように遺産相続税のような既存の政策が，家族という共同体の中での「無条件の愛」の学習にどのような影響を与えているかを研究したうえで政策を再検討したりすることができる。

　ここで「無条件の愛」の学習を促進する共同体や社会活動と考えられる多くの実例がある中で，いくつか例をあげておきたい。「ハビタット・フォー・ヒューマニティ」は高所得国の若者たちを低所得国にボランティアとして派遣して，現地の人々と力を合わせて家を建てる国際 NGO である。低所得国に寄付金を送って現地の人々を雇って家を建てた方が経済的効率性の面からは望ましいのだが，ボランティアを送ることによって共同体作りを支援している。創設者ジャン・バニエが知的障害者と共同生活をすることで始まった「ラルシュ」は知的ハンディを持つ人々と持たない人々の共同体である。これらは欧米で始まった共同体作りの理念が日本を含む世界中の多くの国々に広まった例である。日本で始まった事例では，「一般社団法人ソーシャルプロダクツ普及促進協会」や経団連の「1%クラブ」が紹介しているさまざまなソーシャルプロダクツや，企業の社会貢献活動の中には，低所得国の子供たちや母親たちと日本の母親をつなぐものが見られる。東日本大震災と福島第一原子力発電所の大事故の結果，福島県南相馬市から残った方々と避難した方々をつなぐ活動として「NPO 法人はらまちクラブ」の震災復興情報誌の発行がある。これらは共同体の空間的なつながりの例であるが，時間的なつながりを考えるとき，日本の国としての共同体が，第2次世界大戦前の日本とどうつながるべきか，ということを考える必要がある。このためには大戦前の日本を悪者として切断してしまうのではなく，大戦前の日本を自ら赦して，日本という歴史的な共同体

の一員として，英国や東南アジアなどの国々の元日本軍捕虜やその家族の方々との和解を目的とする「アガペワールド」の活動が参考になる。

これらの利他的経済活動に関わる部分も含めて，今後の行動経済学の発展には神経経済学の果たす役割が大きく，互いに刺激を与えながら2つの分野が発展していくことが期待される。第12章で紹介した「無条件の愛の学習」という本書全体と関わるアイディアは，第6章第5節の脳内にある異なる時間割引率で評価する複数のシステムの存在についての田中の研究発表をワークショップで聞いたときに着想したものである。なぜ複数のシステムが存在するかという解釈は，環境が安定しているときには低い時間割引率で意思決定する方が将来より多くの効用を得られるかもしれないし，逆に環境が不確定で将来の予測があまり役に立たないような状況に直面したときには，高い時間割引率で効用を感じて意思決定する方が，将来にわたって効用を最大化する最適行動を早く学習できるかもしれない，ということであった。この研究発表を聞くまでは筆者（大垣）は脳は効用最大化の目的のためにあるものという世界観を考えていたが，脳は学習のためにあるという世界観に変わった。第12章の「無条件の愛の学習」は内生的選好が変化して徳を学習していくということが第一義であるが，本来は第7章で述べたようなより正確な知識の学習も含んでいる。

2　神経経済学の将来

神経経済学という，報酬に基づく意思決定における，脳の働きに目を向けることで，従来の経済学とは違う視点で，人間の行動を見ることができるようになってきた。例えば，時間割引率が脳の中の物質のレベルで決められているとしたら，空腹などの状態によって時間割引率が変動することは，生物として十分ありうる。また，他者に対する感情というとても人間らしい性質が，一見不合理な行動を生むこともある。

この「合理的」という言葉は大変あいまいなもので，「何のモデルでも説明できない」のと，「モデルが悪いだけで，他のモデルを使えば説明できる」のとでは，一見同じ「不合理」でもまったく性質が違うものである。神経経済学は，これまで「不合理」として一蹴されてきた後者の行動の多くを，「脳の働きも考慮した人間本位のモデル」によって，経済学の範疇で扱うことができる

ようにする，挑戦的なアプローチといえる。

　しかし，神経経済学で得られた知見を，経済政策に応用できるのかというと，まだそのレベルには至っていないのが現状であろう。ひとつの問題は，「個人差」をどこまで攻策に反映できるのかという点だ。脳科学も，以前は「全人類共通の機能」を中心に研究が行われてきたが，近年は「他人の収入に対する関心の強さ」や「遺伝子のタイプ」といった，個人の社会的，生物学的属性で異なる機能が注目されている。人間本位の経済モデルの構築に，これらの個人属性をどこまで組み込むかは，今後さらなる議論が必要である。

　それに関連して，さまざまな個人属性を対象とした脳活動データの収集は重要なミッションになってきた。生物学的な属性という点で，近年精神疾患の研究分野でも神経経済学が注目されている。例えば，ADHD（注意疾患多動性症候群）などにおける衝動性と時間割引の関係や，薬物中毒や病的ギャンブルと脳の「報酬系」の関係が指摘されている。新版では，第2章および第6章の最終節に意思決定の機能障害という視点から精神疾患を理解する新しいアプローチを紹介した。今後，神経経済学の発展には，脳科学，経済学だけではなく，臨床医学，教育といった学際的な取り組みが不可欠になっていくだろう。

付録　授業での経済実験と仮想質問アンケートの例

　初学者が経済実験を理解する最もよい方法は実際に参加することであろう。行動実験では，金銭的報酬による誘因付けを伴わない仮想質問アンケートもよく用いられるので，本付録では，少人数のクラスでも多人数クラスでも実施可能な，経済実験と仮想質問アンケートの例を説明する。

1　初期保有効果

　講師は2000円と小銭の現金，コイン，6面のサイコロ，くじ箱，授業参加者の人数分のくじのための番号札と同数のくじ，同数の下記の指示書のコピーを用意する。

指示書：宝くじの仮想質問アンケートと実験

　この経済実験と仮想質問アンケートは，この授業を含む教育の目的のために行います。参加を強制するものではありませんし，答えたくない質問には答える必要はありません。参加する学生は番号札をもらって次のアンケート質問に答えてください。回答用紙を回収した後，抽選で番号が選ばれた一人の学生は，実際に問1の宝くじを勝ち取ります。その後次のような手続きで宝くじを売るかどうか，売る場合は，いくら受け取るかを決めます。

1. まずコインを投げ，表が出たら付問の回答に関係なく，200円で宝くじを売るか売らないかの答えの通りにします。もし，「売る」を選んでいたら200円を受け取ります。「売らない」なら，もう一回コインを投げ，表が出たら2000円を受け取り，裏が出たら何ももらえません。
2. 6面のサイコロを投げ，その数字の付問で選ばれている回答によって，学生が宝くじを売るかどうか，売る場合の金額を決めます。例えば，サイコロの目が3とします。もし学生が付問1-2で1,2か3を選んでいたなら，学生は600円を受け取ります。もし学生が4,5か6を選んでいたなら，学生は宝くじを売らないので，コインを投げ，表が出たら2000円，裏が出たら何ももらえません。

問1 半々の確率で当たりか外れになり，当たった場合には 2000 円もらえますが，外れた場合には何ももらえない宝くじがあります。あなたがこの宝くじをもらったとしてください。このくじを 200 円で買いたいという人がいれば，あなたは売りますか。当てはまるものをひとつ選び，番号に○を付けてください。

1	2
売　る	売らない
↓	↓
付問 1 - 1 問1の宝くじがいくらまで安くなっても売りますか。ぎりぎりの値段を次の1から6の中からお選びください。	**付問 1 - 2** 問1の宝くじがいくらまで高くなれば売りますか。ぎりぎりの値段を次の1から6の中からお選びください。
1　190 円までなら売る	1　　300 円になれば売る
2　150 円までなら売る	2　　400 円になれば売る
3　100 円までなら売る	3　　600 円になれば売る
4　 50 円までなら売る	4　1000 円になれば売る
5　　2 円までなら売る	5　2000 円になれば売る
6　　1 円でも売る	6　2000 円以上でも売らない

　問2は仮想質問アンケートで，実際にはどの学生も宝くじを買う機会が与えられませんが，この講義を含む教育の目的のためにデータを用いていきます。ふざけた回答などは教育目的を害するので，真面目によく考えて正直に答えてください。

問2 半々の確率で当たりか外れになり，当たった場合には 2000 円もらえますが，外れた場合には何ももらえない宝くじがあります。あなたはこのくじが 200 円で売っていれば買いますか。当てはまるものをひとつ選び，番号に○を付けてください。

1	2
買　う	買わない
↓	↓
付問 2 - 1 問14の宝くじがいくらまで高くなっても買いますか。ぎりぎりの値段を次の1から6の中からお選びください。	**付問 2 - 2** 問14の宝くじがいくらまで安くなれば買いますか。ぎりぎりの値段を次の1から6の中からお選びください。
1　　300 円までなら買う	1　190 円になれば買う
2　　400 円までなら買う	2　150 円になれば買う
3　　600 円までなら買う	3　100 円になれば買う
4　1000 円までなら買う	4　 50 円になれば買う
5　2000 円までなら買う	5　　1 円になれば買う
6　2000 円以上でも買う	6　　1 円でも買わない

2 公共財ゲームと独裁者ゲームと最後通牒ゲーム

　講師は 1280 円の小銭の現金，くじ箱，授業参加者の人数分のくじのための番号札と同数のくじ，同数の下記の指示書と実験説明書のコピーを用意する。実験説明書の最後の理解確認の質問については講師が正解を発表して，各自で答えが間違っている場合は，もう一度実験説明書を読んでもらうか，あるいは20 人くらいまでの参加者なら，学生が答えを書き込んだ時点で挙手してもらって個人ごとに答え合わせをするなどの方法がある。

指示書：経済実験と仮想質問アンケート

　この経済実験と仮想質問アンケートは，この授業を含む教育の目的のために行います。参加を強制するものではありませんし，答えたくない質問には答える必要はありません。問 1 の実験では実験説明書に説明があるように，抽選で選ばれた 4 人が，その 4 人の回答に応じて現金を受け取ります。問 2 〜 4 は仮想質問アンケートで，実際にはどの学生も現金を獲得する機会が与えられませんが，この講義を含む教育の目的のためにデータを用いていきます。ふざけた回答などは教育目的を害するので，真面目によく考えて正直に答えてください。

問 1　実験説明書に説明のある実験で，何トークンをプロジェクトに貢献しますか。0 から 20 までの数字で答えてください。
　　　　＿＿＿＿＿トークン

問 2　無作為に 50 人ずつ，2 つの部屋に分けられた 100 人の学生が参加している経済実験で，初期保有として 1000 円があなたに与えられたとします。あなたのタスクはこの初期保有をどのように利用するか決定することです。あなたは，別の部屋で無作為に選ばれた被験者に初期保有のうち何円を配分するか決定してください。あなたが何円を配分するか決定すると同時に，あなたは何円を自分の手元に残すかを決定しています。その額は（1000－配分額）円です。何円を配分しますか。0 から 1000 までの数字で答えてください。
　　　　＿＿＿＿＿円を配分する

問 3　無作為に 50 人ずつ，2 つの部屋に分けられた 100 人の学生が参加している経済実験で，あなたのタスクは 1000 円を 2 人で分けるために，別の部屋で無作為に選ばれた被験者に 1000 円のうちの何円をその被験者に配分するかを決定すること

とします。あなたは何円を配分するか申し出て，その申し出はその被験者に匿名で伝えられます。もし，あなたの申し出がその被験者に受諾されれば，あなたの手元に（1000−配分額）円が残ります。もし，あなたの申し出がその被験者に拒否されると，その被験者もあなたも何も受け取ることができません。あなたは何円を配分する申し出をしますか。0から1000までの数字で答えてください。

　　　　　＿＿＿＿＿円を配分する

問4　無作為に50人ずつ，2つの部屋に分けられた100人の学生が参加している経済実験で，あなたのタスクはこの初期保有から，別の部屋で無作為に選ばれた被験者からの申し出を受諾するか拒否するか決定することです。もし，あなたが申し出を受諾すれば，あなたは申し出にある配分額を受け取り，申し出をした被験者は（1000−配分額）円を受け取ります。もし，あなたが申し出を拒否すると，申し出をした被験者もあなたも何も受け取ることができません。あなたは，仮に次のそれぞれの配分額の申し出を受けたとしたら受諾しますか，拒否しますか。それぞれの配分額について，受諾か拒否を○で囲んで答えてください。

配分額　　　0円	受　諾	拒　否
配分額　　　1円	受　諾	拒　否
配分額　　50円	受　諾	拒　否
配分額　100円	受　諾	拒　否
配分額　150円	受　諾	拒　否
配分額　200円	受　諾	拒　否
配分額　250円	受　諾	拒　否
配分額　300円	受　諾	拒　否
配分額　350円	受　諾	拒　否
配分額　400円	受　諾	拒　否
配分額　450円	受　諾	拒　否
配分額　500円	受　諾	拒　否
配分額　700円	受　諾	拒　否
配分額　1000円	受　諾	拒　否

実験説明書

　この経済実験は，この授業を含む教育の目的のために行います。参加を強制するものではありません。参加する学生は番号札をもらって，この説明書にある統制質問に答えて，答えが正しいことを確認した後，別紙「経済実験と仮想質問アンケート」の問１に答えてください。回答用紙を回収した後，抽選で番号が選ばれた４人の学生は，実際に４人の回答に従って，獲得した現金を受け取ります。教育目的のために，この４人の回答は１人１人の個人を特定せずにクラスに発表されます。

　この実験では，日本円を使わず，仮想の通貨トークンを用いて説明します。実験の間に獲得した金額はトークンで計算されます。実験終了後，あなたが獲得したトークンの合計額は次のレートで日本円に換算されます。

１トークン＝10 円

換算の際の 10 円未満の端数は 10 円単位に切り上げます。実験終了後，あなたが抽選で選ばれる４人グループのメンバーの１人であった場合には，実験で獲得した金額が現金で支払われます。以下の指示は，あなたが抽選で選ばれた場合を想定して書かれています。

　実験の初めに，各参加者は 20 のトークンを受け取ります。これを初期保有と呼びます。あなたのタスクはこの初期保有をどのように利用するかを決定することです。あなたは 20 トークンの内，いくつをあるプロジェクトに貢献し，いくつを自分の手元に残すかを決定します。

　あなたはそのプロジェクトに貢献したい数のトークン数を 0 から 20 までの数字で，決定してください。プロジェクトへの貢献数を何トークンにするか決定すると同時に，あなたは何トークンを手元に残すかを決定しています。その数は（20－あなたの貢献数）トークンです。

　あなたの収入は２つの部分から成ります：

（１）　あなたが自分のために残したトークン（保留トークン）からの収入。

（２）　「プロジェクトからの収入」：この収入は次のように計算されます。

プロジェクトからの収入＝0.4×プロジェクトへの貢献数の合計

したがって，各期のあなたの収入はトークンで次のように表されます。

（20－あなたのプロジェクトへの貢献数）＋0.4×プロジェクトへの貢献数の合計

　各メンバーのプロジェクトからの収入は同じ方法で計算されます。すなわち，各

グループメンバーはプロジェクトから同じ収入を得ます。例えば、グループメンバー全員の貢献数の合計が 60 トークンであったとしましょう。このケースでグループの各メンバーはプロジェクトから 0.4×60＝24 トークンを獲得します。もし、プロジェクトの貢献数の合計が 9 トークンであれば、あなたのグループの各メンバーが受け取るプロジェクトからの収入は 0.4×9＝3.6 トークンになります。

　あなたが自分に残した各 1 トークンに対し、1 トークンの収入を得ます。あなたがその 1 トークンを代わりにプロジェクトに貢献したとしましょう。そのとき、プロジェクトに対する貢献数の合計は 1 トークンだけ増えます。プロジェクトからのあなたの収入は 0.4×1＝0.4 トークン増加します。しかしながら、グループの他のメンバーの収入もそれぞれ 0.4 トークン増加します。その結果、プロジェクトから得るグループ全体の収入は 1.6 トークン増加します。したがって、あなたのプロジェクトに対する貢献は他のグループメンバーの収入も増加させます。一方、プロジェクトに対する他のメンバーの貢献した各トークン数に応じて、あなたも収入を得ます。他のメンバーによる貢献 1 トークンあたり、あなたは、0.4×1＝0.4 トークンを獲得します。

質問　次のすべての質問に答えてください。この質問はあなたの利得計算に対する理解を確認するためのものです。

1．各メンバーはそれぞれ 20 トークンの初期保有を持っています。（あなたを含めた誰もが）このプロジェクトにまったく貢献しない（0 トークンの貢献）と仮定します。このとき、
　　　あなたの収入は＿＿＿＿＿です。
　　　他のグループメンバーの収入は＿＿＿＿＿です。

2．各メンバーはそれぞれ 20 トークンの初期保有を持っています。あなたが 20 トークンを貢献すると仮定します。グループの他のメンバーもこのプロジェクトにそれぞれ 20 トークンを貢献すると仮定します。このとき、
　　　あなたの収入は＿＿＿＿＿です。
　　　他のグループメンバーの収入は＿＿＿＿＿です。

3．各メンバーはそれぞれ 20 トークンの初期保有を持っています。グループの他の 3 人のプロジェクトへの貢献数の合計が 30 トークンであったと仮定します。
　　a）　もし、あなたがこのプロジェクトに 0 トークンを貢献したとき、
　　　　　あなたの収入は＿＿＿＿＿です。

b）　もし，あなたがこのプロジェクトに 15 トークンを貢献したとき，
あなたの収入は＿＿＿＿＿です。

4．各メンバーはそれぞれ 20 トークンの初期保有を持っています。あなたのプロ
ジェクトへの貢献が 8 トークンであったと仮定します。
a）　グループの他のメンバーのプロジェクトへの貢献数の合計が 7 トーク
ンのとき，
あなたの収入は＿＿＿＿＿です。
b）　グループの他のメンバーのプロジェクトへの貢献数の合計が 22 トーク
ンのとき，
あなたの収入は＿＿＿＿＿です。

索　引

（太字数字は本文中で重要語として表示されている語句の掲載頁を示す）

事 項 索 引

人名索引

※ 著者紹介

大垣 昌夫（おおがき まさお）
　慶應義塾大学経済学部教授

田中 沙織（たなか さおり）
　(株)国際電気通信基礎技術研究所（ATR）
　脳情報通信総合研究所数理知能研究室室長

行動経済学〔新版〕
　——伝統的経済学との統合による新しい経済学を目指して

Behavioral Economics: Towards a New Economics by Integration with
Traditional Economics, New Edition

2014 年 3 月 30 日　初版第 1 刷発行
2018 年 12 月 25 日　新版第 1 刷発行
2020 年 11 月 10 日　新版第 2 刷発行

著　者	大　垣　昌　夫	
	田　中　沙　織	
発行者	江　草　貞　治	
発行所	株式会社　有　斐　閣	

〒 101-0051
東京都千代田区神田神保町 2-17
電話　(03)3264-1315〔編集〕
　　　(03)3265-6811〔営業〕
http://www.yuhikaku.co.jp/

印刷・萩原印刷株式会社／製本・大口製本印刷株式会社
Ⓒ 2018, Masao Ogaki, Saori Tanaka. Printed in Japan
落丁・乱丁本はお取替えいたします。

★定価はカバーに表示してあります。
ISBN 978-4-641-16538-0